Christoph Wagner
Kochbuch für Männer

SERIE PIPER

Zu diesem Buch

Immer mehr Männer greifen zu Schürze und Kochlöffel und kochen sich in die Herzen der Liebsten, schließlich heißen die Großmeister des Löffels Bocuse, Witzigmann und Schuhbeck. Das spornt an, meint der bekannte Gourmet und Hobbykoch Christoph Wagner und zeigt ganz gewöhnlichen Männern, wie sie zu kochenden Meistern ihrer Zunft werden. In 100 Rezepten – beginnend beim »weichen Ei« bis hin zu jeder Menge köstlicher Pasta- und Risotto-Variationen oder zum raffinierten »Perlhuhn in Schokoladensoße« – gibt der Autor Anregungen mit jeweils passendem Getränkevorschlag. Außerdem verrät er die tollsten Küchentricks und viele Tips, damit garantiert nichts schiefgehen kann. Angereichert mit amüsanten Anekdoten und witzigen Illustrationen ist dieses Kochbuch so praktisch wie unterhaltsam.

Christoph Wagner, 1954 in Linz geboren, ist Chefredakteur von Gault Millau Österreich und Mitarbeiter von »Wirtschaftsblatt«, »GEO« und »Merian«. Autor zahlreicher gastronomischer Bücher wie »Das Lexikon der Wiener Küche« (1996). Der Berufsgourmet und leidenschaftliche Hobbykoch bekocht privat seine Ehefrau und die beiden Töchter.

Christoph Wagner
Kochbuch für Männer

Leckere Rezepte, praktische Tips und nützliche Tricks

Mit Illustrationen von
Michael Freund

Piper München Zürich

Für meine Frau Renate
und meine Töchter Helene und Ruth

Ungekürzte Taschenbuchausgabe
Piper Verlag GmbH, München
August 1999

unter dem Titel »Männer an den Herd«
Umschlag: Büro Hamburg, Andreas Rüthemann
Foto Umschlagvorderseite: Thomas Schmidt / Tony Stone
Foto Umschlagrückseite: Deuticke Verlag, Wien
Satz: Josef Embacher
Druck und Bindung: Clausen & Bosse, Leck
Printed in Germany ISBN 3-492-22777-5

Inhalt

Abkürzungen: EL = Eßlöffel
KL = Kaffeelöffel
TL = Teelöffel

Falls nicht ausdrücklich anders angegeben, wurden sämtliche Rezepte für vier Personen, die allerdings nicht gerade auf Diät sein sollten, bemessen.

Wie wird man ein kochender Mann?

Ein paar Worte in eigener Sache

Der programmatische Titel »Männer an den Herd« klingt - ich muß es gestehen - in meinem Fall etwas martialischer als er gemeint ist. Niemals bin ich in meiner nunmehr nahezu ein Vierteljahrhundert währenden Ehe von meiner Gattin unter Androhung juristischer Konsequenzen dazu gezwungen worden, mir die Kochschürze umzubinden. Und es verhält sich auch absolut nicht so, daß ich aus der Not heraus, mit einer kochunlustigen Ehefrau gestraft zu sein, selbst Hand an den Pfannengriff gelegt hätte.

Ganz im Gegenteil: Wenn ich von ein paar sporadischen Kochtips meiner Frau Mama (die mich bis heute bei sich zu Hause nicht einmal einen Kaffee aufsetzen läßt) absehe, verdanke ich die Grundkenntnisse der Kochkunst neben der jahrelangen Lektüre zahlreicher Gourmetzeitschriften und Kochbücher meiner Frau, unter deren behutsamer Führung ich im zarten Alter von siebzehn oder achtzehn Jahren unter anderem meinen ersten Gugelhupf backen lernte und die mir auch beibrachte, daß man Nudeln vor dem Servieren abschrecken und flüssige Butter nicht schwarz werden lassen sollte.

Mittlerweile ist unser kulinarisches »Domicile conjugal« partnerschaftlich aufgeteilt. Nachdem alle meine Versuche, die Künste des Bügelns und Fensterputzens zu erlernen, kläglich gescheitert waren (zumindest in den Augen meiner Frau, die sich weigerte, von mir gebügelte Sachen zu tragen oder durch von mir geputzte Fenster zu blicken), einigten wir uns friedlich darauf, daß ich meinen Teil zur Haushaltsführung durch jene Tätigkeit beitragen sollte, die ich noch am ehesten beherrschte. Und die war nun einmal das Kochen.

Seither koche ich - für eine Ehefrau und mittlerweile zwei Töchter, deren geschmackliche Vorlieben sich nicht nur bei

Popgruppen und Filmstars schneller ändern, als ein allmählich unflexibler werdender Vater darauf reagieren kann.
Dennoch, und das sage ich ohne falschen Hochmut, habe ich von meinen drei Ladies im Laufe meiner kochenden Tätigkeit allerlei Lob und Zuspruch geerntet. Und wenn sich statt des erwarteten »Hmmmm!« das eine oder andere Mal ein mißmutiges »Mhm« eingestellt hat, so war kaum jemals mangelnde Kochtechnik daran schuld, sondern vielmehr meine zuweilen etwas verschrobene Vorliebe für exotische Kombinationen, wie Entenbrust mit geräucherten Austern oder Hühnercurry mit Seegurken. Na ja, Schwamm drüber, jedes wahre Küchengenie muß auch lernen, Niederlagen zu ertragen.
Zu letzteren zählt übrigens auch die Tatsache, daß ich mich trotz aller Bemühungen als unfähig erwiesen habe, im Alltag auch nur einigermaßen annehmbare Desserts zustandezubringen. Sobald es sich bei den Rezepten, die ich im folgenden vorstellen möchte, um Süßigkeiten handelt, muß ich daher alleine schon aus urheberrechtlichen Gründen darauf verweisen, daß dabei auch meine Frau Renate (und mitunter sogar meine beiden Töchter Helene und Ruth) ihre Hand im Spiel hatte …

Der kleine Unterschied in der Küche

Liebe geht auch durch weibliche Mägen

Kann ein Mann eine Frau »einfangen«? - Es ist noch gar nicht so lange her, da hätte man über eine solche Formulierung gelacht. Man verführt Frauen, man macht sie an, man kriegt sie rum, man brät sie ein. Die erotische Idiomatik ist reich an Tönen und Zwischentönen.

Aber einfangen?

Das war doch eher die Sache von zukünftigen Schwiegermüttern, die das Schicksal ihrer heiratsfähigen Töchter selbst in die Hand nahmen. Sicherlich mußte die Tochter ihren Teil dazu bei romantischen Rendezvous und zärtlichen Tête-à-têtes (so nannte man das damals noch altmodisch) leisten. Zugezogen wurde das Netz allerdings beim samstäglichen Kaffeeplausch und - vor allem - bei Tisch.

Doch das ist wohl vorbei. Viele heiraten gar nicht mehr, und andere - wie mir unlängst eine selbstbewußte junge Dame erklärte - »nur wegen des Events«. Kurzum: Wo, wie in der modernen Beziehung, das Auskommen leicht ist, da bedarf es der weiblichen Tugend des Einfangens nicht mehr.

Umgekehrt kenne ich in meinem Bekanntenkreis mindestens ein halbes Dutzend Männer, die sich ihre Ehefrauen, Lebensgefährtinnen oder, wie man es mittlerweile exakt formuliert, Lebensabschnittspartnerinnen sehr wohl nach allen Regeln der Kunst eingefangen haben.

Nämlich nach den Regeln der Kochkunst. Die Glut füreinander mag sich zunächst auf einer Party, bei einem Fortbildungsseminar oder beim gemeinsamen Ayurveda-Fasten im Gesundheitshotel entzündet haben. Doch »finalisiert« wurde die Beziehung schlußendlich anläßlich eines »Abendessens bei ihm«.

Eine unabhängige, selbstbewußte und beruflich erfolgreiche

Frau kann heute mehrere Männer haben. Aber ein Mann, der kochen kann, das ist schon ein Luxus, den nicht jede hat.
Die Kunst der kulinarischen Verführung ist also durchaus etwas, das nicht nur notorischen Schwerenötern ein Anliegen sein sollte. Die Zeiten, in denen man die Damenwelt mit einer dicken Brieftasche, ein paar flotten Sprüchen und einer gesicherten Lebensstellung beeindrucken konnte, sind nämlich ein für allemal vorbei. Vielleicht hat sie das wohlgefülltere Konto und die bessere Stellung, und an einem Repertoire flotter Sprüche fehlt es unternehmungslustigen Frauen gewiß auch nicht.
Dafür können und/oder wollen immer mehr von ihnen nicht mehr kochen. Listige Männer wissen diese Nische daher für ihre erotischen Interessen zu nutzen. Sie geben die drögen Macho-Tricks von vorgestern in der Speisekammer ab und binden sich statt dessen eine Küchenschürze um (was manche Frauen, wie sie mir erklärt haben, mittlerweile sogar erotisch finden).
Gewiß: Eingebraten und eingekocht wird nach wie vor - allerdings zunächst das Kaninchenfilet, die gefüllten Melanzane oder die Entenbrust.
Und wenn erst einmal der Duft von Rosmarin und Thymian von der Küche aus durch die ganze Wohnung strömt, dann ist es plötzlich gar nicht mehr so wichtig, welches Eau de toilette man zuvor aufgelegt hat. Mann wird sehen …

MÄNNER KOCHEN ANDERS ALS FRAUEN

Was jetzt folgt, könnten Böswillige sehr rasch als einen Sack voller Vorurteile entlarven. Da Animo und Anima zwischen den Geschlechtern höchst ungleichmäßig verteilt sind, läßt sich nämlich nur schwer Allgemeingültiges über geschlechtsspezifisches Verhalten formulieren - und das trifft selbstverständlich auch auf das Kochen zu.
Dennoch bin ich der Überzeugung, daß Männer grundsätzlich einen anderen Zugang zum Kochen haben als Frauen. Ob dieser in den Genen wurzelt oder wohl doch eher in der Erzie-

hung und dem, was wir gemeinhin abendländische Kultur nennen, das wage ich nicht zu entscheiden. Es bedarf allerdings nur einer etwas geschärften Beobachtungsgabe, um zumindest ein paar Grundthesen über den »Geschlechterkampf in der Küche«, die nahezu jedermann im häuslichen Alltag nachvollziehen kann, zu formulieren.

These 1: Frauen kochen gerne nach Rezepten, Männer lassen sich lieber inspirieren.

Frauen können meist gar nicht genug Kochbücher und Rezeptsammlungen haben und hegen ein tiefes Vertrauen in alles, was bewährt ist oder bewährt zu sein vorgibt. Wenn sie ein bestimmtes Gericht zubereiten wollen, vertiefen sie sich zuerst einmal ins Archiv, wählen nach genauem Abwägen ein Rezept aus, kaufen dafür die Zutaten ein und halten sich akribisch genau an die Vorlage.
Das ist bei den meisten kochenden Männern, die ich kenne, anders. Sie kaufen auf dem Nachhauseweg irgend etwas, das sie anspricht, im Lebensmittelgeschäft oder im Supermarkt ein und machen sich erst später Gedanken darüber, wie man das Erstandene zubereiten könnte. Wenn sie dann während des Kochens erkennen, daß ihnen irgendeine Zutat fehlt, geben sie gerne den Frauen die Schuld. Etwa nach dem Motto: Also, Schlagsahne, das sollte doch wirklich im Haus sein ...
Ich gestehe gerne, daß es unter solchen Auspizien ein ziemliches Risiko in sich birgt, ausgerechnet für Männer ein Kochbuch zu schreiben. Doch ich gebe an dieser Stelle freimütig zu, daß ich ohnedies in erster Linie auf Käuferinnen hoffe, die dieses Büchlein aus pädagogischen Gründen an ihre Männer weitergeben (vielleicht sogar, nachdem sie das eine oder andere Rezept selbst ausprobiert haben).

These 2: Frauen kochen ordentlich, Männer machen beim Kochen Mist.

Zugegeben: Es gibt auch ziemlich penible Männer, wie es auch Frauen gibt, die sich dem Gedanken des Laisser-faire verschrieben haben. Doch ganz allgemein werden bzw. wurden die meisten Frauen von ihren Müttern zur Reinlichkeit angehalten, während dieselben Mütter ihren Söhnen stets eine gewisse »Wildheit« (»Sind ja Jungen!«) konzedierten. In der Küche äußert sich das meist so, daß Frauen für gewöhnlich vorausschauend und umsichtig kochen. Im Wissen, daß Backfett die ganze Küche vollspritzen kann, erhitzen sie es lieber weniger. Und Rezepte, die sich gleich beim ersten Überfliegen als besonders materialaufwendig erweisen, die überblättern sie. Nicht so die Männer am Herd: Wenn sie schon kochen, so tun sie das meist mit aller Konsequenz. Wo gehobelt wird, fallen Späne, ist es nicht so? - Und nach einem gelungenen Essen hat man immer noch Zeit genug, sich über den Zustand der Küche Gedanken zu machen.

These 3: Frauen würzen vorsichtiger und kochen schonender, Männer neigen zu mehr Aggressivität.

Frauen haben - und das ist im Gegensatz zu meinen bisherigen Thesen sogar wissenschaftlich nachgewiesen - den ausgeprägteren Geruchssinn, zumindest im statistischen Durchschnitt. Wenn es ums Würzen und Aromatisieren geht, haben sie daher meist eher (begründete) Bedenken wegen zuviel als wegen zuwenig Würze. Frauenküche ist also meist weniger scharf als Männerküche, allerdings keineswegs zwangsläufig weniger aromatisch. Außerdem ist es den meisten Frauen, die ich kenne, ein besonderes Anliegen, nicht nur gut, sondern auch gesund zu kochen. Kochende Männer hingegen nehmen, um etwa eine Sauce dorthin zu bringen, wo sie sie geschmacklich haben wollen, schon auch einmal eine um ein paar Minuten verkürzte Lebenserwartung auf sich.

These 4: Frauen machen fast immer die besseren Desserts, Männer laufen bei Vorspeisen zur Höchstform auf.

Man kann es auch anders auf den Punkt bringen: Frauen sind geduldiger, und Geduld ist die höchste Tugend bei der Zubereitung von Süßspeisen und Torten. Da bedarf es des Messens und Wiegens, des Knetens und oft des stundenlangen Vorbereitens. Männer haben es hingegen gerne, wenn sie in kürzester Zeit vorzeigbare Ergebnisse erzielen. Mit einem Carpaccio oder einem hübsch angerichteten Langustinensalat lassen sich in Minutenschnelle die erwünschten Aha-Effekte erzielen, während eine gute Schokoladentorte eben doch ihre Zeit braucht und am Ende womöglich auch noch »sitzengeblieben« ist.

These 5: Frauen kochen konservativer, Männer sind experimentierfreudiger.

Viele Frauen haben, auch wenn sie selbst nicht gerne kochen, irgendwann einmal von Omas, Müttern oder Tanten gelernt, wie bestimmte Gerichte »richtig« - nämlich so und nicht anders - zubereitet werden. Sie versuchen daher folgerichtig, Fehler zu vermeiden, und verwenden Zutaten, bei denen ihnen die Sicherheit im Umgang fehlt, erst gar nicht. Gewiefte Männer erkennen dies als wahre Chance: Wenn sie ihrer Angebeteten einen Reis Trauttmansdorff vorsetzen, so ist das Risiko, daß er bei der verstorbenen Tante Erna besser geschmeckt hat, ziemlich groß. Aber wer kann bei einer thailändischen Zitronengrassuppe so ganz genau sagen, ob sie auch wirklich comme il faut ist. Daher an dieser Stelle mein Tip an alle kochenden Männer: Kochen Sie multikulturell! Sie entziehen sich dadurch der Überprüfbarkeit - und somit auch allfälliger weiblicher Kritik.

These 6: Frauen kochen ehrlicher, Männer sind die besseren Bluffer.

Auch heutige Frauen besitzen so etwas wie Hausfrauenehre. Wenn ihnen etwas mißlingt, so geben sie es offen zu, und wenn sie von einer Freundin um ein Rezept gebeten werden, so geben sie es, ohne sich groß zu zieren, heraus. Der Begriff des Hausmanns ist indessen noch zuwenig alt und geläufig, als daß es so etwas wie eine Hausmannsehre geben könnte. Da darf auch einmal ein wenig gemogelt werden. Das beginnt be-

reits bei der Benennung der Speisen. Während sich Frauen mit dem Aufwarten von Suppen, Salaten, Bratenstücken, Obsttellern, Kuchen und ähnlichem begnügen, sprechen Männer gerne von Bouillons, Timbalen, Medaillons, Parfaits und Früchtedialogen, auch wenn sie diese Begriffe gerade erst im Kochbuch-Glossar nachgeschlagen haben. Außerdem machen sie gerne ein Geheimnis um bestimmte Zubereitungsarten. Wenn man sie nach einem Rezept fragt, murmeln sie etwas von »komplizierten Kochtechniken« und verschleiern damit letztlich nur, daß sie sich nicht mehr so genau erinnern können, wie sie es gemacht haben. Außerdem wissen kochende Männer: Nichts ist leichter, als mit Edelprodukten überzeugend zu kochen. Ein Döschen Caviar, mit heißen Salzkartoffeln und einem Klacks saurer Sahne angerichtet, ein paar Scampi, in die Pfanne gelegt, mit ein wenig Chablis aufgegossen, mit süßer Sahne verfeinert und mit frischem Koriandergrün gewürzt, ein paar schöne Lammedaillons, kurz mit Knoblauch und Rosmarin gebraten und mit Olio extra vergine beträufelt: Das alles kann fast nicht schiefgehen und macht überdies auch noch Eindruck. Einen Gugelhupf zu backen, das kann hingegen ganz schön kompliziert sein – und bringt weniger Lob ein.

These 7: Die meisten großen Köche der Welt sind Männer, also müssen Männer ganz einfach besser kochen können.

Tatsächlich gibt es unter denen, die das Kochen professionell ausüben, verhältnismäßig wenige große weibliche Küchenchefs. Das hat unter anderem damit zu tun, daß ein guter Koch während seiner Ausbildung früher auch schlachten lernen mußte, was für zarte Frauenhände nicht in Frage kam. Außerdem waren die Küchenbrigaden ebenso militärisch wie männerbündisch organisiert, und es herrschte ein ähnlicher »männlicher« Ton wie heute vielleicht nur noch bei den Wiener Philharmonikern, wo sich das, dem Vernehmen nach, ja ändern soll.

Kurzum: Professionelles Kochen galt als klassische Männerdomäne, und was sich in Jahrhunderten entwickelt hat, läßt sich in ein paar Jahrzehnten nicht so leicht ändern. Daß es sich bei der männlichen Vorherrschaft jedoch nicht um ein Primat des guten Geschmacks, sondern lediglich um ein zünftisch bedingtes Paradoxon handeln kann, weiß jeder, der schon einmal behauptet hat, daß es doch letztlich nirgendwo so gut wie bei Mama schmecke. Und wer hätte das nicht schon einmal gesagt?

Wie sieht eine Männerküche aus?

In einer Männerküche, da sieht's aus!

Auch das ist eines der gängigen Vorurteile über den Geschlechterkampf in der Küche, doch es ist - Hand aufs Herz, Männer - nicht ganz falsch. Dabei zähle ich gewiß nicht zu jenen Männern, die nach dem Kochen das sprichwörtliche Schlachtfeld hinterlassen und sich im zufriedenen Bewußtsein, »ihre« Leistung an diesem Abend bereits erbracht zu haben, vor den Fernseher setzen, um den wohlverdienten Single Malt zu trinken und sich dabei den Nachtkrimi oder den Spätabendsport reinzuziehen. Im Gegenteil, ich versuche schon während des Kochens, durch ständiges Scheuern und Abwaschen, dafür zu sorgen, daß sich der Materialaufwand in Grenzen hält, und ich hinterlasse üblicherweise eine durchaus saubere Küche, in der man am nächsten Morgen ohne gröbere Probleme ein Frühstück zubereiten kann.

Dennoch ergibt sich immer wieder dasselbe Problem. Das magische Wörtchen »sauber« - das mußte ich in meinem 3-Frauen-Haushalt leider lernen - ist nämlich ein relativer Begriff. Wenn ich die Parole »Küche aufgeräumt« ausgebe, dann entfaltet meine Frau, selbst zu später Stunde, eine höchst ungewöhnliche Betriebsamkeit. Da sie zu den sanfteren Vertreterinnen ihres Geschlechts zählt, sagt sie allerdings niemals unzart: »Das nennst du aufräumen?«, sondern sie beginnt stattdessen, mit stummem Vorwurf, meine ganze Arbeit noch einmal zu machen. Da werden die Sommeliergläser noch einmal poliert, die Pfannen nachgewischt, die Ritzen zwischen den Küchenschränken auf atomar kleine Partikelchen untersucht, die Gewürze im Lädchen nachgeschlichtet, die Keramikschütten für Mehl, Salz und Zucker zum Glänzen gebracht, die paar Krümel, die vielleicht unter den Küchentisch gefallen sein mögen, aufwendig gesaugt, und das Backrohr wird zum guten Schluß auch noch von den paar allenfalls versprengten Fettspritzern, die ohnedies keinem Menschen aufgefallen wären, gereinigt.

Kurzum: Die ganze Küche sieht überhaupt nicht anders aus, als wie ich sie hinterlassen habe. Nur ist aus einer Männerküche plötzlich doch wieder eine Frauenküche geworden.

Kleine Kochschule für das ambitionierte Greenhorn

Was Sie für den Anfang benötigen

Wenn Sie gerade beschlossen haben sollten, vom gewöhnlichen Mann zum kochenden Manne zu reifen, so gilt Ihnen zunächst einmal mein aufrichtiges Mitgefühl. Denn in den nächsten paar Wochen werden Sie es verdammt schwer haben. Als ich seinerzeit in dieser Phase war, hätte ich um ein Haar wegen eines simplen Schinken-Käse-Toasts ein ganzes Studentenheim in Brand gesetzt. Mein damaliger Zimmerkollege wurde, nachdem ich ihn mit einem an sich völlig einwandfreien Gericht aus dem Bocuse-Kochbuch verwöhnt hatte, mit einer schweren Lebensmittelvergiftung ins Krankenhaus eingeliefert. Und meine damalige Freundin und heutige Ehefrau erwog ernsthaft, mich zu verlassen, als ich ihr ein Weinchaudeau servierte, bei dem ich vergessen hatte, es über heißem Dampf aufzuschlagen.
Von solchen Fährnissen des Schicksals ließ ich mich allerdings nicht von meinem Weg zum Hobbykoch abbringen und rufe daher allen, die mir auf diesem Weg folgen wollen, zu: Die wichtigste Zutat, die Sie für den Anfang benötigen, ist Mut!
Abgesehen davon brauchen Sie allerdings auch noch ein paar andere Kleinigkeiten, vor allem jedoch eine Geschirrspülmaschine. Ich erwähne dieses nützliche Instrument deshalb noch vor dem Herd, weil es im Geschlechterkampf eine noch wichtigere Rolle spielt. Darüber, ob man ein Gericht besser auf einer Keramikplatte oder auf einer Gasflamme zubereitet, läßt sich vielleicht streiten, darüber, wer das Geschirr spült, nicht. Die Geschirrspülmaschine dient also nicht so sehr dem Wohlgeschmack wie der Konfliktvermeidung.
Wenn Sie eine Geschirrspülmaschine anschaffen, so versichern Sie sich, daß sie für spülmaschinenfeste Kristallgläser eine eigene Halterung hat. Ich habe diese Vorsichtsmaßnahme

seinerzeit nämlich leider versäumt, was zur Folge hatte, daß meine Frau und ich seither von Hand um die Wette spülen und polieren und meine Gläser am Schluß bis heute längst nicht so schön leuchtend und durchsichtig sind wie die ihren. (Perfekte Ausrede!)

Was den Herd betrifft, so rate ich - von Mann zu Mann - zu einem Gasherd. Immerhin sind wir Männer es schon von Steinzeit an gewöhnt, die Beute mit dem Spieß zu erlegen und danach über offenem Feuer zu grillen. Die offene Flamme ist die Urform aller Kocherei, die damals ja noch Männersache war. Die Frauen kamen - aus Sicht der Anthropologie zugegebenermaßen etwas oberflächlich formuliert - erst mit dem Kessel ins Spiel, und aus dem hat sich dann irgendwann einmal die Herd- und später die Glaskeramikplatte entwickelt, die sich bei der holden Weiblichkeit großer Beliebtheit erfreut, weil sie, im Gegensatz zu den Gasdüsen, leicht zu reinigen ist. Ich bleibe, uneingeschüchtert durch mein Erlebnis im Studentenheim, dennoch dabei, daß es dort, wo gekocht wird, auch brennen muß. Also: Gasflamme empor. Und wenn Sie keine Gasleitung haben, so verwenden Sie immer noch besser eine Lösung mit Heizschlangen, bei denen sich die Hitze wesentlich besser regulieren läßt als bei diesen vermaledeiten E-Herd-Platten, die zunächst eine Ewigkeit kalt bleiben und immer dann am heißesten sind, wenn sie längst schon wieder kalt sein sollten. (Biographische Anmerkung: Meine Mutter besitzt einen E-Herd, und das ist wohl auch der Grund, warum sie mich an denselben wohlweislich nicht heranläßt.)

Beim Backofen bin ich allerdings nicht so puristisch. Dem mit Gas betriebenen stehe ich nämlich spätestens seit jenem denkwürdigen Abend, an dem mir eine aus Vorderindien stammende Freundin des Hauses erklären wollte, wie man richtig Reis kocht, skeptisch gegenüber. Ich bin überzeugt, sie hat alles richtig gemacht, aber das Ergebnis war dennoch eine in tausend Stücke zerborstene Jenaglasschüssel und ein Backofen voll - zugegebenermaßen äußerst knusprigem - Reis.

Eine in den Herd integrierte Elektrobackröhre mit Ober- und

Unterhitze, beheizter Umluft, eingebauter Grillschlange und der Möglichkeit, Umluft und Grill zu kombinieren, das ist bei aller nötigen Technikskepsis schon eine feine Sache. Einen Mikrowellenherd habe ich bis heute ebensowenig gebraucht wie ein computergesteuertes Bratenthermometer. Die Anschaffung eines Herds für Niedertemperaturgarung habe ich kurz erwogen, dann aber wieder verworfen, weil es ja auch etwas geben muß, das im Restaurant besser gemacht wird, als man es selbst daheim zustandebringt. Sonst würden ja womöglich, Gott behüte, noch die Wirtshäuser aussterben.
Sie merken schon, daß ich kein besonderer Fan von High-Tech in der Küche bin. Wenn selbst solche Lichtgestalten unter den Hobbyköchen wie etwa Gioacchino Rossini oder Anthelme Brillat-Savarin ohne den ganzen neuzeitlichen Maschinenpark ausgekommen sind, so müßte das - denke ich - für mich auch gelten. Im Prinzip kommt man, wenn man gut kochen will, mit einem guten geleimten Schneidbrett, ein paar ordentlich schneidenden Edelstahlmessern von unterschiedlicher Größe und mit dickem, d. h. mindestens 1 mm breitem, Rücken, einem Hackmesser, einem Wiegemesser, einem Filetiermesser, einem Mörser und einem Schneebesen aus. Ich will freilich nicht verhehlen, daß auch ich dem Zeitgeist schon soweit erle-

gen bin, daß in meiner Küche ein elektrischer Handmixer und eine Küchenmaschine in Verwendung stehen. Wer gerne Süppchen aufschäumt, ist auch gut beraten, einen Mixstab zu erwerben, doch ich schäume nicht gerne Süppchen auf.

Was die Pfannen betrifft, so halte ich es für wenig sinnvoll, gleich eine sündteure Grundausstattung von Kupferpfannen, wie sie die wahren Küchenprofis besitzen, zu kaufen, denn wer reiten lernen will, kauft sich ja auch nicht gleich einen arabischen Vollbluthengst. Zwei, drei titanbeschichtete Edelstahlpfannen unterschiedlicher Größenordnung tun es auch. Teflonpfannen verwende ich kaum, etwa nur für Spiegeleier und Crêpes. Im übrigen sind sie nicht besonders haltbar und außerdem erklärte Feinde jenes zum Saucenkochen nötigen Bratensatzes, auf den es jedem einigermaßen anspruchsvollen Hobbykoch ankommen sollte.

Zum Braten verwende ich eine ganz normale, aber ziemlich geräumige Bratpfanne - bzw. einen Bräter aus Metall -, die ich beim Schmoren mit Alufolie abdecke, weshalb ich für diesen Zweck bis dato keine komplizierteren Geräte anschaffen mußte.

Auch bei den Töpfen bin ich nicht besonders anspruchsvoll und verwende, was sich im Verlauf meiner Karriere als Hobbykoch - von Gußeisen über Edelstahl bis Email - von den ersten Hochzeitsgeschenken bis heute so alles angesammelt hat. Ich besitze auch keinen eigenen Spargeltopf, weil es die archaische Konstruktion einer uralten Spargeldose, in die ich wie bei einem Sieb einige Löcher gebohrt und die ich mit einer Halterung aus Draht versehen habe, auch tut. Die Idee ist nicht von mir, sondern vom französischen Meisterkoch Michel Guérard, und sie ist ebenso simpel wie wirkungsvoll. Man schlichtet die Spargel in die Dose und taucht diese in drei Stufen von jeweils etwa drei Minuten ins kochende Wasser, so daß der untere Teil des Spargels etwa neun bis zehn Minuten, die Spargelspitze jedoch nur rund drei Minuten kocht und der Spargel in seiner Gesamtheit das ist, was wir alle von ihm wollen: nämlich perfekt gegart.

Da ich gerne Fische im Ganzen zubereite, gibt es in meiner Küche selbstverständlich auch einen Fischtopf und eine Fischpfanne. Der Schnellkochtopf, den wir zu unserer Hochzeit geschenkt bekamen, steht indessen kaum in Verwendung. Ich lese zwar immer wieder Wunderdinge über Vitaminerhaltung oder schonende Garung; in Wirklichkeit ist er, Aufheizen und Abkühlen inbegriffen, auch nicht viel schneller als andere Töpfe. Außerdem stehe ich auf dem Standpunkt, daß man sich zum Kochen Zeit nehmen sollte. Wozu also ein Schnellkochtopf?

Ein angehender Hobbykoch muß nicht alles haben, sondern er sollte sich eher auf die Archetypen einer gut eingerichteten Küche konzentrieren: auf Kochlöffel in verschiedenen Größen sowie einen funktionellen Schnitzelklopfer, ein Nudelholz und ein Reibeisen. Auch diverse Schöpf- und Schaumlöffel erweisen sich als nützlich, ebenso wie ein ganz normaler Bratenwender, der in unserem Familienjargon schlicht »Unentbehrlicher« heißt.

Wichtig scheinen mir weiters ein paar Siebe mit unterschiedlich großer Perforation, wobei das kleinstgelochte ein Passiersieb sein sollte. Außerdem rate ich zum Kauf einer Küchenwaage, bei der sich die elektronische Digitalanzeige eher bewährt hat. (Obwohl kein Mensch weiß, inwiefern sie wirklich genauer mißt. Wer macht sich schon die Mühe, sie mit einer konventionellen Waage zu vergleichen.)

Zu »Father's Little Helpers« zählen schließlich auch noch ein Borstenpinsel zum Bestreichen, eine Knoblauchpresse, ein Dosenöffner, ein Spargelschäler, ein Kartoffelschäler, ein Gurken- bzw. Krauthobel sowie eine Pfeffermühle, die idealerweise ein unverwüstliches Peugeot-Mahlwerk hat. (Ich besitze derer ein Dutzend, doch das ist eine Marotte.) Zudem habe ich an wesentlichen Dingen noch eine Geflügelschere, eine ganz billige, aber grundsolide Nudelmaschine, diverse Pudding- und Pastetenformen sowie ein chinesisches Dämpfkörbchen aus Bambus und einen Wok, den ich allerdings erklärtermaßen eher als Showelement einsetze, wenn Gäste kommen. Vor allem die Frauen unter meinen Gästen glauben, daß das Essen im Wok wesentlich kalorienärmer gerät. Unter uns Männern kann man allerdings ruhig zugeben, daß es eine ordentliche Bratpfanne auch tut. Vorausgesetzt natürlich, daß man damit umgehen kann.

DIE KÜR DES MASKULINEN EINKAUFS

Jede gute Hausfrau ist stolz darauf, daß in ihrer Speisekammer niemals das Mehl, das Salz und der Zucker fehlen und daß im Kühlschrank immer Milch, Butter, Joghurt und Mineralwasser vorrätig sind. Wenn Sie mit einer solchen Perle zusammenleben oder - wie ich - verheiratet sind, so preisen Sie sich glücklich. Sie haben dann ganz eindeutig ein Problem weniger. Denn die Grundbedürfnisse decken sich gewissermaßen von selbst ab. Die Pflicht ist getan, und Sie können sich getrost der Kür widmen.

Die Kür des männlichen Einkaufs besteht freilich nicht im Schleppen von prallen Plastiktüten, die mit allerlei Lebensnotwendigem gefüllt sind. Sie ist im Gegenteil der hohen Kunst des Flaneurs verwandt. Man schaut da, gustiert dort, läßt sich vielleicht von der einen oder anderen Auslage eines Feinkostgeschäfts oder Asien-Shops inspirieren. Man bummelt durch den Wochenmarkt, man hält einen kleinen Schwatz mit dem Fisch- oder dem Käsehändler, man erkundigt sich, woher die Tauben und der Spargel stammen. Man ist also mit wachem Sinn und wäßrigem Mund unterwegs, um nicht das Notwendige, sondern das Überflüssige zu erspähen, das freilich keinesfalls immer das Luxuriöse, sondern ruhig auch einmal das Ausgefallene sein kann.

Zitronengras etwa - heute bei jedem orientalischen Gewürzhändler zu finden - ist nicht besonders teuer, vermag aber den Geschmack von Fischen und Meeresfrüchten auf höchst wundersame Weise zu verändern. Mein Tip: Kaufen Sie, wenn Sie schon da sind, ruhig auch ein paar andere Aromaten. Versuchen Sie es beispielsweise mit der indischen Gewürzmischung

Garam masala, einem Flakon Mandelessenz, einer Dose scharfem Madras-Curry, etwas Kreuzkümmel (Cumin) und Gelbwurz (Kurkoma). Probieren Sie verschiedene Arten von Pfeffer, beispielsweise einen Chili- oder einen Sichuanpfeffer, aus. Nehmen Sie ein Sträußchen frisches Koriandergrün mit.
Oder sehen Sie sich ein wenig in der italienischen Abteilung um. Ein Fläschchen Trüffelöl beispielsweise sollte in keiner Männerküche fehlen, weil sich damit, wie Sie sehen werden, auf die allerunkomplizierteste Weise die verblüffendsten Effekte erzielen lassen. Auch ein guter alter Balsamicoessig (es muß ja nicht gleich der älteste und teuerste sein) leistet keineswegs nur beim Salatmarinieren, sondern vor allem auch beim Saucenkochen unbezahlbare Dienste. Es kann auch nicht schaden, wenn man ein Gläschen frischen Pesto, die bekannte Mischung aus Olivenöl und Basilikum, ein paar sonnengetrocknete Tomaten, etwas fertige Peperonata und ein Stückchen alten Parmesan im Haus hat.
Außerdem schaue ich auch immer darauf, daß bei meinen Vorräten der Dijonsenf, die frischen Kapern, die Sardellen und der eingelegte grüne Pfeffer vorhanden sind – also jene Last-

minute-Ingredienzen, die aus einem faden Gericht sehr schnell ein pikantes zaubern können. Außerdem habe ich (obwohl manche meiner Gourmetfreunde mich dafür verachten) stets Sojasauce, Worcestershiresauce und Tabascosauce daheim, die - sparsam angewendet - so manches verpfuschte Gericht zu guter Letzt doch noch retten können.
Im übrigen bereite ich die meisten Speisen mit einer Mischung aus (nicht kaltgepreßtem) Olivenöl und etwas zerlassener Butter oder, wenn ich fernöstlich koche, mit Erdnußöl zu. Manchmal versündige ich mich auch mit Butterschmalz.
Das alles sind freilich nur Anregungen und keineswegs Regeln für einen lustvollen »Männereinkauf«, und Sie sollten sich von der Vielfalt der möglichen Zutaten keinesfalls überfordern lassen. Kaufen Sie einfach, wonach Ihnen gerade der Sinn steht, experimentieren Sie ein wenig damit, und riskieren Sie ruhig die eine oder andere »Geschmacksverwirrung«. Sie werden sehen, daß die anfängliche Experimentierfreudigkeit ohnedies über kurz oder lang in die Erkenntnis mündet, daß wirklich gelungene Gerichte mit relativ wenigen Zutaten auskommen, die dafür freilich vollendet harmonieren und von perfekter Qualität sein müssen.
Doch noch ist es nicht soweit. Besorgen Sie sich daher ohne jeden originellen Anspruch im Supermarkt um die Ecke die nötige Grundausstattung fürs Kochen: Butter, Öl, Essig, Eier, süße und saure Sahne (Obers und Sauerrahm, wie es in Österreich so schön heißt) oder Crème fraîche, Mehl, Nudeln, Reis, Pfeffer, Salz und - je nach Gusto - Fisch, Gemüse, Salat, Geflügel, Fleisch oder Speck ...
Der große Pianist Glenn Gould hat einmal gesagt, er könne jedem, der das wolle, binnen eines Tages das Klavierspielen beibringen, weil es im Grunde ganz einfach sei. Ich weiß nicht, ob er es jemals getan hat. Ich weiß nur, daß es sich in der Küche ganz ähnlich verhält - größere und kleinere Niederlagen allerdings inbegriffen.

Lassen Sie sich eine Küchenschürze schenken

Denn glauben Sie mir: Es ist ein schmutziges Geschäft, auf welches Sie sich da einlassen. Ich gebe zu, daß beim ersten Mal ein wenig Überwindung dazugehört, sich eine Schürze umzubinden, da man sich fühlt, als ob man als Marktfrau verkleidet auf ein Faschingsfest ginge. Meine erste Küchenschürze habe ich schlicht und einfach meiner Frau stibitzt. Es war ein recht zierliches Exemplar mit Spitzen und Rüschen - und bei jedermann, der mich darin sah, ein programmierter Lacherfolg.
Es ist andererseits auch nicht gerade angenehm, wenn sich im Laufe eines verkochten Abends das Hemd in eine Speisekarte verwandelt und die Hose bunte Pepitamuster aus Spinat- und Tomatenflecken bekommt. Tatsächlich stellt sich schon recht bald heraus, daß Frauen Schürzen tragen, weil es schlicht und einfach vernünftig und außerdem hygienischer ist - und nicht um darin besonders weiblich zu wirken. Profiköche tragen ja auch aus denselben Gründen Küchenschürzen, ohne daß ihnen jemand vorwirft, sie sähen darin weibisch aus.
Meist sind es meiner Erfahrung nach gar nicht so sehr die Männer, die sich in einer Schürze seltsam vorkommen. Es sind vielmehr die Frauen, welche die Männer, kaum geschürzt, zum Schreien komisch finden. Das trifft nicht nur auf Mütter zu, die von ihren Söhnen meist ein ganz anderes als ein schürzentragendes Idealbild haben, sondern ebenso auf Ehefrauen und Töchter, denen der Papa in der Schürze zumindest ein mildes Schmunzeln abringt (was sie nicht daran hindert, ihm dann und wann eine wunderschöne Designer-Schürze unter den Weihnachtsbaum zu legen oder zum Vatertag zu schenken).
Die einem schürzentragenden Mann offenbar innewohnende Komik steigert sich indessen vollends ins Groteske, wenn der Koch das Normalste auf der Welt tut und sich eine Kochmütze aufsetzt. Statt dem Herrn des Schöpflöffels dafür dankbar zu sein, daß er seine weibliche Kundschaft damit vor Haaren in der Suppe bewahrt, brechen anwesende Damen dann gerne

in ein herzerfrischendes Gekicher aus, das natürlich auf Kosten des Kochs geht, dem man eine gewisse Eitelkeit unterstellt. Zugegeben: Eine aufgeblähte Haube hat schon was von einem geschwollenen Hahnenkamm, aber was, außer daß man darunter leichter ins Schwitzen gerät, ist schon Schlechtes dran?
Die Wahrheit ist: Die Frauen gönnen uns Männern wohl - lächelnd - die Schürze, aber sie beneiden uns um die Mütze. Keine Hausfrau der Welt würde sich um noch soviel Geld in der Einbauküche eine Kochmütze aufsetzen. Männer tun das zuweilen schon.
Vielleicht sind wir also doch eitel.

ALLER ANFANG IST SCHWER

Männer sind, obwohl angeblich das starke Geschlecht, fast immer wehleidiger als Frauen. Daher auch gleich zu Beginn meine Warnung: In der Küche lauern einige Gefahren, und Küchenschaben sind bei weitem die geringste unter ihnen.

Speziell der Ungeübte holt sich schon einmal blutige Finger, wenn er in das Abwaschbecken greift und statt des Nudelsiebs das Küchenmesser an der Schneide erwischt. Auch überkochende Töpfe, glühendheiße Pfannen auf irrtümlich nicht ausgeschalteten Herdplatten und Reibeisen, die man ungeschickt angreift, können sich als gefährliche Angstgegner erweisen. Sogar ein Kochbuch kann zum erbitterten Feind werden, wenn man es allzu beschwingt umblättert und sich mit einer kantig beschnittenen Seite eine Blessur an der Fingerspitze zufügt. Mit kleineren Schnittwunden und Brandblasen ist jedenfalls zu rechnen, weshalb Anfänger gut daran tun, ihre kulinarische Karriere sicherheitshalber mit einem Gang in die Apotheke zu beginnen, um dort ein Heftpflaster und vielleicht auch noch eine kühlende Brandsalbe einzukaufen. Speziell im »Brandfall« hilft allerdings auch das Eintauchen der Hand in einen zweckentfremdeten mit Eiswasser gefüllten Sektkübel.

Sollten Sie sich in der ersten Freude über Ihren funkelnagelneuen Messerblock oder das chinesische Schneidbeil, das Sie sich furchtlos angeschafft haben, in der Schnittrichtung irren und statt des Lungenbratens eine Ihrer Fingerkuppen erwischen, so werfen Sie diese bitte nicht weg! Geschickte Chirurgen sind heute ohne weiteres in der Lage, derlei bereits verschwunden geglaubte Glieder wieder anzufügen, so daß Ihrer weiteren Karriere als Hobbykoch nichts im Wege steht.

Und wenn wir schon dabei sind: Mit Ihrer alten Ausrede, daß Sie kein Blut sehen können, ist es jetzt sowieso ein für allemal vorbei. Ein Koch, der kein Blut sehen kann, ist wie ein Konditor mit Diabetes. Blut ist in der feinen Küche nämlich ein ganz besonderer Saft, und zwar keineswegs nur für Böhmischen Karpfen oder Hasen in Blutsauce, sondern ganz allgemein. Wenn Sie gut kochen wollen, werden Sie Innereien putzen und frisch geschlagene Fische filetieren, Sie werden aus Karkassen und Knochen den einen oder anderen feinen Fond zubereiten, und Sie werden vielleicht sogar dereinst ein Huhn oder eine Ente ausnehmen müssen. Mögen die Ernährungswissenschaftler noch so nachdrücklich dazu raten, Fleisch aus bakteriellen Gründen möglichst durchzubraten: Ob Entrecôte oder Lammfilet, Hirschmedaillon oder Taubenbrust - saignant, also blutig, schmeckt's gleich doppelt so gut. Denn in der Küche zählt nun einmal nicht nur der Fortschritt der bakteriologischen Forschung, sondern auch der Wohlgeschmack. Doch keine Angst! Auch bei Hobbyköchen wird die Suppe nicht so heiß gegessen, wie sie gekocht wird. Wir beginnen also zunächst ganz soft, und zwar mit einer Mahlzeit, die durchaus ein wenig frühmorgendliche Selbstdisziplin, aber wenig küchentechnisches Know-how erfordert. Mein Rat lautet, nicht nur aus kulinarischen, sondern auch aus Gründen des friedlichen Zusammenlebens der Geschlechter:

Profilieren Sie sich als Frühstückskoch

Die Kunst, sich als Mann geradewegs ins Herz einer Frau zu kochen, ist noch weitgehend unerforscht. Die Gunst einer Frau auf dem Umweg über den Magen zu erlangen war wohl auch kaum jemals schwieriger als heutzutage, wo die unterschiedlichsten Probleme des neuen Ernährungsbewußtseins und der Political Correctness auf dem verliebten Hobbykoch schwer wie Hypotheken lasten.

Sautierte Wachtelbrüstchen? - *Das arme kleine Tierchen!*
Überbackene Austern? - *Zuviel Cholesterin!*
Filet mignon? - *BSE!*
Tournedos Rossini? - *Da ist doch diese widerliche Gänseleber dabei?!*
Soufflierter Lachs? - *Hast du nicht den Bericht über die Fische im letzten Konsumentenschutzmagazin gesehen?*
Bretonischer Hummer? - *Ist der nicht vom Aussterben bedroht?*

Also, wie gesagt, es ist nicht leicht.

Wesentlich leichter ist es da schon, sich an eine statistische Erkenntnis zu halten, die man ohne alle Diskriminierung des weiblichen Geschlechts laut aussprechen kann: Frauen schlafen gerne. Im Ernst: Niedriger Blutdruck ist unter Frauen wesentlich häufiger anzutreffen als bei den chronisch hypertonen Männern. Nun bringt niedriger Blutdruck, ganz wertfrei betrachtet, ein vermehrtes Schlafbedürfnis mit sich. Und ich übertreibe auch nicht, wenn ich sage, daß die Frauen in meinem Bekannten- und Verwandtenkreis allesamt mit besonderer Lust besonders lange schlafen. (Abgesehen vielleicht von der 88jährigen Tante Rosi aus Windischgarsten, die immer schon mit den Hühnern aufgestanden ist.)
Womit ich beim Kern der Sache oder gewissermaßen beim Gelben vom Ei angelangt bin: Ich glaube nämlich, daß der

beste Weg zum Herzen einer Frau noch immer über ein opulentes Frühstück führt, für das sie selbst keine Hand und schon gar kein Ei zu rühren braucht und bei dem von den knusprigen Semmeln aus der Bäckerei bis zum handgepreßten Orangensaft und den frischgepflückten Beeren für das selbstgeschrotete Müsli alles vorhanden ist.

Nun ja, werden Sie, lieber Leser, nun einwenden, das alles bedarf gewiß einer gehörigen Portion Ritterlichkeit (zumal es ja in den frühen Morgenstunden passieren muß und natürlich auch Männer - wozu es leugnen? - lieber länger als kürzer schlafen). Was allerdings hat das mit Kochkunst zu tun?

Ich behaupte, mehr als Sie glauben. Und ich werde mir erlauben, Ihnen das anhand einiger Beispiele vorzuführen.

DAS IDEALE WEICHE EI

Ein weiches Ei kann jeder Dummkopf machen, sagen Sie. Allerdings zerspringt jedem zweiten solchen jedes dritte Ei, und nicht minder dumm ist es, wenn die Eier einmal trinkreif und dann wieder bißfest geraten. Wie bei allen kulinarischen Dingen sollte man daher auch beim Eierkochen mit System vorgehen.

Eierkochen beginnt bereits bei der richtigen Auswahl der Eier. Grundsätzlich verwende ich dabei nur (und keineswegs lediglich aus tierschützerischen, sondern auch aus gesundheitlichen Gründen) Landeier von glücklichen Hühnern und nicht solche aus den bakteriengefährdeten Legebatterien. Die Eier müssen in jedem Fall eine glatte und saubere Schale aufweisen, da durch ripplige oder aufgerauhte Schalen leichter Bakterien ins Innere dringen können und die Eier schneller verderben. Ob ein Ei wirklich frisch ist, erkennen Sie an der sogenannten Schwimmprobe. Man legt das Ei zu diesem Zweck ganz einfach in ein Wasserglas und beobachtet, wie es sich verhält. Bleibt es auf dem Boden liegen, ist es frisch. Hebt es sich mit dem stumpfen Ende nach oben, ist es etwa eine Woche alt. Steht das Ei indessen senkrecht im Glas, wurde es schon

zwei, drei Wochen vorher gelegt und taugt nicht einmal mehr als Naturshampoo.
Bevor Sie mit dem Kochen beginnen und die Eieruhr einstellen, sollten Sie jedoch noch einige nützliche Erhebungen anstellen. Zunächst einmal: Kommt das Ei aus dem Kühlschrank oder aus der Speisekammer? Während Sie in letzterem Fall mit einer Kochzeit zwischen dreieinhalb und viereinhalb Minuten recht zufriedenstellende Ergebnisse erzielen, sollten Sie bei Kühlschrankeiern rund eine Minute länger rechnen, wenn das Ei so richtig kernweich - sprich: das Eiweiß leicht gestockt und der Dotter sämig, ohne fest zu sein - werden soll. (Noch sicherer ist es allerdings, kühlschrankkalte Eier vor dem Kochen ein paar Minuten in lauwarmes Wasser zu tauchen.)
Wahre Spätaufsteher und Frühstücksprofis, wie etwa mein Freund, der Wiener Gastronomiekritiker Andreas Oberndorfer, lachen allerdings über einen so stümperhaften Zugang zum Frühstücksei wie den meinen. Sie lassen das Ei nämlich niemals kochen, sondern etwa sieben Minuten knapp unter dem Siedepunkt ziehen, wodurch der Dotter eine wächserne Konsistenz erreicht. Die sieben Minuten sind freilich nur ein Richtwert, da gerade in diesem Fall unbedingt auch die Größe des Eis einberechnet werden muß.
Das trifft allerdings auch zu, wenn Sie Ihr Ei ganz konventionell kochen. Es ist eigentlich nur logisch, wird aber selten wirklich beachtet, daß ein Ei von der Größe eines Pingpongballs schneller kernweich ist als eines, das so groß ist wie eine Kinderfaust.
Bevor man die Eier ins kochende (das heißt leicht wallende, aber keineswegs aufgeregt sprudelnde) Wasser legt, ist es empfehlenswert, sie an der Unterseite mit einer Nadelspitze kurz anzustechen. (Im Fachhandel werden dafür auch eigene Eierstecher angeboten.) Die Eier überstehen den Kochvorgang dadurch so gut wie bruchsicher. Sollte dennoch einmal ein Ei springen, so geben Sie einfach einen Spritzer Essig oder Zitronensaft, der das Auslaufen des Eiweißes hemmt, ins Wasser.
Wenn das alles geschafft ist, brauchen Sie eigentlich nur noch

Ihre Frau oder Freundin aufzuwecken - und einem friedlichen, sorgenfreien und gepflegten Frühstück steht nichts mehr im Wege.
Zum Abschluß noch ein Tip: Wenn Sie das Frühstück nicht nur glamourös, sondern auch amourös planen, so schlagen Sie das Frühstücksei noch vor dem Wecken Ihrer Angebeteten auf, rühren Sie ein paar Tröpfchen Trüffelöl unter den Dotter, und setzen Sie einen Teelöffel Malossol-Caviar darauf - und schon umweht ein Hauch von Highlife Ihren Frühstückstisch.

SPIEGELEIER: SUNNY SIDE UP ODER SUNNY SIDE DOWN?

Für Spiegeleier, die ihrem ursprünglichen Namen »Ochsenaugen« alle Ehre machen, benötigen Sie entweder eine kleine Stielpfanne mit geringem Durchmesser oder ringförmige Spiegeleiereinsätze, die Sie in einer größeren Pfanne verteilen. Aus geschmacklicher Sicht ist das ideale Fett zum Ausbacken Butter, wobei allerdings insoferne Vorsicht geboten ist, als diese nicht allzu braun werden sollte. Auch das Ei liebt es nicht, wenn es zu schnell gegart wird, sondern möchte seine Metamorphose zum Frühstücksspiegelei allmählich vollziehen. Lassen Sie also ein nußgroßes Stück Butter langsam auf kleiner Flamme zergehen, und schlagen Sie das Ei so hinein, daß der Dotter schön in der Mitte der Form oder Pfanne zu liegen kommt. Für die Länge der Garzeit gilt als Faustregel, daß das Eiweiß gestockt sein sollte, während der Dotter unbedingt weich und glasig bleiben muß.
Wenn Sie es - wie ich - lieben, daß der Dotter beim Servieren von einem milchigweißen Film überzogen ist (und sich dadurch auch ohne Trübung des Eigelbs salzen und pfeffern läßt), so brauchen Sie solange das Spiegelei brät lediglich einen Pfannendeckel aufzusetzen. (Vorsicht: Die Garzeit verkürzt sich dadurch etwas!)
Eine andere Möglichkeit, das leidige Problem der häßlichen »Salzflecken« zu umgehen, ist es, die Eier vor dem Braten in

Eiweiß und Dotter zu trennen. Lassen Sie jetzt zuerst das Eiweiß in die Form bzw. die Pfanne gleiten, salzen Sie nach Belieben, und setzen Sie dann erst den Dotter auf. Der zieht das Salz dann von unten ein und braucht vor dem Servieren nicht mehr extra gewürzt zu werden.
Alle diese Methoden bezeichnen die Amerikaner als »sunny side up«, was insoferne sinnvoll ist, als sich dort auch ein Spiegelei mit »sunny side down« großer Beliebtheit erfreut. Die Spiegeleier werden in diesem Fall, wenn das Eiweiß schon einigermaßen fest geworden ist, mit einem Bratenwender umgedreht und auf der anderen Seite noch kurz weitergebraten. Auch in diesem Fall sollte der Dotter jedoch nicht völlig erstarrt, sondern in der Mitte noch kernweich sein.
Daß Spiegeleier, wo auch immer sie ihre Sonnenseite haben mögen, durch das Darüberhobeln von Alba-Trüffeln geradezu einen morgendlichen Geschmacks- und Aromarausch bewirken können, ist eine Binsenweisheit, die hier am Rande vermerkt sei.
Neben Hühnereiern empfehlen sich für die Zubereitung von Spiegeleiern auch die kleineren und noch wohlschmeckenderen Wachteleier. Richtet man diese auf kurz in Butter geschwenktem Parma- oder San-Daniele-Schinken an, lassen sich dank dieser »Mini-Ham-and-Eggs« unerwartete morgendliche Überraschungen erzielen.

Spiegeleier mit Lammnieren

Einer der berühmtesten Frühstücksköche der Literaturgeschichte ist ohne Zweifel Leopold Bloom. Der Titelheld aus James Joyces »Ulysses« betritt die Bühne dieser irischen Comédie humaine, indem er sich keineswegs als Nachfolger des antiken Helden Odysseus, sondern vielmehr als Brutzler gegrillter Hammelnieren profiliert, die er in Butter schmurgelt und stark pfeffert, bis sie, wie Joyce nicht gerade feinsinnig schreibt, »seinem Gaumen einen feinen Beigeschmack schwachduftigen Urins vermitteln«. Sicherheitshalber habe ich diese Stelle am familiären Frühstückstisch noch nicht publik gemacht und verwöhne meine drei Damen weniger unter Berufung auf den in dieser Hinsicht immer ein wenig derben James Joyce als vielmehr auf den über jeden Verdacht erhabenen Feinschmecker Giacomo Meyerbeer, dessen »Oeufs Meyerbeer« wesentlich stubenreiner klingen - und wohl auch schmecken, weshalb sie in der großen französischen Palastküche seinerzeit auch sehr schnell zum beliebten Klassiker wurden, der nicht nur beim Frühstück, sondern auch als Vorspeise eines mehrgängigen Diners sehr gute Figur macht.

Zutaten: 4 Lammnieren, 1 mittlere Zwiebel, 1 EL Butter, 1 EL Olivenöl, eine Messerspitze Salz, Pfeffer aus der Mühle, 3 dl Madeira, 2 dl Rinderbrühe, 1 Dose Trüffelabfälle, 4 Eier, einige kalte Butterstückchen; Toasts nach Belieben.

Zubereitung: Die Lammnieren so in zwei Hälften teilen, daß sie noch lose zusammenhängen. Die Zwiebel so klein wie möglich hacken. Die Lammnieren in der Butter-Öl-Mischung auf jeder Seite zwei Minuten anbraten, salzen, pfeffern und warm stellen. Im verbliebenen Fett die Zwiebelstückchen glasig dünsten und mit dem Madeira aufgießen. So lange weiterdünsten, bis die Zwiebelstückchen den Wein völlig absorbiert haben. Mit der Rinderbrühe aufgießen und dieselbe einreduzieren, bis eine sämige, dunkle Sauce entsteht. In der Zwischenzeit die Spiegeleier (wie nach angeführtem Rezept) zubereiten. Die Sauce mit Trüffelabfällen abschmecken. Die Saucenpfanne vom Feuer nehmen und nach Geschmack einige kalte Butterstückchen einrühren, damit sie besser bindet. Die Spiegeleier jeweils in der Mitte eines Tellers anrichten. Die beiden Nierenhälften daraufsetzen und mit etwas Sauce nappieren. Den Rest der Sauce rund um die Spiegeleier anrichten; eventuell noch einmal nachpfeffern. Sofort heiß servieren.

Und außerdem:

⇨ Der Madeira mag für heutige Ansprüche, zumal zu früher Morgenstunde, etwas schwer sein. Man kann ihn daher auch durch einen trockenen, aber extraktreichen Weißwein

(z. B. Chablis) ersetzen. In diesem Fall läßt man die Trüffeln weg und hat ein nicht ganz so geschmacksintensives, aber frühstücksgerechteres Gericht.

⇨ Wer den intensiven Geschmack von Lamm- bzw. Hammelnieren nicht schätzt, kann diese auch durch in Milch eingelegte, danach in Scheiben geschnittene und mit etwas Fettrand gebratene Kalbsnieren ersetzen. Das gewisse »Bloomsche Odeur« läßt sich dadurch fast vollständig vermeiden.

⇨ Die Spiegeleier kann man - last but not least - auch »sunny side down« braten (siehe Seite 34).

… UND NUN EIN PAAR TIPS ZUM THEMA RÜHREI

Da hierzulande die meisten Menschen bedingungslose Anhänger des Wiener Rühreis, sprich der Wiener „Eierspeis", sind, sei dessen Zubereitung zumindest kurz gestreift. Sein Geheimnis, so es eines ist, besteht darin, daß man Dotter und Eiweiß mehrerer Eier nur relativ locker durchmischt und etwas salzt, bevor man die Masse in aufgeschäumte Butter gleiten und dort eine leichte und flockige Konsistenz annehmen läßt. Während dieses Vorgangs empfiehlt es sich, die Masse mit einer Gabel immer wieder aufzulockern, damit sie nicht zu fest wird. Beim Anrichten wird über das klassische Wiener Rührei auch gehackter Schnittlauch gestreut.

Ich persönlich ziehe der Wiener allerdings die klassische Grandhotel-Variante vor. In diesem Fall werden Dotter und Eiweiß mit süßer Sahne zu einer möglichst glatten Masse versprudelt und gesalzen, wobei auf ein halbes Dutzend Eier etwa 5 cl Schlagsahne kommen. Diese Rühreier bereitet man unter ständigem Rühren mit einem Kochlöffel in etwas zerlassener (keinesfalls zu stark erhitzter) Butter in einer Teflonpfanne zu, damit sich die Masse nicht am Pfannenboden anlegt. Wer ganz vorsichtig zu Werke gehen möchte, kann die Rühreier auch statt auf der Elektroplatte oder auf dem Gasherd über heißem Wasserdampf zubereiten. Das dauert ein wenig länger, das Ergebnis kann sich jedoch sehen und schmecken lassen.

Verfeinerungen dieses Rezepts sind möglich, indem man kleingehackten Schinken oder kleingehackte Champignons kurz in Butter anschwitzt, bevor man die Eiermasse in die Pfanne gleiten läßt, und das Rührei am Schluß noch mit frisch gehackten Kräutern bestreut. Hervorragende Rühreiingredienzen sind neben den bewährten Garnelen auch Tomaten oder aber ein paar Tropfen steirischen Kernöls.

Wie immer man das Rührei letztlich zubereitet: Setzt man es zu gutem Schluß noch auf eine in Butter zart angeröstete Toastscheibe, so ist der Erfolg gesichert, und die Morgenstund' hat mit Sicherheit nicht Eigelb, sondern Gold im Mund. Was freilich nicht nur für das formvollendete Rührei, sondern auch noch für eine Reihe von anderen Frühstücksklassikern gilt.

EGGS BENEDICT

Seit etwa einem Jahrzehnt spielen meine Frau und ich das Eggs-Benedict-Spiel. Immer wenn ich mich (was selten vorkommt, da ich ein notorischer Nachtarbeiter bin) für den Frühstücksdienst melde, schwärme ich ihr am Abend davor von den Eggs Benedict vor, die meiner Meinung nach die beste Methode sind, um zu testen, ob ein Luxushotel seine fünf Sterne wert ist. Finde ich sie nicht auf der Frühstückskarte, entziehe ich dem Haus, zumindest in Gedanken, sofort den fünften Stern (eine relativ bedeutungslose Sanktion, die lediglich zur Folge hat, daß ich das nächste Mal in einem anderen Hotel absteige). Sind sie nicht vorschriftsmäßig zubereitet, so weiß ich, was von der Küche zu halten ist. Kommen sie jedoch wachsweich und mit Sauce hollandaise überbacken auf den Frühstückstisch, so schwebe ich im siebten Frühstückshimmel. Denn Eggs Benedict sind für mich der absolute Gipfel der Eierkochkunst.

Woher sie genau stammen, darüber sind die gastronomischen Standardwerke ziemlich unterschiedlicher Meinung. Manche schreiben sie der französischen Küche zu, andere bestehen darauf, genau zu wissen, daß sie im berühmten »Delmonico's

Restaurant« in New York für Mr. and Mrs. LeGrand Benedict, zwei besonders anspruchsvolle Gäste, die sich über die Phantasielosigkeit von Delmonicos Frühstücksküche beschwerten, erfunden wurden.

So unterschiedlich die Gerüchte über die Herkunft des Gerichts sind, so unterschiedlich sind auch die Auffassungen über die genaue Beschaffenheit der Eggs Benedict. Fest steht, daß es sich um zwei in Essig pochierte Eier handelt, die mit Sauce hollandaise überbacken werden. Bereits beim Sockel scheiden sich jedoch die Geister: Soll ein in zwei Hälften geschnittenes englisches Muffin (Hefeteigbrötchen) die Unterlage bilden, oder darf es auch eine runde Scheibe Toastbrot sein? Vor allem aber: Wird zwischen Sockel und Eiern eine Schicht Blattspinat oder eine Scheibe Schinken gelegt?

Womit ich wieder bei unserem Eggs-Benedict-Spiel bin. Ich muß ehrlich gestehen, daß ich schon Dutzende Male versprach, dieses Gericht zum Frühstück zuzubereiten, und es mir nicht ein einziges Mal gelungen ist, es zu früher Morgenstund' zu Ende zu führen. Es ist nämlich eine riesige Patzerei und erfordert auch ein wenig Geschicklichkeit, die mir bei Sonnenaufgang noch nicht so recht gegeben zu sein scheint. Ich verschiebe also die Eggs-Benedict-Kocherei lieber auf den Abend und mache in der Früh statt dessen ein ganz normales Frühstücksei. Was auch der Grund ist, warum meine Frau und meine beiden Töchter stets ein wissendes Lächeln auf den Lippen haben, wenn ich ihnen zu später Stunde wieder einmal verspreche, sie am nächsten Morgen mit Eggs Benedict zu verwöhnen. Doch nun mein »Abendrezept« dieses Frühstücksgerichts, das - wie Sie gleich sehen werden - ein Konglomerat der unterschiedlichsten »benedictinischen Regeln« ist.

Zutaten: 8 runde Toastscheiben, 4 EL Blattspinat, 4 Scheiben Schinken, 8 Eier aus dem Kühlschrank, etwas Salz, 1 l Wasser, 2 dl Weißweinessig, Butter; *für die Sauce hollandaise:* 2 Dotter, 200 g Butter, eine Messerspitze Salz, 1 Spritzer Zitronensaft, 2 EL Fleischbrühe (oder Rindsuppe, wie man in Österreich dazu sagt), gegebenenfalls ein paar Eiswürfel.

Zubereitung: Den Blattspinat blanchieren, salzen und beiseite stellen. (Es kann ruhig ein aufgetautes Tiefkühlprodukt verwendet werden.) Den Backofen auf höchster Stufe vorheizen. Die Schinkenscheiben in Butter kurz anrösten und beiseite stellen. Die Toasts in etwas Butter auf beiden Seiten zart anrösten und warm stellen.

Die Sauce hollandaise zubereiten, indem man zunächst die Butter auf milder Hitze zum Schmelzen bringt. Dann erhitzt man in einem großen Topf heißes Wasser, bis es kocht, und verschlägt über dem so entstandenen Dampf in einem feuerfesten Geschirr die beiden Dotter mit dem Salz, dem Zitronensaft und der Brühe, bis daraus eine sämige Mischung wird. In diese rührt man nunmehr mit dem Schneebesen nach und nach die geschmolzene Butter ein, bis sich wie durch Zauberhand eine schaumige Masse daraus bildet. Das klingt etwas kompliziert und bedarf auch einer gewissen Übung (erst die dritte Sauce hollandaise gelingt meist wirklich). In jedem Fall empfiehlt es sich, ein paar Eiswürfel bereitzuhalten, mit deren Hilfe sich die Sauce »retten« läßt, falls sie einmal gerinnen sollte. Die Eiswürfel bewirken, daß sich die Sauce erneut mit (diesmal wesentlich weniger) Butter binden läßt.

In der Zwischenzeit in einer anderen Kasserolle den Liter Wasser mitsamt dem Essig bis nahe an den Siedepunkt bringen. Möglichst jedes der Eier in eine eigene Tasse schlagen. Ein Ei nach dem anderen ins Essigwasser gleiten lassen und dabei versuchen, das stockende Eiweiß mit einem oder zwei Löffeln möglichst an den Dotter zu pressen. Die Eier etwas mehr als zwei Minuten im Essigwasser simmern lassen, herausheben, unschöne Eiweißteile abschneiden und unter kaltem Wasser kurz abschrecken.

Nunmehr die Toasts in einer feuerfesten Form nebeneinander setzen. Die Hälfte der Toasts mit dem Blattspinat und die andere Hälfte mit den Schinkenscheiben drapieren, so daß jede Portion aus einem Schinken- und einem Spinatsockel besteht. Jeweils ein pochiertes Ei daraufsetzen und alles gleichmäßig mit der Sauce hollandaise übergießen. Im Ofen bei extremer Hitze etwa drei Minuten überbacken. Heiß servieren.

Und außerdem:

⇨ Die Sauce hollandaise kann auch mit Parmesan oder etwas Meerrettich, der in Essig eingelegt wurde (der österreichische Ausdruck lautet »Essigkren«), verfeinert werden.

⇨ Für die Sauce hollandaise können Sie auch ein Fertigprodukt verwenden, in welchem Falle Ihnen selbstredend meine tiefste Verachtung als Gourmet, aber mein vollstes Verständnis als frühstückskochender Familienvater entgegenschlüge.

⇨ Wenn man auf Nummer Sicher gehen will, läßt sich eine Hollandaise-ähnliche Sauce auch noch auf andere Art und Weise herstellen. Man bereitet zunächst eine leichte Béchamelsauce zu, indem man 20 g Butter anschmelzen läßt und mit 20 g Mehl vermischt, bis daraus eine flockige Mischung entsteht, die man mit ¼ l Milch, unter ständigem Rühren mit dem Schneebesen, aufkocht. Sobald die Sauce zu binden beginnt, nimmt man sie vom Herd und rührt je nach Geschmack zwei bis drei Eidotter ein, bis die Sauce eine schöne dottergelbe Farbe annimmt. Zum Abschluß kann man sie noch mit einem Spritzer Essig und ein wenig kleingehacktem Estragon abschmecken – und das Resultat kann sich sowohl sehen als auch schmecken lassen.

Reicher Lohn für arme Ritter

Als Kind habe ich mich oft gefragt, was an diesen Rittern eigentlich so ritterlich sein soll. Seit ich selbst Kinder habe, weiß ich es ganz genau: Ritterlich ist, wer sie in aller Herrgottsfrühe zubereitet, während die anderen Familienmitglieder noch in Morpheus' Armen schlummern oder sich gerade die Zähne putzen. Als ärmlich habe ich es allerdings schon immer empfunden, daß sich unter der köstlichen Hülle nichts als Weißbrot verbirgt. Doch bevor ich Ihnen verrate, mit welchem klei-

nen Kunstgriff ich die armen zu edlen Rittern machte, zunächst das Originalrezept meiner Mutter.
Zutaten: 4 altbackene Semmeln, 3/8 l Milch, 1 gestrichener EL Mehl, 1 Päckchen Vanillezucker, 2 Eier, Pflanzenöl zum Ausbacken, 1 Messerspitze Zimt, Staubzucker zum Bestreuen.
Zubereitung: Die Semmeln in zwei Hälften schneiden. Die Milch mit dem Vanillezucker versprudeln. Die Semmelhälften kurz in der Vanillemilch weichen lassen. Eine Pfanne etwa 1 cm hoch mit Pflanzenöl füllen und dasselbe erhitzen, bis ein Wassertropfen, den man hineinspritzt, laut zischt. In der Zwischenzeit die Eier mit dem Mehl verschlagen, die Semmelhälften durchziehen und ins heiße Fett legen. Auf beiden Seiten goldbraun ausbacken, mit einem Bratenwender oder Schaumlöffel aus dem Fett nehmen und mit einer Mischung aus Zimt und Staubzucker bestreuen.

Und außerdem:
⇨ Nicht ganz so arm nehmen sich die Ritter aus, wenn man je zwei Semmelhälften mit Marmelade (vorzugsweise Zwetschkenmarmelade) füllt und sie gemeinsam ausbäckt.

VON ARMEN ZU EDLEN RITTERN

Lange wußte ich nicht, wie ich meinen geliebten armen Rittern endlich zu ein wenig Reichtum verhelfen könnte. Ich tränkte die Marmelade zunächst mit Rum und später mit Whisky (was als Familienfrühstück allerdings nicht besonders gut ankam). Ich servierte eine Vanillesauce und Rumkirschen dazu. Im Auftrag meiner beiden Töchter ersetzte ich die Marmelade schließlich durch Nutella. - Doch das alles wollte mich nicht wirklich befriedigen, bis mir dann der rettende Gedanke kam, daß arme Ritter ja weiß Gott nicht süß sein müssen. Im Laufe einer Reise nach Hongkong lernte ich dann genau das kennen, was ich mir immer schon unter »edlen Rittern« vorgestellt hatte, und das war in etwa folgendes:
Zutaten: 2 Schalotten (ersatzweise: 1 kleine Zwiebel), 80 g

Bambussprossen, 250 g geschälte und kurz überbrühte Shrimps (kann auch aufgetaute Tiefkühlware sein), 1 rohes Ei, 4 cl Sherry, 10 Toastbrotscheiben, Sesam- oder Leinsamenkörner zum Panieren, Maiskeim- oder Erdnußöl zum Fritieren, chinesische Hoisin- oder Barbecuesauce.
Zubereitung: Die Schalotten gemeinsam mit den Bambussprossen, den Shrimps, dem rohen Ei und dem Sherry in der Küchenmaschine zerkleinern. Unzerkleinerte Bambussprossen, wenn nötig, mit einer Teigkarte vom Cutterrand nach unten schaben und mit der übrigen Masse noch einmal zerkleinern. Die Toastbrotscheiben entrinden und in kleine Dreiecke vierteln. Die Schnitten mit einer etwa fingerdicken Schicht der Shrimps-Bambussprossen-Farce bestreichen, nebeneinanderlegen und so dicht mit Sesam- bzw. Leinsamenkörnern bestreuen, daß die ganze Oberfläche davon bedeckt ist. In einer Friteuse oder einer hochwandigen Pfanne ausreichend Öl erhitzen und die »edlen Ritter« mit der bestrichenen Seite nach unten einlegen und ausbacken, bis sie goldgelb und knusprig sind. Auf einem Teller mit einem kleinen Schälchen chinesischer Hoisin- oder Barbecuesauce anrichten.

Croque-Madame von Monsieur Croque

Der Geschlechterkampf in der Küche treibt zuweilen seltsame Blüten. Ich habe mich beispielsweise schon immer gefragt, was an einem Croque-Monsieur typisch männlich und an einem Croque-Madame typisch weiblich sein soll. Sind Schinken und Käse tatsächlich männlicher als Wein und Käse?
Meiner Erfahrung nach kommt das Croque-Monsieur-Sandwich trotz seines »maskulinen« Namens bei der Damenwelt besser an als die ihm verwandtschaftlich verbundene weibliche Variante. Doch Geschmäcker sind wohl so verschieden wie die Geschlechter, und deshalb im folgenden die Rezepte für beide Varianten.
Zutaten: 8 Sandwichhälften, 1 Messerspitze Paprika, Chilipfeffer oder Muskatnuß, 0,2 l Milch, 2 Eier, 150 g in Scheiben

geschnittener Schmelzkäse (Cheddar, Gruyère oder Emmentaler), 2 EL Fett zum Ausbacken; *für Croque-Monsieur*: 4 Scheiben Preßschinken oder 8 Scheiben Frühstücksspeck, *für Madame*: 1 dl trockener Weißwein.

Zubereitung des Croque-Monsieur: Man füllt jeweils zwei Sandwichhälften mit Schmelzkäse sowie Schinken oder Speck und taucht sie wie beim Panieren in die Mischung aus Milch, Eiern und Gewürzen. In der Zwischenzeit hat man das Fett in der Pfanne erhitzt und bäckt die Sandwiches darin auf möglichst kleiner Flamme und bei geschlossenem Deckel so lange aus, bis der Käse geschmolzen ist und die Sandwiches eine goldgelbe Farbe angenommen haben.

Zubereitung des Croque-Madame: In einer Kasserolle wird der Weißwein bis knapp unter den Siedepunkt erhitzt und dann mit dem Käse so lange verrührt, bis daraus eine sämige, käsefondueähnliche Masse entstanden ist, mit welcher die Sandwichhälften gefüllt werden. Die weitere Zubereitung entspricht jener des Croque-Monsieur, wobei die Garzeit etwas kürzer gehalten werden kann, weil der Käse in diesem Fall ja bereits angeschmolzen ist.

Und außerdem:

⇨ So vorhanden, kann man zum Ausbacken auch einen teflonbeschichteten Elektrotoaster verwenden.

⇨ Wenn man zum Weißwein für den Croque-Madame noch einen Schuß Kirschwasser hinzufügt, schmeckt dieser zwar gewiß nicht damen-, aber sicherlich noch herzhafter.

MAISBROTTOASTS MIT GÄNSELEBER

Am Anfang dieses Gerichts stand, entgegen seinem Namen, nicht die Gans, sondern der Truthahn. Seit meine Tochter Helene ihre Liebe für alles Amerikanische (vor allem für amerikanische Filme) entdeckt hat, wird bei uns nämlich jeden letzten Donnerstag im November das Thanksgiving-Fest mitsamt Kürbissuppe und Truthahn (das Rezept für den Truthahn folgt später) gefeiert, und zwar so klassisch, als ob wir entfernte Nachkommen der Pilgrim Fathers wären. Ich habe mich dieser neuen Sitte nicht wesentlich entgegengestellt, da ich der mittlerweile etwas unmodern gewordenen Meinung bin, daß der Jahreslauf eher ein Fest mehr als eines weniger verträgt. Als die Forderung nach einem Thanksgiving-Turkey von seiten meiner Tochter erstmals laut wurde, machte ich mich daher auch furchtlos an die Zubereitung einer echten amerikanischen Truthahnfülle, die leider ganz und gar nichts mit dem traditionellen Knödelbrot (= Brotwürfel) der österreichischen Küche zu tun hat, an das ich ja gewohnt gewesen wäre.

Ich muß zugeben, daß ich den Truthahn damals schlicht und einfach in seinen Dimensionen überschätzt habe. Als ich dieses 8-Kilo-Viehs ansichtig wurde, kam es mir so groß vor, daß ich sicherheitshalber gleich Maisbrotfülle für zwei 10-kg-Turkeys buk. Es blieb also jede Menge davon übrig - und jetzt war jene Phantasie gefragt, der unter anderem auch dieses Frühstücks- bzw. Brunchgericht entsprang.

Zutaten: vier dicke Scheiben Maisbrot, 1 Dose Maiskörner, 8 Cocktailtomaten, 120 g geräucherter Tofu, 6 cl Whisky, ¼ l süße Sahne (Schlagobers), geschrotetes Meersalz, Pfeffer aus der Mühle, 150 g Gänseleber (möglichst Handelsklasse I), in eiskaltem Zustand in hauchdünne Scheiben geschnitten; wenn Sie das *Maisbrot* selbst zubereiten wollen: 750 g Maismehl, 250 g Buchweizenmehl, 2 Päckchen Backpulver, 30 g Rohrzukker, 1 TL Salz, 4 Eier, 100 g zerlassene Butter, ⅛ l süße Sahne, Fett zum Ausstreichen.

Zubereitung: Wenn Sie Ihr Maisbrot nicht vom Bäcker beziehen können, macht es nicht allzuviel Mühe, selbst eines zu backen. Vermischen Sie einfach Mais- und Buchweizenmehl mit dem Backpulver, sieben Sie es durch ein Haarsieb in eine größere Schüssel, und sorgen Sie mit den Fingern oder dem Kochlöffel dafür, daß in der Mitte des Mehls eine kleine Kuhle entsteht. In diese gießen Sie die mit dem Rohrzucker und dem Salz gut verquirlten Eier und unter ständigem Umrühren mit dem Kochlöffel nach und nach auch die zerlassene (aber nicht mehr heiße) Butter sowie die Sahne. Walken Sie die so entstandene Masse dann mit nassen Händen so lange durch, bis ein geschmeidiger, glatter Teig entsteht, den Sie in eine gut befettete Kastenform einfüllen. Inzwischen haben Sie den Backofen auf 220° C vorgeheizt. Sie backen das Brot nunmehr etwa eine Stunde lang, stürzen es anschließend und lassen es ein wenig auskühlen. Den Ofen brauchen Sie allerdings nicht auszuschalten, da Sie ihn gleich wieder benötigen. Mittlerweile können Sie die Maiskörner, die geviertelten Cocktailtomaten und den kleinwürfelig geschnittenen Räuchertofu gemeinsam mit dem Whisky und der Sahne in einer Kasserolle zu einer sämigen Sauce verkochen. Schneiden Sie vom Maisbrot vier etwa ein bis eineinhalb Zentimeter dicke Scheiben herunter, und legen Sie diese auf ein Backblech, das Sie zuvor gut befettet oder (noch besser) mit Backpapier ausgelegt haben. Lassen Sie die Maisbrotscheiben im vorgeheizten Backofen je nach Dicke 3-5 Minuten antoasten, bis die Oberfläche etwas krustig wird. Tragen Sie nunmehr die Maissauce gleichmäßig auf, und bedecken Sie das Ganze mit den hauchdünn geschnittenen Gänseleberscheiben, die Sie durch etwa einminütiges Gratinieren auf größtmöglicher Hitze zum Schmelzen bringen. Die Toasts vor dem Servieren mit geschrotetem Meersalz und Pfeffer aus der Mühle würzen.

Und außerdem:

⇨ Obwohl ich Ihnen dieses Gericht als Frühstücks- bzw. Brunchgericht empfohlen habe, sollten Sie den Kaffee schon getrunken haben, wenn Sie es essen.

⇨ Am besten mundet dazu ein Gläschen Champagner, das Sie sich und der oder den Ihren - nach all der Mühe - ruhig gönnen sollten. Nichts spricht auch gegen einen ausdrucksstarken kalifornischen Chardonnay.

Vertreiben Sie den Morgenkater mit Welsh rarebits

Habe ich Sie als angehenden Kücheneleven bereits überfordert? - Immerhin haben Sie mittlerweile bereits selbst Brot gebacken, Eier pochiert und sich sogar an ein Edelprodukt wie Gänseleber gewagt, mit dem ansonsten (angeblich) nur die Meisterköche umgehen.
Dafür verrate ich Ihnen jetzt zwischendurch eines meiner über die Jahre erfolgreichsten Frühstücksrezepte, dessen Rezeptur zwar ein wenig männlich klingt, das aber zumindest die Bierfreundinnen unter den Frauen (und derer gibt es gar nicht so wenige) zu bezaubern vermag. Im Grunde genommen ist das »Welsh rarebit« nämlich ein echtes Katerfrühstück, das es an Wirksamkeit selbst mit einem kleinen Gulasch aufzunehmen vermag. (Ein Gulasch werden Sie in dieser Rezeptsammlung vergeblich suchen, da ich - zumindest nach meinen Erfahrungen - Frauen ganz einfach für die besseren Gulaschköchinnen halte und man mit ihnen nicht gerade dort wetteifern sollte, wo ihre klassischen Domänen sind.) Wie zum Frühstücksgulasch gehört jedoch auch zum Welsh rarebit nicht Orangensaft, sondern Bier, und das schon alleine deswegen, weil auch Bier drin ist.

Zutaten: 4 Scheiben Toastbrot (kann auch Vollkorntoastbrot sein), 250 g Cheddar Cheese (ersatzweise ein anderer Schmelzkäse mit mehr als 40% F.i.T.), 1 Pfiff Bier, 1 TL scharfer Colman's Senf, 1 TL Worcestershiresauce, eventuell auch 1-2 Spritzer Tabascosauce.

Zubereitung: Das Bier gemeinsam mit dem kleinwürfelig geschnittenen Käse auf kleiner Flamme unter ständigem Rühren in einer Kasserolle erwärmen und, wenn der Käse geschmolzen ist, mit dem Senf und der Worcestershiresauce würzen. Dabei sollte eine sämige, streichbare, d. h. nicht zu flüssige, Käsemasse entstehen. Wer es gerne etwas schärfer mag, kann die Bier-Käse-Masse auch mit ein, zwei Spritzern Tabascosauce nachwürzen. Die zähflüssige Käsemasse wird anschließend auf die Toastscheiben verteilt und im auf größtmöglicher Hitze vorgeheizten Backofen so lange überbacken, bis die Toasts goldbraun sind und der Käse Blasen wirft.

Und außerdem:

⇨ Obwohl ich dieses Gericht erstmals in der nordwalisischen Stadt Llandudno gegessen habe und dazu originalerweise (zimmerwarmes) englisches Bier trank, muß ich doch gestehen, daß es mir mit einem kühlen Glas Pils noch wesentlich besser schmeckt.

Apropos Morgenkater: Wie wär's mit einer Bloody Mary?

In Männern, die gute Barmixer sind, stecken meist auch gute Köche. Ich selbst bin eher den umgekehrten Weg gegangen und habe mir zuerst das Kochen beigebracht, bevor ich mich an die hohe Kunst des Mixens von Drinks machte, in der ich noch immer in der Rolle des neugierigen Eleven stecke. Eine Bloody Mary jedoch kann ich machen, und zwar wirklich nicht die schlechteste. Meine Frau ist von meinen Bloody-Mary-Künsten allerdings nicht so überzeugt, doch das liegt wohl eher an ihrer Abneigung gegen Tomatenjuice als an der Bloody Mary selbst. Diese steht gewiß nicht zu Unrecht in dem Ruf, wahre Männer wieder aufzurichten, doch ich meine das in diesem Fall keineswegs erotisch, sondern eher pragmatisch. Wenn ich mit verschwollenen Augen vom Bett ins Badezimmer und von dort an den Frühstückstisch torkle und mir immer noch nicht vorstellen kann, mich jemals wieder hinter meinen PC zu setzen, dann hat die Stunde der Bloody Mary geschlagen.
Bereits die Phase der Zubereitung weckt nämlich neue Lebensgeister. Denn immerhin: Man muß sich konzentrieren, und nicht immer ist es ganz leicht, alles zu finden, was man dafür benötigt. (Warnung: Selbst eine Bloody Mary kann Ihre Part-

nerschaft gefährden, wenn Sie zu früher Morgenstunde Ihre Frau beschuldigen, das Selleriesalz verräumt zu haben!)

Zunächst einmal benötige ich für die Bloody Mary ein gut gespültes und poliertes Longdrinkglas, in welches ich eine Handvoll Eiswürfel schütte, die ich mit einem kräftigen Schluck Wodka (etwa 4 cl, können auch 5 cl sein) aufgieße, bevor ich etwa einen Achtelliter Tomatensaft dazugebe und alles mit einem Stirrer gut durchrühre. Nun folgen der Reihe nach die »Gewürze«: Ich beginne mit dem Saft einer halben Zitrone, füge ein bis zwei kräftige Spritzer Worcestershiresauce hinzu und spare nicht mit Tabasco, da ich die Bloody Mary scharf mag. Für Anfänger mögen ein paar Tropfen dieser bereits 1868 in Louisiana erfundenen Würzsauce aus Essig und geschrotetem spanischen Pfeffer genügen, ich nehme immer ein paar Tröpfchen mehr und lege mit einer Prise Cayenne- oder Sichuanpfeffer sogar noch ein teuflisches Schäufelchen nach. Nach gutem Durchrühren und einem Verkostungsversuch mit der Fingerspitze fehlt jetzt nur noch das Selleriesalz, das dem Ganzen die gewisse Abrundung verleiht und ihm - zumindest dem Vernehmen nach - auch noch eine aphrodisische Komponente beschert, die durch die Zugabe von frischem Stangensellerie als klassischer Bloody-Mary-Garnitur noch weiter verstärkt werden kann.

Ich persönlich ziehe es indessen vor, statt des Stangenselleries etwas Koriandergrün (Cilantro) kleinzuhacken und über die Bloody Mary zu streuen. Das gibt erstens eine schöne farbliche Komposition, verströmt aber vor allem ein unvergleichlich delikates Aroma von orientalischer Würzigkeit und exotischer Frische.

Auf diese Weise schmeckt die Bloody Mary mitunter sogar meiner Frau. Dafür muß sie allerdings - was äußerst selten vorkommt - schon ziemlich verkatert sein.

Vom Frühstückskoch zum Mitternachtskoch

Gratulation! Sie haben den ersten Schritt zum kochenden Mann geschafft, und seit Sie sich hin und wieder an ein ausgiebiges Frühstück oder einen feinen Brunch machen, wissen die von Ihnen verwöhnten Frauen, was sie an Ihnen haben.

Das heißt freilich noch längst nicht, daß Ihre Frau auch nur einen Teil der Küchenkompetenz an Sie abgeben wird, es sei denn, sie zählt zu jenen Vertreterinnen ihres Geschlechts, die weder kochen können noch wollen. Bevor mich meine Frau ein ganzes Mittag- oder gar ein Abendessen kochen ließ, mußte ich noch eine Reihe gefährlicher Küchenabenteuer bestehen; gefährlich deshalb, weil sie meist um oder gar nach Mitternacht, also gewissermaßen unter erschwerten Bedingungen, stattfanden.

Um diese Zeit stellt sich bei den meisten Männern und auch bei vielen Frauen, vor allem nach allfälligen Party-, Heurigen- oder Discobesuchen, noch einmal jener heimliche Hunger ein, der eigentlich keiner ist, sondern lediglich ein Warnsignal des Körpers, daß man möglicherweise schon etwas zuviel getrunken hat.

Nicht nur ich schlage dieses Warnsignal für gewöhnlich in den Wind, trinke weiter und esse dafür noch etwas, damit ich das Trinken besser vertrage. »Wenn ich jetzt auch noch ein Gläschen trinken soll«, sekundiert mir in solchen Fällen meine Frau, »dann muß ich einfach noch etwas essen.« Die Frage ist nur was – und vor allem, wer es zubereitet.

Ich hoffe, nicht allzusehr zu verallgemeinern, wenn ich behaupte, daß Frauen eine tiefsitzende Abneigung dagegen haben, eine auch nur einigermaßen aufgeräumte Küche »jetzt noch«, d. h. zu mitternächtlicher Stunde, durcheinanderzubringen. Mit der ihnen eigenen Vernunft denken sie an die Probleme, in dem zur Geisterstunde zwangsläufig entstehenden Durcheinander am nächsten Morgen ein Frühstück zuzubereiten. Sie denken ans Geschirr, an die Nachbarn, an die schlafenden Kinder oder was immer ihnen sonst noch an Restriktivem einfällt, und dann schleichen sie auf leisen Sohlen zum Kühlschrank, um ihn verstohlen um ein Stückchen Käse, ein Fruchtjoghurt oder eine geraffelte Rübe leichter zu machen - allerdings so, daß möglichst niemand etwas merkt und kein zusätzliches Besteck oder Geschirr »angepatzt« wird. Nicht so der Mann, dessen Unternehmungslust, durch Alkoholgenuß stimuliert und durch einen vergnügt verbrachten Abend inspiriert, jetzt an einem vorläufigen Höhepunkt angelangt ist. Ich beispielsweise koche am liebsten zu mitternächtlicher Stunde, denn da koche ich locker, voller Lebenslust und Elan, da gehen mir selbst komplizierte Kochtechniken leicht und mühelos von der Hand. Freilich klatschen beim beschwingten Rühren schon hin und wieder einmal ein paar Saucenspritzer gegen die Küchenwand, oder ein Glas geht zu Bruch. Andererseits: Wo gehobelt wird, fallen Späne - wie schon an anderer Stelle erwähnt -, und in meiner Küche wird ganz ordentlich gehobelt, wenn ich erst einmal beschlossen habe, eine Mitternachtsjause zuzubereiten. Ebenso beliebt wie berüchtigt sind beispielsweise meine grandiosen Crêpes Suzette, derentwegen selbst meine beiden bereits schlafenden Töchter bis vor kurzem noch gerne aufstanden, weil ich es bevorzuge, diese allseits geschätzte Delikatesse vor allem zu nachtschlafener Zeit zuzubereiten. Doch zunächst wollen wir - schließlich befinden wir uns ja noch in der Anfängerabteilung - bei einem bemerkenswerten Punkt im Leben jedes Mannes anhalten: nämlich dem Zeitpunkt, an dem er seine erste Wurst kocht.

HEISSE WÜRSTCHEN BZW. WÜRSTEL

Die glücklicheren unter uns Männern haben schon in Pfadfinder- oder Jungscharlagern gelernt, daß man eine Wurst niemals in kochendem Wasser zubereiten darf. Doch das sind wenige, und selbst jenen, die diese Erkenntnis bereits im zarten Alter von sieben oder acht Jahren gewonnen haben, geht sie im Laufe der Pubertätsjahre wieder verloren, und irgendwann später finden sie sich dann mit einer hungrigen Geliebten wieder, der sie vorschnell versprechen: »Bleib du nur ruhig liegen, ich mache uns ein Paar Würstel.« Zehn Minuten später bleibt ihnen dann nichts anderes übrig, als ihre Schande offenbar zu machen, wenn sie ihrer Angebeteten die kümmerlichen Reste einstiger Würste, aufgesprungen wie Eiterbeulen, ans Bett bringen und sich dann wundern, wenn dieselbe auf nichts, aber auch schon auf gar nichts mehr Appetit hat. Sehr schnell steht man in einem solchen Fall als Versager da, und dabei hat man doch nicht mehr verbrochen, als den Würstelsud nicht rechtzeitig vom Blubbern abzuhalten.

Würstchen - hier sei es ein für allemal gesagt - müssen nicht gargekocht werden, denn das sind sie bereits, wenn man sie einkauft (daher auch der, allerdings nur in Deutschland, nicht aber in Österreich gebräuchliche, Ausdruck Brühwürste). Der Wursteinkauf ist, nebenbei bemerkt, eine wesentlich anspruchsvollere Angelegenheit, als man denkt. Will man ein einigermaßen erfreuliches Endergebnis erzielen, so versichere man sich daher, ob die Würstchen auch wirklich stramm sind. Solche, deren Haut sich bereits von vornherein in Runzeln legt, haben wenig Chancen, bei der späteren Verkostung so saftig und knackig zu sein wie sie sollten. Würstchen in Klarsichtpackungen sind selten wirklich stramm, solche mit einer dunkelbraunen Haut meistens ein wenig labbrig. Es lohnt sich daher, seine Würste nicht in einem anonymen Supermarkt, sondern bei einem Vertrauen erweckenden Fleischermeister zu kaufen. Nach dem Motto: Wer eine anständige Kalbsstelze in der Vitrine hat, bei dem braucht man sich auch um die Würste keine Sorgen zu machen. Außerdem rate ich - unter Berufung auf meinen Freund, den bekannten Weinschmecker und notorischen Schwerenöter Klaus Egle - ausdrücklich vom Ankauf von Putenwürsten ab, die so fad und langweilig schmecken, daß einem bei ihrem Genuß sprichwörtlich alles

vergeht. Durchaus anzuraten sind jedoch kleine Teewürstchen, die zierlicher aussehen und bei der Damenwelt alleine schon deshalb besser ankommen, weil sie sich mit wesentlich mehr Grazie verzehren lassen.

Doch zurück zum Kochvorgang, der keiner sein darf. Brühwürste müssen auf kleiner Flamme ziehen, bis sie heiß sind, und auch Rohwürste sollten nicht in kochendem Wasser, sondern knapp unter dem Siedepunkt fertiggegart werden. Dieser Vorgang dauert, je nach Dicke der Wurst, etwa zwischen acht und fünfzehn Minuten. Da Würste jedoch keine Filets mignons sind, muß man es damit nicht so genau nehmen. Eine Wurst kann auch länger im »Wurstkessel« verweilen, ohne Schaden zu nehmen. Nur zu kurz sollte es nicht sein, da es nichts Grausigeres gibt als eine lauwarme Wurst.

Noch ein Tip: Knallen Sie die fertige Wurst nicht einfach auf einen Teller, auf dem sie überdies schnell auskühlt. Füllen Sie lieber einen hübschen Porzellantopf (möglichst einen mit Deckel) mit heißem Wasser, und servieren Sie die Würste darin.

Wodurch aber, so werden Sie mich jetzt vielleicht fragen, kann sich der perfekte Wurstkoch von der perfekten Wurstköchin

unterscheiden? – Diese Frage läßt sich leicht beantworten: Den »kleinen Unterschied« macht in diesem Falle der Senf.
Frauen fragen Männer: »Möchtest du Senf dazu?« Männer hingegen fragen Frauen: »Und welchen Senf darf ich dir dazu reichen?« Dann präsentieren sie auf einem Tablett eine ganze Palette von kleinen Tuben und Döschen, in denen sich etwa Colman's Senf, Dijonsenf, Estragonsenf, Kremser Senf, Bordeauxsenf und Meauxsenf befinden. Sie weisen sich dadurch, obwohl Sie nur eine Wurst gesotten haben, als weltgewandter Feinschmecker aus, und ich möchte nicht wissen, wie viele Frauenherzen schon dadurch erobert wurden, daß der Herr seine Herzensdame mit dem richtigen Senf zu betören wußte ...

Der kluge Mann baut vor

Alles im Leben braucht seine Vorbereitung, daher auch die für den Aufbau eines gewissen erotischen Spannungsfelds nicht unerhebliche Kunst des mitternächtlichen Imbisses. So kann es beispielsweise nicht der Sinn der Sache sein, wenn Sie für die Entfaltung Ihrer Kochkünste so lange brauchen, bis Ihre Liebste sanft entschlummert ist. Auch Zwiebelschneiden, Knoblauchpressen und Kartoffelschälen wirken um diese Stunde zumindest desillusionierend.

In jedem Fall ist es daher vorzuziehen, gewisse zeitraubende und unattraktive Arbeitsgänge bereits vor dem Weggehen zu erledigen, damit einer überzeugenden Performance beim Nachhausekommen nichts mehr im Wege steht.

Geradezu ideal eignen sich daher Eintöpfe und Suppen, die man bereits im voraus zubereiten kann und, wenn's dann drauf ankommt, nur noch zu erwärmen und heiß zu servieren braucht. Und sollte es nicht darauf ankommen, so hat man zumindest ein fertiges Mittag- oder Abendessen, sprich weniger Arbeit, für den nächsten Tag.

Doch auch falls Sie kein Eintopfgericht und keine Suppe, sondern beispielsweise Kurzgebratenes, wie etwa ein Steak oder gebratene Scampi, zubereiten wollen, ist es ratsam, zumindest für ein rechtzeitiges Mise en place zu sorgen. Der Ausdruck stammt aus der klassischen französischen Küchensprache und bedeutet nichts anderes, als daß man alle nötigen Zutaten fein säuberlich in kochfertigem Zustand in Schüsselchen und auf Tellerchen verpackt. Fleisch oder Fisch sollte bereits vorgeschnitten bzw. filetiert und wenn nötig auch mariniert, Gemüse nach Bedarf zerkleinert, Gewürze und Aromaten sollten zumindest bereitgestellt sein, damit man sie dann nicht erst suchen muß. Wichtig ist es bei dieser Vorbereitungsmethode vor allem, die einzelnen Zutaten mit Klarsichtfolie abzudecken, damit sie nicht, während man außer Haus weilt, austrocknen.

Chili con carne mit Guacamole

Man muß nicht Inspektor Columbo sein, um Chili con carne zu mögen. Handelt es sich dabei doch um ein Gericht, das sowohl feurig ist als auch macht, wenngleich man bedenken sollte, daß es für die späte Stunde ein wenig schwer ist. Also: Kleine Portionen vorsehen! Noch einmal zugreifen kann man ja immer noch. Außerdem sollte man wissen, ob die ins Auge gefaßte Tischgenossin auch wirklich scharfe Sachen mag (was bei überraschend vielen Frauen entgegen ihrem Ruf der Fall ist). Trifft dies zu, kann man mit Pfeffer und Pfefferoni ruhig etwas freizügiger umgehen. Andernfalls jedoch sollte man lieber behutsam würzen. Denn schärfer machen läßt sich ein Chili bei Tisch allemal. Entschärfen kann man es, wenn die Pfefferoni-Lunte erst einmal gelegt ist, allerdings nicht mehr.

Zutaten: 2-3 EL Olivenöl, 2 Knoblauchzehen, 750 g Rindfleisch von der Beiried (Entrecôte), 2 EL Maisstärke, 1 große rote Zwiebel, 2 Stengel frisches oder 1 TL gehacktes Bohnenkraut, 1 Lorbeerblatt, ½ kg Tomaten (ersatzweise 1 Dose Pelati), ¼ l Fleischbrühe, sprich Rindsuppe, je nach Geschmack 1-2 EL Tomatenmark (falls die Tomaten zuwenig fruchtig sind), 1-3 TL Cayennepfeffer, Salz, 1-3 entkernte getrocknete Chilischoten (nach Belieben), 1 Dose rote Kidney-Bohnen, 1TL gemahlener Kreuzkümmel, eventuell auch 1 EL kleingehacktes Koriandergrün; *für die Guacamole:* 2 Avocados, 1 Zwiebel, 1 TL Limettensaft (ersatzweise Zitronensaft), 1 TL gemahlener Koriander, 1 TL Cayennepfeffer; Maiscrackers.

Zubereitung: Das Fleisch entfetten und in kleine Würfel von etwa 1,5 cm Durchmesser schneiden; salzen und in Maisstärke wälzen. Das Olivenöl in einem großen Topf mit starkem Boden erhitzen. Das Fleisch darin anbraten, bis sich die Poren geschlossen haben und es eine braune Färbung erhält. Dabei empfiehlt es sich, nicht gleich das ganze Fleisch in den Topf zu geben, sondern in etwa drei bis vier Portionen. Wenn eine Portion braun ist, hebt man sie mit dem Bratenwender heraus, gießt nötigenfalls noch etwas Öl nach und brät die nächste

Portion. Nunmehr stellt man das Fleisch beiseite und röstet im verbliebenen Fett die kleingehackte Zwiebel und den durch eine Presse gedrückten Knoblauch so lange, bis beide glasig (nicht braun) sind.
In der Zwischenzeit hat man die Tomaten vom Stiel befreit, mit einem Schaumlöffel kurz in kochendes Wasser getaucht, ihre Haut abgezogen und die Kerne ausgedrückt. Wenn Sie sich diese Arbeit ersparen wollen, verwenden Sie ruhig die italienischen Pelati, jene vorgeschälten Dosentomaten, die es, zumal aus Apulien, in oft verblüffend guter Qualität gibt. Es empfiehlt sich allerdings auch bei diesen, die Kerne auszudrücken (auch wenn Gesundheitsbewußte darauf verweisen, daß sich gerade darin die meisten Vitamine der Tomate befinden). Den Saft der Dosentomaten brauchen Sie hingegen nicht wegzuschütten. Sie können ihn ruhig mitverwenden, da er sich im weiteren Verlauf des Kochvorgangs ohnedies einreduziert. Fügen Sie nun auch das Bohnenkraut, das Lorbeerblatt und den Cayennepfeffer hinzu, rühren Sie alles gut durch, und gießen Sie mit der Brühe auf. Wenn Sie wollen, daß das Gericht besonders scharf wird, können Sie jetzt auch nach Belieben kleingehackte getrocknete Chilischoten hinzufügen. Geben Sie nunmehr das beiseite gestellte Fleisch hinzu, decken Sie den Topf zu, und lassen Sie das Ganze auf kleiner Flamme etwa eine Stunde lang dahinsimmern. Danach sollte das Fleisch weich und die Sauce schön sämig sein. Ist sie das (noch) nicht, so erhöhen Sie die Hitze, und lassen Sie die Sauce so lange einreduzieren, bis sie tatsächlich sämig ist. Man kann in diesem Fall auch mit ein bis zwei Eßlöffeln Tomatenmark nachhelfen.
Wenn Sie das Gericht nicht gleich, sondern erst am späten Abend servieren wollen, so stellen Sie es jetzt beiseite und wärmen es später auf. Fügen Sie in diesem Fall erst dann die roten Kidney-Bohnen dazu, und lassen Sie das Chili noch einmal kurz aufkochen, bevor Sie es, mit dem gemahlenen Kreuzkümmel und - so vorhanden - mit dem kleingehackten Koriandergrün bestreut, servieren.

Im Gegensatz zum Chili con carne sollten Sie die Guacamole besser frisch zubereiten. Mit einer Küchenmaschine oder einem Mixstab dauert das wirklich nicht lange. Die Hauptarbeit ist getan, wenn Sie die zwei Avocados geschält und entkernt und die Zwiebel geschält und geviertelt haben. Mixen Sie nunmehr die Avocados, die Zwiebel und den Limettensaft, bis eine grobe, nicht zu sämige und keinesfalls püreeartige Masse entsteht. Man sollte durchaus noch den »Biß« der Avocados spüren. Die fertige Guacamole wird mit Cayennepfeffer und gemahlenem Koriander bestreut, in einer mit Maischips dekorierten Schüssel angerichtet und zum Chili con carne anstatt eines Salats gereicht.

Und außerdem:

⇨ Es ist zwar nicht authentisch, das fertige Chili mit ein paar frischen Basilikumblättern anstatt mit dem gehackten Koriandergrün zu garnieren, es mundet aber ganz ausgezeichnet.

⇨ Anstatt des Rindfleischs kann man auch Hackfleisch verwenden, wodurch das Chili con carne allerdings wesentlich saucenartiger gerät.

⇨ Statt Olivenöl verwende ich zum Anbraten übrigens auch gerne etwas ausgelassenen Frühstücksspeck, der sich geschmacklich im fertigen Gericht ebenfalls sehr gut macht.

⇨ Sollten Sie die Guacamole doch bereits im voraus zubereiten wollen, so bewahren Sie diese in einem möglichst luftdicht abgeschlossenen Gefäß auf und decken die Oberfläche zusätzlich mit Klarsichtfolie ab.

⇨ Die Guacamole gewinnt an Geschmack, wenn Sie auch noch ein paar geviertelte Cocktailtomaten daruntermischen.

Das Getränk dazu:

⇨ Sie werden wenige Weine finden, die neben einem Chili con carne auch nur einigermaßen gute Figur machen. Massive kalifornische Chardonnays zählen zweifellos dazu, doch ist es eigentlich angesichts der durch die scharfe Würzung doch etwas in Mitleidenschaft gezogenen Geschmacksnerven schade darum.

⇨ Wesentlich besser paßt eine Margarita, mit der Sie einmal mehr Ihre Künste als Barmixer unter Beweis stellen können. Wenn Sie einen Shaker und ein Seihsieb besitzen, so schütteln Sie dafür 4 cl Tequila, 2 cl Cointreau (Orangenlikör) und 2 cl Zitronensaft auf Eiswürfeln kräftig durch. Benetzen Sie den Rand eines Cocktailglases mit Wasser, und tragen Sie dann etwas Meersalz auf. Anschließend seihen Sie die fertige Margarita in die vorgekühlte Cocktailschale.

⇨ Ohne Barausrüstung verwenden Sie lieber ein ebenso präpariertes Whiskyglas (Tumbler) und servieren dieselben Zutaten, gut durchgerührt, auf Eis.

⇨ Im übrigen paßt zu Chili con carne kaum etwas besser als ein gut gekühltes und schön gepflegtes Bier.

Specklipperl (Überbackene Liptauerbrötchen)

Das folgende Rezept ist eines der Lieblingsgerichte meiner Frau. Nach langweiligen Abenden, schlechten Konzerten, öden Filmen oder sinnlosen Diskussionen ist ein Specklipperl in Kombination mit einem Pfiff Bier oder auch einem Glas »reschem«, »spritzigem« Wein (beides sind, fürchte ich, typische Wiener Ausdrücke, die sich am ehesten mit »rustikal« übersetzen lassen) genau das Richtige. Tatsächlich sollte man, bevor sich schlechte Laune einstellt, ein Specklipperl essen. Ich weiß nicht wieso, aber ich habe in meiner Ehe Dutzende Male erlebt, daß es wirkt. Also, versuchen Sie es doch auch. Voraussetzung dafür ist lediglich, daß Sie knusprige »Kornspitze« (längliche Mehrkornbrötchen), Speck sowie einen guten hausgemachten Liptauer zu Hause haben - eine Käsespezialität, die es nur in österreichischen Heurigenschenken gibt, wo sie dafür in unzähligen Varianten verbreitet ist.
Das folgende Rezept stammt von keiner alten Heurigenwirtin

und wurde auch nicht in den Archiven der Wiener Nationalbibliothek in einem verstaubten Codex gefunden. Es beruht auf jahrelangen Versuchen meinerseits, einen Liptauerkäse zu kreieren, der nicht nur mir, sondern auch allen meinen Freunden schmeckt.

Mittlerweile findet sich jedenfalls keiner mehr, der Widerspruch wagt - und aus diesem Grund ist das folgende Liptauerrezept nicht nur für Specklipperl (Lipperl wie Liptauer) geeignet, sondern auch als »ganz normaler« Brotaufstrich für spätnächtliche, aber durchaus auch für frühmorgendliche und nachmittägliche Imbisse.

Zutaten: 8 Kornspitzweckerln, 4 Scheiben Hamburger Speck, in 1 cm dicke längliche Streifen geschnitten; *für den Liptauer:* 250 g Butter, 250 g Quark (Topfen) höherer Fettstufe, 2 EL saure Sahne (Sauerrahm), 1 große Zwiebel, 1 EL fein gehackte Kapern, 2 gehäufte EL ungarischer Rosenpaprika (süßer Paprika), 1 TL Dijonsenf, 1 EL Tomatenmark, 1 KL Sardellenpaste, 2 Spritzer Worcestershiresauce, 1 Spritzer Tabascosauce, 1 KL Salz, 1 EL kleingehackte Petersilie.

Zubereitung: Die Butter mindestens eine halbe Stunde vor der Verwendung aus dem Kühlschrank nehmen und in nußgroße Stücke zerteilen. Die Butterstücke gemeinsam mit dem Quark und der sauren Sahne mit Hilfe eines Handmixers verquirlen. Die sehr fein gehackte Zwiebel, die Kapern, den Rosenpaprika, den Dijonsenf, das Tomatenmark, die Sardellenpaste, die Worcestershiresauce, die Tabascosauce, das Salz und die Petersilie hinzufügen und gut durchrühren, bis eine cremige (allerdings nicht flüssige) und leicht streichbare Masse entsteht, die man in eine Schüssel füllt und zur Weiterverwendung, mit Alufolie abgedeckt, auch einige Tage im Kühlschrank stehenlassen kann.

Für die Specklipperl schneidet man die Kornspitze in jeweils zwei Hälften und streicht reichlich Liptauer darauf. Die Höhe der Auflage sollte mindestens 1 cm, besser aber 2 cm betragen. Die so bestrichenen Liptauerbrötchen werden nunmehr in einer mit Backpapier ausgelegten feuerfesten Form nebeneinandergelegt, so daß sie nicht umfallen können. Bevor man sie in den auf 230° C vorgeheizten Herd oder noch besser unter die Grillschlange schiebt, werden noch auf jede der Brötchenhälften mehrere Speckstreifen drapiert. Nach etwa drei bis vier Minuten sind die Specklipperl fertiggratiniert. Der Speck sollte sich zu diesem Zeitpunkt bereits ein wenig ausgebraten haben und entsprechend glasig oder knusprig sein. Die Specklipperl müssen sehr heiß serviert und gegessen werden. Wenn sie auskühlen, schmecken sie nämlich nur noch halb so gut.

Und außerdem:

⇨ Wenn Sie die Specklipperl gerne noch ein wenig schärfer zubereiten, so erhöhen Sie entweder die Dosis der Tabascosauce, oder - besser noch - fügen Sie zu dem edelsüßen Rosenpaprika noch, je nach Geschmack, einen bis drei Teelöffel scharfes Paprikapulver bzw. Cayennepfeffer hinzu.

⇨ Wenn Sie den Liptauer nicht gratinieren, sondern einfach als Aufstrich servieren wollen, so empfiehlt es sich aus dekorativen Gründen, mit der Gabel in die Oberfläche rasterartige Muster zu ziehen und diese dann mit edelsüßem Paprika zu bestreuen.

⇨ Im Originalrezept wird der Liptauer nicht mit Quark, sondern mit slowakischem Brimsen zubereitet, einem besonders würzigen Schaffrischkäse, der nur im Mai und Juni angeboten wird und dem Liptauer einen besonders würzigen Geschmack verleiht. Bei der Verwendung von Brimsen kann auf die Beigabe von Salz jedenfalls so gut wie verzichtet werden.

Das Getränk dazu:

⇨ Bier, junger, frischer Weißwein, Most und Cidre eignen sich gleichermaßen als Begleiter für dieses würzige, aber auch ein wenig derbe Gericht. Zu Champagner würde ich wegen der Schärfe des Gerichts nicht raten, ein ungarischer Barack oder ein feiner Obstbrand aus österreichischen oder deutschen Landen dazu darf es aber sehr wohl sein.

Chorizos

«Papa, es wäre uns wesentlich lieber, wenn du uns nicht bei jedem Gericht genau sagen würdest, was du hineingetan hast!« Diese noch gar nicht so lange zurückliegende Abmahnung von seiten meiner Töchter traf mich wie ein Keulenschlag. Ich, der ich mich seit Jahren als der zwölfte Apostel des Authentizitätskults verstehe und auf nichts so sehr beharre wie auf Produktwahrheit, ich muß mich von meinen Töchtern bitten lassen, den gnädigen Mantel des Schweigens über meine edlen Zutaten zu breiten.
Kurz und gut: Ich war verstört, und meine beiden Töchter merkten das. Sie schlichen sich, während ich da in hamletscher Pose, halb grübelnd, halb gekränkt, verharrte, an mich heran und sagten süßholzraspelnd, sie hätten es doch gar nicht böse gemeint. Ganz im Gegenteil: Es sei doch eigentlich ein Kompliment, daß sie wirklich alles essen würden, was ich ihnen vorsetzte, und wären es Maikäfer, nur wollten sie eben nicht wissen, was es sei. Sie hätten einfach gewisse Mentalreserven gegen eklige Dinge, wie Schweinsfüße, Kalbshirn, Chilischoten, lebendige Austern, elektrisch zitternde Aale, Meerschnekken in ihren Häusern, seltsame exotische Gewürze mit Namen wie Teufelsdreck und so fort, aber wenn ich das alles so einbauen würde, daß sie es nicht merkten, dann würde es ih-

nen überhaupt nichts ausmachen - solange ich nicht sagen würde, was drin sei.
Zu diesem Zeitpunkt bastelte ich, auf den Spuren des legendären ungarischen Meisterkochs Karoly Gundel wandelnd, gerade an einem Gericht herum, bei dem es sich um französische Blätterteigpastetchen mit einer Füllung aus Gänseschmalz, Chilipfeffer, scharfer ungarischer Paprikawurst, Furmint und Hackfleisch (Faschiertem) handelte, um eine »scharfe Sache« also. (Die bloße Erwähnung des Worts Chilischote pflegt aus meinen Töchtern wahre Hungerkünstlerinnen zu machen.)
«Was gibt es denn heute abend?« fragten meine beiden Töchter, nachdem sie meine schlechte Laune einigermaßen vertrieben hatten. »Aber bitte sag es lieb!«
Ich zermarterte mir also mein Hirn nach einem Phantasiebegriff, der dem Gericht gerecht wurde und andererseits mein kritisches Publikum nicht verschreckte. Da fiel mir ein, daß eine besonders scharfe mexikanische Wurst Chorizo heißt und keine meiner beiden Töchter auch nur ansatzweise spanisch spricht.
«Ich mache Chorizos.«
«Chorizos? - Klingt nicht schlecht. Könnte eine Lieblingsspeise von Roseanne sein.«
Ich weiß nicht viel über Roseanne, bis auf die Tatsache, daß sie in einer zur Zeit von meinen Töchtern ziemlich favorisierten TV-Sitcom die Hauptrolle spielt. Meine Chorizos schienen also unter einem guten Stern zu stehen. Und tatsächlich kamen sie auch ziemlich gut an. Über die genaue Zusammensetzung des Rezepts habe ich jedoch wie ein Grab geschwiegen. Bis heute.
Zutaten: 4 Königinnenpastetchen aus Blätterteig, 150 g scharfe ungarische Paprikarohwurst oder mexikanische Chorizowurst, 2 EL Gänseschmalz (ersatzweise Schweineschmalz), 1 kleine Zwiebel, 1 rote und 1 grüne Paprikaschote, 1 Pfefferonischote, 2 EL ungarischer Rosenpaprika, 1 dl Furmint (trokkener ungarischer Weißwein), 1 dl Fleischbrühe (Rindsuppe), 1 EL Tomatenmark, 150 g Mozzarella.

Zubereitung: Die fertigen Königinnenpastetchen im auf 160° C vorgeheizten Backofen erwärmen (wenn nötig zuvor den Teigdeckel aus der Mitte ausstechen; Gebrauchsanweisung beachten!). In einer Pfanne das Gänseschmalz erwärmen (nicht überhitzen!), die würfelig geschnittene Zwiebel darin glasig werden lassen und die kleingeschnittenen Paprikaschoten sowie die streifenförmig geschnittene Pfefferonischote dazugeben. Alles mit dem Weißwein aufgießen und diesen einkochen lassen, bis die Flüssigkeit nahezu absorbiert ist. Die Paprikawurst in dünne Scheiben schneiden und diese auf beiden Seiten etwas Farbe nehmen lassen. Die Pfanne vom Herd nehmen, alles mit dem Rosenpaprika bestreuen und diesen gut einrühren. Die Pfanne wieder zurück auf die Herdplatte stellen und alles mit der Brühe aufgießen; die Hitze erhöhen. Die Suppe nochmals etwas einreduzieren und mit dem Tomatenmark binden, bis die Mischung gerade noch flüssig, aber auch schon etwas sämig ist. Die Königinnenpastetchen damit füllen. Zuerst jeweils eine Scheibe Mozzarella und dann den Pastetendeckel aufsetzen und noch ein paar Minuten in den Ofen stellen, bis der Käse vollständig geschmolzen ist.

Und außerdem:

⇨ Dieses Gericht hat den Vorteil, daß sich die Sauce bequem vorbereiten läßt. Wenn dann zu späterer Stunde noch ein herzhafter Imbiß gewünscht wird, so braucht man nur noch die Pastetchen zu erhitzen und die Sauce mit dem Mozzarella zu überbacken. Das Gericht ist in Minutenschnelle fertig.

⇨ Der Mozzarella ist selbstverständlich ein Zugeständnis an meine beiden Töchter, die alles lieben, was irgendwie mit geschmolzenem Käse zu tun hat. Mir persönlich würde auch ein Klacks saure Sahne als Abschluß reichen.

Das Getränk dazu:

⇨ Wie immer paßt der Wein, der für die Zubereitung verwendet wurde, am allerbesten. Da die Chorizos jedoch eine gewisse pikante Schärfe entwickeln, darf es auch Bier sein.

Karnische Polentaflecken

Polenta hat es in unserer Familie in meiner Kindheit niemals gegeben. Ich habe meine erste Polenta erst gegessen, als ich fast schon erwachsen und auf eigene Faust in Italien unterwegs war. Meine Mutter sagte immer, sie habe im Krieg weiß Gott genug Polenta gehabt. Und in der Tat bedeutet das Wort Frieden für sie bis heute, keine Polenta mehr essen zu müssen.
Ich habe gottlob keinen Krieg mitgemacht und konnte mich der Polenta daher ohne Vorurteile nähern. Am liebsten esse ich sie in der etwas frugalen, aber dennoch äußerst geschmacksintensiven Version der Bergbauern aus Carnia. In den Karnischen Alpen, wo es sogar heute noch althochdeutsche Sprachinseln mitten in Italien gibt, treffen nämlich nördliche und südliche Kochtraditionen aufeinander und entwikkeln ein äußerst reizvolles kulinarisches Eigenleben.
Ich habe schon viele Diskussionen darüber geführt, ob die ideale Polenta mit feinkörnigem oder grob geschrotetem Maisgrieß besser munde. Das folgende Rezept läßt sich so oder so bewerkstelligen. Wegen seiner größeren Geschmacksintensität ziehe ich selbst jedoch den groben Maisgrieß vor. Selbst wenn er am Gaumen vielleicht ein wenig kratzen könnte ...

Zutaten: 400 g grob geschroteter Maisgrieß, 1 l Wasser, Salz, 2 EL Butterschmalz, 200 g Berg- oder Montasiokäse.

Zubereitung: Das Wasser kräftig salzen und in einer mittelgroßen Kasserolle zum Kochen bringen. Das Butterschmalz dazugeben und warten, bis es sich völlig aufgelöst hat. Nach und nach den Maisgrieß dazuschütten, gut durchrühren und aufpassen, daß sich das Getreide nicht auf dem Boden des Topfs festsetzt. Wenn der Maisgrieß nach wenigen Minuten das ganze Wasser in sich aufgenommen hat und sich kaum noch umrühren läßt, die Kasserolle vom Herd nehmen. Rasten lassen, bis die Polentamasse erstarrt ist. Eine Jenaglasform mit Wasser ausspülen, die Polenta mit einer Spachtel in das neue Gefäß umstechen, an der Oberfläche glattstreichen und warten, bis sie fast erkaltet ist. In der Zwischenzeit den

Backofen auf 200° C vorheizen. Die Polenta auf ein Küchenbrett stürzen und mit einem scharfen Messer, das man nach jedem Schnitt erneut ins Wasser taucht, in »Flecken« von etwa 5 x 10 cm schneiden. Den Montasio- bzw. Bergkäse mit einem Käsehobel in dünne Scheiben von ebenfalls ungefähr 5 x 10 cm schneiden und nach Belieben auf jeden Polentafleck ein bis zwei Käsescheiben legen. Ein Backblech mit Backpapier auskleiden, die Käse-Polenta-Flecken darauflegen und bei gleichmäßiger Hitze (empfehlenswert ist ein Umluftherd) so lange ausbacken, bis der Käse geschmolzen ist und eine hellbraune Kruste anzusetzen beginnt. Heiß servieren. Dazu passen am besten frische, knackige Blattsalate.

Und außerdem:

⇨ Ich serviere dieses Gericht meiner Familie nicht nur gerne als fleischlosen Hauptgang, sondern auch als Beilage, beispielsweise zu geschmortem Rindfleisch. Ich habe damit, obwohl es sich um kein kompliziertes Gericht handelt, noch immer großen Beifall erzielt.

⇨ Reduziert man die Polentamenge pro Liter Wasser auf etwa 250 g und gibt statt dessen etwa 60 g Butter oder 3 EL Olivenöl dazu, so wird die Polenta »süffig« und püreeartig. Besonders gut mundet sie auch, wenn man anstatt des Wassers Fleischbrühe verwendet.

Das Getränk dazu:

⇨ Die deftigen Polentaflecken vertragen sich besonders gut mit einem frischen, nicht allzu malzigen Bier. Es paßt aber auch Weißwein, besonders solcher aus Gegenden, in denen man gerne Polenta (in Österreich nennt man sie auch Türkensterz) ißt. Ich bevorzuge einen trockenen Südtiroler Terlaner, einen friulanischen Ribolla Gialla oder einen steirischen Welschriesling dazu.

Caviar braucht Kartoffeln

Die überzeugendste, eleganteste, wenngleich nicht eben billigste Variante der Mitternachtsjause (die sich auch bis in die Morgenstunden hinziehen und somit zum Frühstück werden kann), ist ein kleines Caviarbuffet. Ich schreibe Caviar dabei bewußt mit C, weil es auch so auf der Dose steht. Kaviar mit K ist oft genug billiger Preßkaviar oder Kaviarersatz. Nur Caviar ist Caviar, wobei es ziemlich gleichgültig ist, ob derselbe aus Rußland oder Persien stammt; vom Stör und aus dem Kaspischen Meer kommt er allemal. Ob Sie den großkörnigen und silbrig schimmernden Beluga-, den bräunlich-goldenen Osietra- oder den kleinkörnigen, schwarzgrauen Sevruga-Caviar kaufen, bleibt Ihrem Geldbeutel überlassen. In jedem Fall gilt: Die unpasteurisierte Ware aus den mit Gummiringen verschlossenen Dosen ist jeder anders verpackten Ware, vor allem jedoch der Glasware, vorzuziehen.

Hüten Sie sich davor, aus dem Caviar unbedingt mehr machen zu wollen, als er ohnedies selbst an Geschmack, mit dem er höchst freigiebig umgeht, hergibt. Halten Sie Ihr Caviarbuffet also möglichst einfach, und man wird es Ihnen danken.

⇨ Das einfachste und zu jeder Tages- und Nachtzeit leicht herstellbare Caviargericht ist - Caviar. Öffnen Sie die Dose, und richten Sie diese (mitsamt dem nicht undekorativen Deckel) in einem Schüsselchen auf Eiswürfeln an. Männer, die ihrer Liebsten imponieren möchten, haben auch zwei Garnituren Caviarbesteck aus Schildpatt. Normale Löffel aus Edelstahl gelten zwar als unvornehm, tun es aber auch. Plastik ist stil-, aber geruchlos. Nur Silber sollte man wegen der Oxidation zum Caviaressen tatsächlich lieber nicht verwenden. Gleichgültig womit - es muß auf jeden Fall kräftig gelöffelt werden. Und je mehr Caviar da ist, desto besser mundet er. Da Caviar jedoch ohne Zweifel das Familienbudget belastet, tut man besser daran, ihn zumindest im familiären Rahmen nur in Absprache mit der Ehefrau, Lebenspartnerin oder Lebensabschnittspartnerin einzukaufen. Denn Vorsicht: Unliebsame Diskussionen über den schnöden Mammon können den Genuß beeinträchtigen.

⇨ Fast ebenso einfach und meiner Meinung nach geschmacklich eigentlich noch überzeugender ist die Kombination von Caviar, Kartoffeln und saurer Sahne, sprich Sauerrahm. Man benötigt dafür pro Person zwei kleine Kartoffeln, die man zunächst mit dem Kartoffelmesser schält und dann etwa zehn Minuten lang in kochendem Salzwasser weich kocht. Die beiden Kartöffelchen drapiert man dann kokett in der Mitte eines großen Tellers, gibt einen ordentlichen Klacks saure Sahne dazwischen und bedeckt die so entstandene weiße Furche mit Caviar. Jetzt fehlt nur noch ein Glas Champagner (Puristen ziehen trockenen Krimsekt vor), und einer zärtlichen Einstimmung für eine lange Nacht steht nichts mehr entgegen.

Caviar auf Buchweizencrêpes

Die Anregung zu dem folgenden Rezept verdanke ich meiner Freundin Cordula, die eine leidenschaftliche Ovo-Lakto-Vegetarierin ist; will heißen: Sie ernährt sich fleischlos, ißt aber sowohl Milchprodukte als auch Eier. Obwohl sie ein Fischfilet niemals auch nur anrühren würde, hat sie überraschenderweise überhaupt keine Ressentiments gegen Caviar. Denn Caviar, so sagt sie nicht ohne messerscharfe Logik, das sind doch letztlich auch nur Eier.

Zutaten: 1 Dose Caviar, je großkörniger, desto besser, 250 g saure Sahne (Sauerrahm), 2 mittlere Zwiebeln, 4 gekochte, in Dotter und Eiweiß getrennte Eier, 1 Bund Petersilie; *für die Buchweizencrêpes:* 80 g Buchweizenmehl, 40 g glattes Weizenmehl, 4 Eier, ⅛ l Milch, ⅛ l süße Sahne (Obers), 2 EL Wasser, Salz, Butterschmalz zum Ausbacken.

Zubereitung: Für die Crêpes wird das Mehl zunächst gesiebt und dann mit den Eiern, der Milch, der süßen Sahne, dem Wasser und dem Salz zu einem glatten, flüssigen Teig verrührt.

In einer Teflonpfanne zerläßt man nunmehr etwas Butterschmalz, gießt etwas Teig in die Mitte und verteilt diesen durch Schwenken mit dem Pfannengriff über die ganze Pfanne. Damit der Teig nicht anklebt, empfiehlt es sich, die Enden mit einem Bratenwender zu lockern. Forsche Crêpeköche balzen zur Freude des anwesenden weiblichen Publikums nunmehr mit einem »Salto mortale« und werfen die Crêpe in die Höhe, um sie nach einer Umdrehung wieder mit der Pfanne aufzufangen. Nach meiner Erfahrung funktioniert dieses Kunststück immer nur dann, wenn man gerade allein kocht. Sobald eine Zuseherin anwesend ist, bleibt die Crêpe entweder auf der Abzugshaube hängen, oder sie landet auf dem Küchenboden, was zumeist nicht frei von Peinlichkeit ist. Versucht man das Experiment dann ein zweites Mal, funktioniert es mit Sicherheit noch weniger. Ich nehme daher zu einem alten Trick Zuflucht und unterhebe mit dem Bratenwender vorsichtig den Teig, sobald dieser sich einigermaßen verfestigt hat. Dann hebe ich die Crêpe hoch und drehe sie in einer zwar nicht atemberaubenden, aber immerhin einigermaßen sicheren Volte um, um sie auf der anderen Seite noch leicht anzubräunen. Ich nehme die fertige Crêpe heraus und stelle sie warm. Anschließend bringe ich erneut ein winziges Stückchen Butterschmalz zum Schmelzen und verfahre mit den restlichen Crêpes wie mit der ersten. Je nach Geschicklichkeit bringt man aus der angegebenen Menge etwa 15 bis 18 Crêpes heraus, die man möglichst in einem abdeckbaren Behältnis heiß serviert.
In kleinen Schüsselchen richtet man dann jeweils die kleingeschnittenen Zwiebeln, die kleingehackte Petersilie, das mit einem Wiegemesser gehackte Eiweiß und die auf dieselbe Weise gehackten Dotter rund um die auf Eiswürfeln drapierte Caviardose an. Nach Lust und Laune kann sich dann jeder selbst seine Crêpe zunächst mit saurer Sahne bestreichen und darauf - ähnlich wie auf einer Pizza - die übrigen Zutaten verteilen. Zum Abschluß wird die Crêpe dann mit Caviar belegt. Ob man die Crêpe lieber eingerollt oder wie eine Pizza ißt, das ist dann nur noch Ansichtssache.

Und außerdem:

⇨ Man kann dasselbe Gericht selbstverständlich auch mit Lachs- oder Forellenkaviar zubereiten, was ihm allerdings einen völlig anderen Geschmack verleiht.

Das Getränk dazu:

⇨ Ich sagte es schon: Champagner.

⇨ Da es sich trotz des feinen Caviars bei dieser Variante um ein eher derbes, ja geradezu bäuerliches Gericht handelt, paßt dazu auch perfekt, was die Russen immer schon zu Caviar getrunken haben: ein Gläschen eisgekühlter Wodka.

CAVIAR AUF KARTOFFEL-SELLERIE-PÜREE

Sowohl dem Caviar als auch dem Sellerie werden, ob zu Recht oder (doch eher) zu Unrecht, aphrodisische Wirkungen zugeschrieben. Das ist allerdings nicht der Grund, warum ich das folgende Gericht besonders gerne für meine Damen und mich zubereite. Die Wahrheit ist: Es schmeckt einfach gut. Als »Mitternachtsgericht« ist es allerdings nur bedingt geeignet, da das Kartoffel-Sellerie-Püree doch einige materialaufwendige Vorbereitungen erfordert und ohne Qualitätsverlust nicht aufgewärmt werden kann.

Zutaten: 1 Dose Caviar (mindestens 180 g); *für das Püree:* 700 g mehlige Kartoffeln, ½ Sellerieknolle (ca. 100 g), 180 g zimmerwarme Butter, 1 dl Milch, 1 dl süße Sahne (Schlagobers), Salz, Selleriesalz.

Zubereitung: Die Kartoffeln werden, geschält und geviertelt, in kochendem Salzwasser - je nach Konsistenz - etwa 10 bis 15 Minuten weich gekocht. Der Sellerie wird ebenfalls geschält und so lange gekocht, bis er so weich ist, daß er sich mit einer Gabel zerdrücken läßt. Kartoffeln und Sellerie werden entweder durch ein feines Sieb passiert oder - unkomplizierter - in der Küchenmaschine oder mit dem Stabmixer püriert, bis ein gleichmäßiges Püree ohne Kartoffel- und Selleriebröckchen entsteht. Es empfiehlt sich, die während des Mixens entstehenden Gemüsereste an den Seitenteilen des Mixbehälters mehrmals mit einer Spachtel abzuschaben und erneut mitzumixen. Nunmehr wird die Butter, die nicht aus dem Kühlschrank kommen darf, so lange mit einem Kochlöffel eingerührt, bis sie vollständig geschmolzen ist. In der Zwischenzeit werden die süße Sahne und die Milch erhitzt und ebenfalls vorsichtig unter das Püree gezogen, das mittlerweile ebenso sämig wie cremig ist und mit etwas Selleriesalz gewürzt wird. In noch heißem Zustand wird das Püree zuletzt in Tassen gefüllt, bis diese zu etwa drei Vierteln voll sind. Der Rest der Tasse wird mit Caviar aufgefüllt. Sofort servieren.

Und außerdem:

⇨ Wenn Sie zwischen dem Kartoffel-Sellerie-Püree und dem Caviar auch noch ein Löffelchen konzentrierten, sprich: stark einreduzierten Fischfond (fertig erhältlich) auftragen, dann mundet das Gericht gleich noch einmal so gut.

Das Getränk dazu:

⇨ Siehe oben: Champagner.

Überlassen Sie die Salatkunst nicht den Frauen

Von Essig, Öl und Kräutern

Kochen ist die Kunst, gute Ehen zu stiften. Wie bei den menschlichen Beziehungen, so finden sich auch in der Küche immer wieder Paarungen, die harmonieren, während andere einander mit erbitterter Abneigung begegnen.

Eine der schönsten kulinarischen Harmonien, die Feinspitzen bereits seit der Antike eitel Wollust und Wonne bereiten, ist sicherlich jene von Essig und Öl: Das Brautbett mag aus Salatblättern, Kräutern, Frühlingszwiebeln, Fenchelknollen, Portulaken, Senfrauken oder was auch immer bestehen - für erotisierende Reize ist in jedem Fall gesorgt, zumal dann, wenn sich auch noch gebratene Taubenbrüstchen, Jakobsmuscheln oder andere »Hausfreunde« zu einer »Menage à trois« einfinden.

Womit wir uns bereits inmitten der höheren Salatphilosophie - der Weisheit vom Gesalzenen gewissermaßen - befinden. Wenn Essig und Öl unsere beiden Liebenden sein sollen, so ist das Salz Gott Amor, der allezeit bereitsteht, die Liebesglut mit spitzen kleinen Pfeilen aufs neue zu entfachen. Das aus dem Italienischen stammende Wörtchen Salat bedeutet nämlich nichts anderes als »Eingesalzenes«.

Essig und Öl - das müssen freilich heutzutage keineswegs nur ein simpler Weinessig und ein einfaches Salatöl sein. Selbst in kleineren Supermärkten stapeln sich heute die Spezialessige und -öle, die geradewegs in den kulinarischen Salathimmel führen.

Marinieren Sie beispielsweise einmal delikate Blattsalate, wie Eichblatt-, Frisée-, Eisberg- und Vogerlsalat, mit Walnußöl, zu dem Sie einen aromatischen Schuß Himbeeressig hinzufügen. Sie werden sehen, das Endprodukt riecht verführerisch nach

Omas Garten, Kindheit, Indianerspielen und Auf-Bäume-Klettern.

Eine Harmonie ganz anderer Art gehen die beiden »finsteren Gesellen« unter den Essigen und Ölen ein, nämlich das steirische Kernöl und der farblich ähnliche Balsamicoessig, dessen Heimat eigentlich im italienischen Modena liegt, der mittlerweile aber auch schon anderswo in überzeugenden Varianten angeboten wird. Beide - sowohl der Essig als auch das Öl - sind in hohem Maße geschmacksintensiv und eignen sich daher auch nur als Marinade für Zutaten, die selbst einen hohen Eigengeschmack haben. So manches zarte Kopfsalatblättchen würden sie mit ihrer Wucht nämlich erdrücken, während etwa ein mit frisch geschnittenen Zwiebeln abgemachter Tomaten-, Grüne-Bohnen- oder Kartoffelsalat (ins Österreichische »übersetzt«: Paradeiser-, Fisolen-, Erdäpfelsalat) unter der schwarzen Flagge von Kürbiskernöl und Balsamico durchaus zu neuen geschmacklichen Ufern aufbrechen können.

Selbstverständlich kann man statt Kernöl auch den Klassiker Olivenöl verwenden, und zwar am besten ein »Extra vergine«, das »jungfräuliche« Olivenöl aus kalter Pressung, über dessen Verwendung sich neben dem Küchenchef übrigens auch der Hausarzt freut. (Besonders gut macht sich ein solches natives Olivenöl, nebenbei bemerkt, in Verbindung mit der auch in unseren Breiten immer populärer werdenden Rucola, einer Kresseart von ganz besonders edlem Geschmack. Wenn Sie dann noch ein paar Krümelchen alten Parmesan über die Blätter hobeln, spüren Sie Italien buchstäblich auf der Zunge und in der Nase.)

Noch gesünder als selbst das beste Olivenöl ist aufgrund seines besonders hohen Anteils an ungesättigten Fettsäuren das köstliche Distelöl, das sich - etwa in Verbindung mit Champagner- oder einem feinen Weißweinessig - hervorragend zum Marinieren von Gemüsesalaten aller Art - etwa Broccoli, Romanesco-Röschen oder Schwarzwurzeln - eignet.

Und sollten Sie all des Essigs und Öls einmal überdrüssig sein, so brauchen Sie auf Salatfreuden deswegen keineswegs zu verzichten. Schließlich bieten sich von Joghurtdressings über das klassisch-amerikanische Thousand-Islands-Dressing bis hin zu Senf- und Knoblauchdressings zahlreiche Möglichkeiten der Verfeinerung an, die man relativ leicht selbst herstellen oder auch fix und fertig einkaufen kann.

Dazu noch ein Tip: So manche Marinade mundet gleich noch einmal so gut, wenn man sie mit frischem Sprossengemüse, Sonnenblumenkernen oder Bulgur verfeinert. Dann »kracht« nicht nur das Salatblatt zwischen den Zähnen, sondern sogar die Marinade erhält einen »feinen Biß«.

Doch es ist keineswegs immer nur die Marinade, die einer Salatkomposition das »gewisse Etwas« zu geben vermag. Es sind vor allem auch die Salatkräuter, die darüber entscheiden, ob ein Salat ein durchschnittlicher Langweiler aus der Alltagsküche oder ein außerordentliches Geschmackserlebnis wird.

Sei es der Liebstöckel mit seinem leichten Selleriegeschmack und dem Hauch von Curryaroma, sei es die anregende, wenn auch (bei übermäßigem Gebrauch) schnell etwas aufdringliche Minze, sei es die frische Würze der Gartenkresse oder die herbe Eleganz des Estragons: An Möglichkeiten, Salate mit Kräutern zu verfeinern, herrscht kein Mangel. Dabei ist es allerdings oft reizvoller, einem Salatgericht mit einem einzigen Kräutlein ein unverwechselbares Aroma zu verleihen, als es mit diversen Kräutermischungen mit einem Duftteppich gänzlich zuzudecken.

Immer häufiger findet man in letzter Zeit auch einen »Exoten« unter den Salatkräutern in heimischen Salatschüsseln. Das Koriandergrün, auch Cilantro oder chinesische Petersilie genannt, ist in der indischen Küche ebenso zu Hause wie in der mexikanischen und verleiht Salaten eine geradezu »rachenputzende« Pikantheit, ohne deshalb auch nur im geringsten scharf zu sein.

Wenn Sie Ihren Salat schließlich nicht nur geschmacklich, sondern auch farblich ein wenig aufwerten wollen, so lassen Sie bedenkenlos Blumen sprechen. Die Rede ist freilich nicht von Tulpen, Nelken oder anderen Schnittblumen. Aber versuchen

Sie's einmal mit der Blüte der Kapuzinerkresse, mit Lavendel-, Borretsch- oder Zucchiniblüte - und Ihr Salat wird nicht nur wie eine blühende Wiese aussehen, sondern auch genauso duften.
Wenn Sie etwas Phantasie und vielleicht auch ein wenig Mut haben, so dekorieren Sie Ihren Salat ruhig auch mit ein paar Rosen- oder Veilchenblättern, eine Zubereitungsart, die früher als aphrodisisch galt.
Wie schon gesagt: Salatbett und Brautbett sind nicht allzuweit voneinander entfernt. Und es müssen nicht immer nur die »Brautleute« Essig und Öl sein, die ein gemeinsames Salatbuffet zu einer »Hochzeitsnacht im Paradies« werden lassen.
Allein schon deshalb sollten Sie die Zubereitung des Salats nicht den Frauen allein überlassen - auch wenn sie diesen, ähnlich wie die Süßspeisen, tausendmal als eine Domäne des Matriarchats betrachten. Im folgenden also einige »urmännliche« Gegenbeispiele.

Caesar's Salad

Wie der Boletus caesareus genannte Kaiserlingpilz trägt auch der Caesar's Salad den Führungsanspruch unter seinesgleichen schon im Namen. Es ist ein »Hoppla-hier-komm-ich«-Salat, der von einem Mann für Männer kreiert wurde, überhaupt nichts Weibliches an sich hat, allerdings - wie ich aus eigener Erfahrung weiß - auch weibliche Gaumen zu betören vermag, wenn er nur wirklich gut gemacht ist. Gut bedeutet beim Caesar's Salad in jedem Fall auch authentisch, sprich: nach jenem weltberühmten Originalrezept, das der Italoamerikaner Caesar Cardini 1924 von seinem Restaurant »Caesar's Palace« im mexikanischen Tijuana aus zu einem weltberühmten Klassiker gemacht hat.
Wenn man den Caesar's Salad in ähnlicher Menge serviert, wie dies in den USA jede Schnellpizzeria tut, so kann er durchaus als veritables Hauptgericht bestehen. In jedem Fall gibt er jedoch eine äußerst sättigende Vorspeise von aparter Pikante-

rie ab, die bei aller geschmacklichen Raffinesse gar nicht so schwer herzustellen ist, wenn man - was nicht ganz leicht ist - den richtigen Salat zur Verfügung hat. Denn wie dieser Salat heißt, darüber streiten sich, auch wenn alle letztlich Ähnliches meinen, die Völker der Welt, aber auch die »deutschen Stämme« untereinander. Was dem einen sein Zuckerhutsalat oder Lattich, das ist dem anderen sein Eisbergsalat. Manche sprechen sachlich-botanisch von Bindesalat und Sommerendivie. Andere verharren, wie Signore Caesar Cardini, im Italophilen und verlangen ausdrücklich römischen oder Romanosalat, während phantasielose Zeitgenossen schlicht und einfach Kochsalat mit nach Hause nehmen. Einig sind sich alle (trotz unterschiedlicher botanischer Auffassungen), daß für Caesar's Salad kein Salat knackig und pikant genug sein kann. Und in dieser Hinsicht ist Lactuca sativa, auch Romanosalat und in Deutschland mitunter auch »Kasseler« genannt, sämtlichen Mitbewerbern weitaus überlegen. Er erinnert in Form und Geschmack ein wenig an Chinakohl, ist aber noch knackiger, wobei das vollmundig- kräftige Aroma mit der zarten Pfefferspitze von außen nach innen im selben Maße zunimmt, wie die langen Blätter sich von einem hellen, mitunter sogar rötlichen Grün zu einem satten, fast dotterigen Gelb entwickeln. Kurzum: Der Salat ist, was man gemeinhin herzhaft zu nennen pflegt. Und das ist allemal jene Seite, von der sich kochende Männer (und nicht nur diese) am liebsten zeigen.

Zutaten: 2 Knoblauchzehen, 6 cl Olivenöl (nicht kaltgepreßt), 6 halbierte Baguettescheiben von etwa 1 cm Durchmesser, 1 großer Romano- bzw. Kochsalat, geschrotetes Meersalz, geschroteter schwarzer Pfeffer aus der Mühle, 4 cl Olivenöl (aus erster Pressung, »extra vergine«), 1 TL Worcestershiresauce, 1 Ei, Saft einer halben Zitrone, 4 Sardellenfilets, 3 EL grob geraffelter Parmesankäse.

Zubereitung: Der erste Schritt zum perfekten Caesar's Salad besteht darin, Olivenöl mit Knoblauch zu aromatisieren. (Man kann sich den folgenden Arbeitsgang auch ersparen, indem man gleich Knoblauchöl verwendet.) Zirka die Hälfte des kleingehackten Knoblauchs wird mit dem nicht kaltgepreßten Olivenöl vermischt und an einem zimmerwarmen Ort beiseite gestellt, wo man ihn, je nach gewünschter Intensität, ein bis drei Stunden rasten läßt. Dann gießt man das aromatisierte Öl durch ein Haarsieb ab und bestreicht damit die Brotwürfel, die man in einer teflonbeschichteten Pfanne oder im auf 180° C vorgeheizten Backofen unter zeitweisem Wenden röstet, bis sie beidseitig eine schöne goldgelbe Farbe angenommen haben. Die restlichen Knoblauchstückchen legt man für eine spätere Verwendung beiseite.

Währenddessen wird der Salat geputzt, gewaschen und mit Küchenkrepp trockengetupft. Verschwenderisch, wie kochende Männer meistens veranlagt sind, lasse ich die äußeren, grüneren, weniger knackigen und auch etwas bittereren Blätter im Biomüll verschwinden. (Früher habe ich sie einfach in den Mülleimer geworfen, aber das haben mir meine drei Frauen längst abgewöhnt.) Praktisch veranlagte Köche schneiden die gewaschenen Blätter nunmehr in Streifen. Solche, die wie ich stets auf der Suche nach dem Wahren, Reinen, Schönen und vor allem Authentischen sind, zerzupfen die Blätter von Hand, weil der Salat dann wesentlich zerklüfteter und damit auch dekorativer aussieht.

Jetzt kann man sich daranmachen, die Marinade zuzubereiten. Man reibt etwas Meersalz in eine Schüssel und gibt die übriggebliebenen Knoblauchstückchen, die man mit einem Löffelrücken etwas andrückt und mit dem restlichen Meersalz, dem Zitronensaft, dem kaltgepreßten Olivenöl und der Worcestershiresauce zu einer sämigen Masse verreibt, dazu.

In der Zwischenzeit hat man in einer Kasserolle heißes Wasser aufgesetzt und zum Kochen gebracht. In dieses legt man das Ei, läßt es, leicht wallend, eine Minute lang kochen, schreckt es kurz mit kaltem Wasser ab und öffnet es, indem man es mit einem spitzen Messer in der Mitte leicht anschlägt und auseinanderbricht. Nun schlägt man den flüssigen Dotter sowie das zu diesem Zeitpunkt bereits ganz leicht gestockte Eiweiß über die Salatblätter und gießt mit der vorbereiteten Marinade an.

Man arbeitet alles mit einem Salatbesteck ordentlich durch, pfeffert es und dekoriert den Caesar's Salad mit den halbierten Sardellenfilets, den Parmesansplittern sowie den heißen Croûtons.

Und außerdem:

⇨ Dasselbe Rezept mundet auch köstlich, wenn man den Kochsalat durch knackig-frischen Chicorée und/oder Radicchio ersetzt.

⇨ Fügt man vor dem Servieren auch noch kurz in Butter angerösteten Prosciutto oder Schinkenspeck und ein paar Kapern hinzu, gerät das Gericht noch herzhafter.

⇨ Mit gutem geschmacklichen Erfolg habe ich auch ausprobiert, das Olivenöl durch Sesamöl zu ersetzen. In diesem Fall streue ich zum Schluß einen Eßlöffel Sesamkörner über den Salat.

Das Getränk dazu:

⇨ Die meisten Amerikaner trinken zu Caesar's Salad ein Bud (Budweiser Bier).

⇨ Es passen aber auch verschiedene Pre-Dinner-Cocktails dazu, wobei ich die besten Erfahrungen mit einem Gimlet gemacht habe, der seine Popularität Raymond Chandlers Meisterdetektiv Philip Marlowe verdankt. Man bereitet ihn ganz einfach zu, indem man 5 cl Dry Gin und 1 cl Lime Juice mit Eiswürfeln und Limettenspalte im Tumbler serviert.

⇨ Ein Gläschen Chablis oder kalifornischer Chardonnay kann freilich auch nicht schaden.

Der klassische Waldorfsalat

Wie Sie vielleicht schon bemerkt haben, bin ich ein Freund von Klassikern, scheue aber nicht davor zurück, diese bei Bedarf je nach Lust und Laune zu verändern. Auch das folgende Rezept, das um die Jahrhundertwende vom Meisterkoch

Oscar Tschirky für das New Yorker Waldorf-Astoria kreiert wurde, ist nicht an einem Tag entstanden. Zunächst bestand es nämlich nur aus Äpfeln, Stangensellerie und Mayonnaise. Erst gegen Ende der wilden 20er Jahre kamen auch die - heute schier unvermeidlichen - Walnüsse dazu. Diese Zutat, die ihren Ursprung wohl in einer Inspiration durch den Namen »Waldorf« haben mag, erwies sich jedoch nicht nur in linguistischer, sondern auch in geschmacklicher Hinsicht als echter Volltreffer.

Zutaten: 3 kernige rote Äpfel (ich verwende am liebsten die Sorte Gravensteiner), Saft einer halben Zitrone, 1 Stangensellerie, 3 EL Walnüsse, 100 g Mayonnaise, 2 EL süße Sahne (Schlagobers), frisch geschroteter weißer Pfeffer aus der Mühle.

Zubereitung: Die Äpfel werden gründlich gewaschen, entstielt und entkernt sowie in gleichmäßige halbmondförmige Scheiben geschnitten. Nach dem Schneiden muß man die Äpfel umgehend mit Zitronensaft beträufeln, weil sie sonst eine graue, unappetitliche Farbe annehmen. Nun schneidet man den Stangensellerie in kleine Stücke von etwa 3 mm Durchmesser und blanchiert die Walnüsse eine halbe Minute lang in knapp am Siedepunkt köchelnden Wasser. Nachdem man die Nüsse mit kaltem Wasser abgeschreckt hat, läßt sich die Haut bequem abziehen. (Wenn Ihnen dieser Arbeitsgang zu aufwendig ist, können Sie ihn auch weglassen, müssen aber dafür in Kauf nehmen, daß die Nüsse ein wenig bitter schmecken.) Nunmehr wird die Mayonnaise mit der Sahne etwas verdünnt und mit den übrigen Zutaten gut vermischt. Bei Tisch kann der Salat auch noch mit etwas weißem Pfeffer verfeinert werden.

Und außerdem:

⇨ Sollten Sie zu jenen zählen, die Industrieware ablehnen, können Sie, anstatt zur Tube zu greifen, Ihre Mayonnaise auch selbst zubereiten, indem Sie (für 100 g Mayonnaise) 1 Eidotter mit etwas Senf, Zucker, Salz, Pfeffer und Worcestershiresauce schaumig rühren und dann - unter ständigem Rühren mit dem Mixstab - allmählich ⅛ l Pflanzenöl darunterfließen lassen, bis die Masse bindet. Übrigens: Wenn Sie statt des Pflanzenöls Walnußöl verwenden, mundet der Salat noch wesentlich »nussiger«.

⇨ Wenn Sie den Waldorfsalat in einer Cocktailschale portionsweise jeweils auf einem knackigen Kopfsalatblatt anrichten, wirkt er noch einmal so dekorativ.

Das Getränk dazu:

⇨ Die in den Äpfeln enthaltene Säure in Verbindung mit der Schwere der Mayonnaise macht die Weinauswahl nicht gerade leicht. Ich ziehe mich meistens aus der Affäre, indem ich ein Glas guten Champagner, am liebsten Rosé-Champagner, dazu serviere.

SALADE NIÇOISE

Spätestens seit Alfred Hitchcock uns mit Grace Kellys und Cary Grants Hilfe höchst anschaulich erklärt hat, wie heiß es »Über den Dächern von Nizza« zugehen kann, erscheint uns die Côte d'Azur-Metropole sonnendurchflutet, an ihren Rändern von Lavendelblüten übersät und allenthalben nach Rosmarin und Knoblauch duftend. Das satte, fruchtige Aroma des Olivenöls nicht zu vergessen, das Nicolas Alziari in seiner so düsteren wie kühlen Gourmetoase in der Rue St. François de Paule aus seinen Kanistern zapft und das unter Kennern nicht zufällig als das vielleicht beste Öl der Welt gilt.
Knoblauch, Rosmarin, Olivenöl und Sonne. Mit diesen vier Elementen läßt sich der Mikrokosmos der Nizza-Küche schon ganz trefflich charakterisieren. Cuisine de Soleil - Sonnenküche - heißt denn auch das Zauberwort, welches den Schlüssel zum kulinarischen Schatzkästlein dieser Region birgt.
Einer der Hauptdarsteller in diesem sonnendurchfluteten Opus ist der Salade niçoise, dessen weltweite Karriere seinem guten Ruf nicht immer nur guttat. Er ist, wie die Franzosen so

musikalisch sagen, ein »Salade composée«, also keineswegs nur eine Beilage, sondern ein »komponiertes« Gericht aus Paprikaschoten, Zwiebeln, Tomaten, Knoblauch und Olivenöl sowie knackigen grünen Bohnen, Sardellenfilets, Thunfisch, schwarzen Oliven, hartgekochten Eiern und ein paar frisch gepflückten Basilikumblättern.
Der Nizzasalat zählt nicht zuletzt deshalb zu meinen Lieblingsgerichten, weil Nizza zu meinen Lieblingsstädten zählt. Ich kenne die Stadt aus so ziemlich allen Perspektiven, die sich nur denken lassen. Als Interrail-Rucksackreisende haben meine Frau und ich dort im Schlafsack auf dem harten Pflaster vor der verschlossenen Bahnhofstür übernachtet. Später sind wir dann - mit ähnlicher Abenteuerlust - im Hotel Negresco abgestiegen. Der Salade niçoise hat uns indessen immer verzaubert, in der billigen kleinen Hafenkneipe ebenso wie im Luxusrestaurant »Le Chantecler«. Er schmeckt ganz einfach auch oder gerade wegen der Simplizität seiner Zubereitung immer wieder aufs neue raffiniert und betörend. Das Geheimnis, das sich dahinter verbirgt, ist allerdings ausnahmsweise einmal nicht die Marinade (es gibt nämlich keine), sondern die absolute Frische und Harmonie der Zutaten, die man kaum anderswo in so köstlicher Frische bekommt wie auf dem Markt von Nizza.
Zutaten: 1 geschälte Knoblauchzehe, 1 Kopfsalat, 1 Stangensellerie, 1 Salatgurke, 4 Artischockenböden, 500 g Tomaten, 1 grüne und 1 rote Paprikaschote, 1 geschälte Zwiebel, 4 Eier, 16 schwarze Oliven, 8 Sardellenfilets, 1 Dose Thunfisch, 8 EL kaltgepreßtes Olivenöl, 8 Basilikumblätter, Meersalz und Pfeffer aus der Mühle.
Zubereitung: Nein, Sie haben nichts überlesen und dabei den Essig übersehen. Es gibt ihn nämlich nicht bei diesem Gericht, das seine feine Säure aus den Gemüsen, vor allem aus den fleischigen, vollreifen Tomaten, die zu seinen Grundzutaten zählen, bezieht. Und im Gegensatz zu einem mit der Sonnenküche untrennbar verbundenen Vorurteil muß auch nicht alles, was zwischen Nizza und Marseille auf den Tisch kommt,

schon auf hundert Meter nach Knoblauch riechen. Das Knoblaucharoma zählt zugegebenermaßen zu den Grunddüften der Region, doch wissen die Franzosen es auch äußerst sublim einzusetzen, eine Gabe, die in nördlicheren Gefilden leicht in Vergessenheit gerät.

In meinem Salade niçoise werden Sie also mit Sicherheit keine Knoblauchzehen, in welchem Zustand auch immer, finden. Ich leiste mir für dieses Gericht lediglich den Luxus, eine einzige Knoblauchzehe mit der flachen Messerklinge kurz anzudrücken und damit gründlich die Schüssel auszureiben, in der ich den Salat später servieren möchte. Damit hat der Knoblauch seine Schuldigkeit auch schon getan.

Jetzt geht's an die zwar durchwegs einfachen, aber arbeitsaufwendigen Vorbereitungen. Zunächst wird der Kopfsalat gewaschen und von welken Außenblättern befreit. Mit den »guten«, knackigen Blättern lege ich dann die Salatschüssel aus. Während ich die Eier etwa acht Minuten kernweich koche (sie sollten gerade nicht hart sein), schneide ich den Stangensellerie in kleine Scheiben von 3 mm Durchmesser und schäle die Gurke mit dem Kartoffelmesser so, daß sich jeweils ein geschälter Streifen und ein solcher, an dem die Schale dranbleibt, abwechseln. Dann nehme ich meinen Gurkenhobel und schneide die Salatgurke in hauchdünne Scheiben. Wenn ich frische Artischocken bekomme, koche ich sie zunächst in Salzwasser weich und befreie sie sodann von den Blättern, die ich während der Arbeit mit größter Wonne und dem Biß eines vegetarischen Vampirs aussauge, nachdem ich sie zuvor mit etwas Zitronensaft oder ein paar Tropfen Tabasco beträufelt habe. Das hält zwar ein wenig auf, ich möchte diese kleinen »Saugpausen« aber nicht missen.

Zuletzt bleibt von der Artischocke nur noch der Boden mit dem sogenannten Heu übrig, das sich mit einem Teelöffel leicht herausheben läßt, bevor ich den verbleibenden Boden gleichmäßig in kleine Stiftchen schneide. (Der ganze Vorgang läßt sich problemlos abkürzen, indem man eingelegte oder tiefgekühlte Artischockenböden verwendet.)

Nunmehr werden die Tomaten durch einen runden Schnitt mit einem kleinen, scharfen Messer entstielt und kurz in heißes Wasser getaucht, bis man bequem die Haut abziehen und die Kerne entfernen kann. Das verbliebene Tomatenfleisch wird - je nach Größe - gleichmäßig geviertelt oder geachtelt. Auch bei den Paprikaschoten empfiehlt es sich, sie zunächst zu pochieren und dann die Haut vorsichtig vom Fruchtfleisch zu lösen, bevor man sie der Länge nach in Streifen schneidet.
Jetzt braucht nur noch die geschälte Zwiebel in Ringe geschnitten und die Oliven brauchen nur durch zartes Andrücken mit beiden Fingern entkernt zu werden - was bei fleischigen Oliven, und nur solche kommen für den Salade niçoise in Frage, keine großen Schwierigkeiten macht.
Fehlt nur noch der Thunfisch, und der kommt - bitte keine unnötigen Berührungsängste - nicht vom nächsten Sushi-Meister, sondern schlichtweg aus der Dose. Es wäre sinnlos, rohen oder gebratenen Thunfisch vom Fischmarkt zu verwenden. Der Salade niçoise ist in seiner heutigen Form im Umkreis von Fischfabriken entstanden, und nur der Geschmack von Dosenthunfisch verleiht diesem Gericht mit all seinem ordinären Charme das »gewisse Etwas«.
Wichtig ist, daß der Thunfisch aus der Dose gut abtropft, denn man will schließlich verhindern, daß das köstliche Olivenöl,

mit dem wir unseren Salade niçoise gleich abmachen werden, sich mit dem groben Dosenöl vermengt.
Nun werden alle Zutaten in einer Plastikschüssel oder einem anderen geeigneten Behältnis mit dem Olivenöl und den feingehackten Basilikumblättern vermischt, nach Belieben gesalzen und gepfeffert und mit Hilfe eines Salatbestecks behutsam vermengt. Den fertigen Salat füllt man dann in die mit den Kopfsalatblättern ausgelegte Salatschüssel oder richtet ihn portionsweise auf ebenfalls mit Salatblättern ausgelegten Tellern an. Erst zum Schluß werden die geviertelten Eier und die Sardellenfilets als Garnitur aufgelegt.

Und außerdem:

⇨ Sollte Ihre Abneigung gegen Dosenthunfisch zu stark sein, so können Sie diesen auch weglassen oder durch kurz in Butter und Olivenöl geschwenkte Scampi ersetzen.

⇨ Wenn Sie den Salade niçoise noch etwas pikanter gestalten wollen, so rühren Sie in das Olivenöl einen Eßlöffel Tapenade ein; das ist eine provençalische Olivenpaste, die sowohl fertig erhältlich ist als auch leicht selbst hergestellt werden kann. In letzterem Fall zerstößt man zunächst in einem Mörser 100 g entkernte schwarze Oliven und 1 EL Kapern, die man dann mit 1 EL Cognac sowie etwas Senf unter allmählicher Zugabe von 3-4 EL Olivenöl mit einem Stabmixer zu einer sämigen Paste glattrührt.

⇨ Der Salade niçoise eignet sich auch als ideale Grundlage für multikulturelle oder Fusionsgerichte. So verträgt er sich beispielsweise ausgezeichnet mit Avocados, etwas frisch gehacktem Ingwer und Koriandergrün. Man kann ihn auch - je nach Lust und Laune - mit Maiskörnern oder Pinienkernen verfeinern. Das Olivenöl läßt sich in einem solchen Fall auch durch Sesamöl ersetzen.

Das Getränk dazu:

⇨ Zu ländlichen Gerichten schmeckt noch allemal jener Wein am besten, der in der unmittelbaren Umgebung wächst, und das ist in unserem Fall ohne jeden Zweifel ein köstlicher, gut gekühlter Roséwein aus der Provence oder dem Bandol.

Glasnudelsalat mit grünen Bohnen und Matjes

Da in den Zeiten der Fusionsküche und der - auch kulinarischen - Globalisierung in der Küche heute alles erlaubt ist, was früher allein aus Transportgründen undenkbar gewesen wäre, erfreut sich das folgende Gericht, das ich besonders gerne an heißen Sommertagen auftische, bei meinen Gästen eines Zuspruchs, auf den ich noch vor einigen Jahren nicht zu hoffen gewagt hätte. Und wenn man mich fragt, wie ich auf dieses Gericht gestoßen bin, so antworte ich einfach: Matjesfilets sind letztlich auch nur Sashimi - und die erfreuen sich ob ihrer Kalorienarmut vor allem bei der Damenwelt allergrößter Wertschätzung.

Zutaten: 200 g Harusame (japanische Glasnudeln), 200 g grüne Bohnen (Fisolen), 1 Messerspitze Speisesoda, Salz, 20 g getrocknete Wolkenohrpilze, 100 g Bierrettich, 250 g junger Matjes, 2 EL Bonitoflocken; *für die Marinade:* 1 EL Sesamöl, 2 EL Erdnußöl, 1 EL Sherry, 1 TL Zucker, 2 EL Sojasauce (die exotischen Zutaten sind in jedem gut sortierten Fernostladen erhältlich).

Zubereitung: Die Glasnudeln werden zehn Minuten lang in heißem, aber nicht kochendem Wasser eingeweicht und anschließend mit kaltem Wasser abgeschreckt. Man läßt sie gut abtropfen und gibt sie in eine große Schüssel. Man weicht die Wolkenohrpilze etwa 20 Minuten ein und kocht die grünen Bohnen mit dem Speisesoda in Salzwasser, bis sie bißfest und auf keinen Fall zu weich sind. Dann schneidet man sie in Würfel von etwa 1 cm Länge. Der Bierrettich wird in möglichst dünne Streifen geschnitten oder, wenn möglich, durch eine Häckselmaschine gedreht. Die Matjesfilets werden ebenso in möglichst schmale Streifen, etwa von Sardellengröße, geschnitten. Die Marinade bereitet man zu, indem man das Sesam- und das Erdnußöl mit dem Sherry, dem Zucker und der Sojasauce gut verrührt. Noch besser ist es, die Zutaten in einem Shaker oder einem verschließbaren Glas so lange gut durchzuschütteln, bis daraus eine gleichmäßige Marinade entstanden ist. Nunmehr werden die Fisch- und Gemüsezutaten vorsichtig unter die kalten Glasnudeln gemengt, und dann wird alles so lange mit der Marinade vermischt, bis alle Nudeln gleichmäßig durchsogen sind. Den fertigen Nudelsalat läßt man dann noch etwa zwanzig Minuten im Kühlschrank ziehen, bevor man ihn, mit Bonitoflocken bestreut, serviert.

Und außerdem:

⇨ Das Matjesfilet kann durch rohen Lachs oder Thunfisch ersetzt werden, aber auch feine Räucherlachsstreifen munden hervorragend.

⇨ Wenn Sie den Nudelsalat lieber schärfer mögen, rühren Sie nach Belieben Wasabi-Kren aus der Tube in die Marinade ein.

⇨ Eine besondere Geschmacksnote erhält dieser Salat, wenn Sie kleine Apfelstückchen dazugeben.

⇨ Eine dekorative Servieridee besteht darin, den Glasnudelsalat mit »hängenden Shrimps« am Schüsselrand zu garnieren.

Das Getränk dazu:

⇨ Am besten paßt ein herbes nordisches Pils oder aber auch ein japanisches Kirin-Bier. Wein verträgt sich mit den exotischen Aromen nur schwer. Und zu grünem Tee kann ich Ihnen, auch wenn er vielleicht authentisch zu den Glasnudeln passen würde, angesichts des verwendeten Matjesherings nun wirklich nicht raten.

Mister Noodles

Fast jeder kochwillige Mann fängt, wenn er erst einmal über die gröbsten Anfangsschwierigkeiten mit Würstchensieden, Toastmachen und Rühreizubereiten hinaus ist, mit dem Spaghettikochen an. Denn das macht nicht nur wenig Arbeit, sondern bringt auch Sonne und Urlaubsstimmung auf den Tisch. Wenn Sie sich also als Frühstücks- und Mitternachtskoch entsprechend profiliert haben, wird auch eine kritische (sprich: selbst sehr gut kochende) Frau wie etwa die meine nichts dagegen haben, wenn Sie sich auch im Küchenalltag ein wenig nützlich machen. Und Spaghetti, Tagliatelle, Linguini, Pappardelle oder wie sie sonst heißen mögen haben die Grenzen der autochthonen italienischen »Cucina casalinga« längst überschritten und sind fixer Bestandteil unserer multikultureller und internationaler werdenden Eßgewohnheiten geworden. Mit Nudelgerichten können Sie bei Omas genauso punkten wie bei Enkelkindern. Und wenn Sie sich mit der Dimensionierung etwas zurückhalten, landen Sie ziemlich sicher auch bei Ihrer Partnerin einen Erfolg. Ich jedenfalls habe noch keine Frau getroffen, die Nudelgerichte absolut nicht gemocht hätte. (Der Trick dabei, als Nudelesser nicht zuzunehmen, besteht übrigens darin, die Pasta nicht wie die Italiener als Vorspeise oder Zwischengericht zu sich zu nehmen, sondern als Hauptgericht. Das sättigt und läßt sogar noch Platz für etwas Salat zuvor oder ein wenig Käse danach, da ein komplettes Nudelgericht pro Person nicht mehr als 600 bis 800 Kalorien hat. Dies nur als kleine Argumentationshilfe für den Fall, daß Ihnen als Antwort auf Ihre Küchenverführungskünste ein schnödes »Nudeln? - Nein, bloß nicht!« entgegengeschleudert werden sollte.)
Wie allen Kulinaria, so sollte man sich auch der Pastaküche (ich spreche lieber von Pasta als von Nudeln, weil das erstere

mediterran und das zweitere ziemlich ordinär klingt) systematisch nähern, wobei sich zunächst die Frage stellt:

SOLL ICH DIE PASTA SELBER MACHEN?

Bevor ich Ihnen darauf ein nahezu bedingungsloses und freudiges »Ja« zurufe, möchte ich dennoch darauf hinweisen, daß heute allenthalben auch sehr gute fertige Eierteigwaren angeboten werden. Es lohnt sich dabei jedoch, nicht nur auf den Preis zu schauen (die teuersten sind keinesfalls zwangsläufig immer die besten), sondern vor allem auf die Ingredienzen. So bürgt etwa die Verwendung von Hartweizengrieß zumeist für Qualität, und ganz allgemein gilt: Je mehr Eier drin sind, desto besser wird vermutlich das Endresultat sein.

Freilich wird die Industrie, auch wenn sie auf eine gewisse Solidität des Niveaus halten sollte, mit den Grundprodukten niemals so freizügig umgehen, wie Sie es können, wenn Sie Ihre Pasta selbst machen - Pasta »fatta in casa« also. Dabei gilt das ebenso einfache wie bewährte Grundrezept, daß man auf 100 g Mehl ein Ei verwenden sollte. Was das verwendete Mehl betrifft, so hat es sich in meiner Küche immer wieder bewährt, zu gleichen Teilen ganz gewöhnliches grobkörniges (griffiges) Weizenmehl und Hartweizengrieß zu verwenden und den daraus gekneteten Teig mit Hilfe von etwas Olivenöl geschmeidig zu machen. Sollten Sie keinen Hartweizengrieß aus Durumweizen bekommen (er wird in allen Getreidemühlen angeboten und kann auch beim Bäcker bezogen werden), so werden Sie auch mit ganz normalem Weizenmehl durchaus vernünftige Resultate erzielen.

Daraus ergibt sich für vier Personen, wenn man 100 g Pasta pro Person rechnet, fast schon automatisch das folgende Grundrezept:

Zutaten: 200 g grobkörniges Weizenmehl, 200 g Hartweizengrieß aus Durumweizen, 4 Eier, 4 EL Olivenöl, 4 EL Wasser, 1 TL Salz.

Zubereitung: Zunächst zwei grundsätzliche Bemerkungen

voraus: Nehmen Sie sich zum Teigkneten ein wenig Zeit. (Schalten Sie Ihr Handy ab.) Außerdem sollten Sie darauf achten, daß Sie warme Hände haben, da sich der Teig dann gleich viel besser durchkneten läßt.
Sieben Sie das Mehl auf die Arbeitsplatte, und sparen Sie in der Mitte eine kleine Vertiefung aus, in welche Sie die Eier schlagen sowie das Salz, das Olivenöl und das Wasser hinzufügen. Bevor Sie mit dem Kneten beginnen, empfiehlt es sich, die Zutaten zunächst einmal nach und nach mit einer Gabel zu verrühren und dabei das Mehl von der Außenseite her über den feuchten Innenteil zu streuen, bis ein kompakter, dicker Brei entsteht. Diesen kneten Sie dann mit den Handballen durch, bis daraus eine Teigkugel entsteht, die so glatt ist, daß Sie sich vorstellen können, sie auch beim Bowling zu verwenden.
Anstatt damit zu kegeln, schlagen Sie Ihre Teigkugel jedoch lieber in eine Klarsichtfolie ein und gönnen ihr erst einmal ein bis zwei Stunden Rast im Kühlschrank, wo die jetzt noch angespannten Teigfasern allmählich nachgeben, sodaß sich der Teig leichter weiterverarbeiten läßt.
Wenn der Teig sich ausgerastet hat, holen Sie ihn wieder aus dem Kühlschrank und teilen ihn in vier Portionen, die Sie einzeln mit dem Nudelholz ausrollen.
Nunmehr stellt sich eine zweite Gewissensfrage, die da lautet: Nudelmaschine - ja oder nein? Ich muß Ihnen ehrlich gestehen, daß ich, nicht zuletzt aus Gründen der Bequemlichkeit, aber auch der besseren Optik, ein Freund der Nudelmaschine bin. Meine Frau hat mir einmal zu Weihnachten ein ziemlich unkompliziertes, einfach zu bedienendes Modell mit Handkurbel geschenkt, und das war ohne Zweifel eines der nützlichsten Geschenke, die sie mir je gemacht hat. Anstatt den Teig, wie es die brave italienische Mamma macht, nun noch weiter mit dem Nudelholz zu bearbeiten, ihn immer wieder zu bestäuben und erneut auszurollen, bis er so dünn ist, daß man Nudeln daraus schneiden kann, heißt es bei mir nunmehr: Ab in die Maschine!

Doch Vorsicht: So schnell geht's nun wieder auch nicht. Bevor man auf der Maschine einstellt, ob man Spaghetti, Tagliatelle oder Lasagneblätter möchte, sollte man den Teig erst einmal etwa sechs- bis zehnmal durch die Walze drehen, damit er wirklich dünn und fein ist, sprich, einen Durchmesser von etwa 1 bis höchstens 2 mm hat. Zwischen den einzelnen Durchgängen sollte man die so entstandenen Teigfladen jeweils wenden und mit etwas Mehl bestreuen. Hat der Teig schließlich die optimale Konsistenz, so können Sie die Nudeln in die gewünschte Façon bringen und sie vor der Weiterverarbeitung auf einem mit Mehl bestäubten Geschirrtuch noch eine halbe Stunde antrocknen lassen, damit sie nicht zu feucht sind.

Und außerdem:

⇨ Wenn Sie sehr große Eier verwenden, brauchen Sie weniger Wasser zuzugeben.

⇨ Wenn Sie grüne Nudeln herstellen wollen, so mixen Sie 100 g - mit Butter und kleingehackten Schalotten gedünsteten und gut ausgedrückten - Blattspinat mit einem Ei und einem zusätzlichen Dotter in der Küchenmaschine und arbeiten die so entstandene Masse gründlich in den Teig ein.

⇨ Für rote Pasta fügen Sie dem Teig vier Eßlöffel Tomatenmark hinzu und lassen dafür das Wasser und eventuell auch ein Eiweiß weg.

⇨ Wenn Sie die Nudeln nach der Herstellung nicht gleich weiterverarbeiten, sondern aufbewahren wollen, so tun Sie das am besten, indem Sie die Nudeln zunächst schichtweise mit Pergament oder Alufolie abdecken und sie platzsparend aufeinanderlegen, um sie so trocknen zu lassen. Dann können Sie Ihre Pasta bequem in Gläser, mit Seidenpapier ausgelegte Schachteln oder andere Behältnisse abfüllen.

KLEINER GRUNDKURS IM NUDELKOCHEN

Die alte Weisheit, daß selbst Meisterköche letztlich nur mit Wasser kochen, gilt selbstverständlich auch und gerade für Pastaköche. Das Geheimnis liegt freilich nicht im Nudelwasser, sondern darin, wie Sie es einsetzen und was Sie damit anstellen.

So ist es beispielsweise keineswegs gleichgültig, ob Sie Ihre Spaghetti in einer kleinen Stielkasserolle oder in einem Topf kochen, aus dem man eine halbe Kompanie ernähren könnte. Ein Gefäß, in dem alle Nudeln gerade mal untergebracht werden können, ist beileibe kein ideales Behältnis. Denn ganz allgemein gilt: Für 100 g Nudeln muß man mit 1 Liter Wasser rechnen. Für meine vierköpfige Familie brauche ich also zumindest einen 4-Liter-Topf, und wenn er noch etwas geräumiger ist, so nützt es nur. Denn merke: Pasta braucht Platz, und damit basta.

Doch nun zum Wasser. Für Ihr Leitungswasser können Sie nichts. Vielleicht ist es so kalkhaltig und hart wie Dolomitgestein, vielleicht hat es aber auch den Chlorgehalt eines Hallenbads oder die Weichheit eines Wollwaschgangs; in jedem Fall aber ist es zu wenig geschmeidig zum Nudelkochen. Es muß also unbedingt zuvor präpariert werden, und zwar am besten mit Olivenöl; es kann aber auch Butter oder ein anderes Fett sein. Für meinen 4-Liter-Topf nehme ich jedenfalls 2 Eßlöffel davon und habe damit die allerbesten Erfahrungen gemacht. Die Nudeln kleben dadurch nicht zusammen und erhalten zudem einen gewissen Glanz, der sie sogar schon beim Abseihen hübsch aussehen läßt, noch bevor Sugo dazukommt.

Eine zweite Frage ist die richtige Prise Salz, da die Dosis wohl bedacht werden sollte. Immerhin ist der Pastateig nur recht sparsam gesalzen, andererseits kommt durch den Sugo oder die Form der Weiterverarbeitung sicherlich noch etwas Würze dazu. 12 Gramm Salz pro Liter Wasser sollten also mehr als reichlich sein. Wenn Sie, wie ich, grobes Meersalz verwenden, so tun es auch 10 Gramm, da dieses intensiver schmeckt.

Nachdem Sie das auf die beschriebene Weise vorbereitete Wasser bei geschlossenem Deckel zum Kochen gebracht haben, daß es so richtig schön wallt, legen Sie die Pasta ein (bei Spaghetti muß man mit dem Kochlöffel meist noch ein wenig nachhelfen, damit sie möglichst schnell unter die Wasseroberfläche »versinken«), und rühren Sie bitte zunächst einmal gründlich um, da gerade jetzt die Gefahr, daß sich Nudeln an den Topfboden anlegen, am größten ist. Durch die Zimmertemperatur der Pasta wird nämlich der Kochvorgang kurze Zeit angehalten, und die Temperatur des Wassers sinkt rapide ab. Mein Tip: Setzen Sie den Deckel in diesem Fall noch einmal auf, damit das Wasser erneut aufkochen kann, aber bleiben Sie unbedingt in Herdnähe. Wenn Sie den Zeitpunkt des neuerlichen Aufkochens nämlich übersehen, beginnt das Wasser überzuschäumen, und es gibt eine unwillkommene Überschwemmung. Nehmen Sie jetzt den Deckel wieder ab, und regulieren Sie die Hitze so, daß das Nudelwasser gemütlich vor sich hin blubbert, ohne allzu große Wellen zu schlagen.

Sich in dieser Phase vor den Fernseher zu setzen und zwischendurch die Abendnachrichten anzusehen, halte ich für keine gute Idee. Denn ohne zumindest gelegentliches Umrühren wird nichts aus Ihren Nudeln, und außerdem haben Sie, so Sie kein notorischer Macho sind und Ihre Frau abwaschen lassen, danach den Ärger mit den Nudelresten, die so hartnäkkig sind, daß keine Geschirrspülmaschine der Welt sie vom Kochgeschirr loslösen kann.

Die bange Frage, die sich nun stellt, lautet: Wie lange soll ich die Nudeln kochen?

Darauf gibt es so viele Antworten wie Nudelköche. Die einfachste davon ist: Wenn Sie mit Industrieprodukten arbeiten, dann kochen Sie Ihre Nudeln einfach so lange, wie es auf der Packung steht.

Sollte Sie diese Antwort jedoch nicht befriedigen, so gehe ich davon aus, daß Sie nach der Lektüre der bisherigen Rezepte bereits von so etwas wie einer Leidenschaft für die Kochkunst erfaßt wurden. Und Leidenschaft bedeutet immer auch Individualität.

Im Klartext heißt das, daß ich es Ihnen weder ersparen will noch kann, daß Sie Ihre Nudeln stichprobenartig so lange probieren, bis sie »al dente«, zu deutsch: bißfest, sind - was soviel bedeutet, daß sie zwar nicht hart sind, aber den Zähnen immer noch einen gewissen Widerstand entgegensetzen. Auch dafür gibt es sicherlich gewisse Richtwerte: Frische Pasta braucht selten mehr als 2-5 Minuten, getrocknete oder industriell gefertigte Linguini kocht man etwa 7-8 Minuten, Spaghetti je nach Dicke 8-15 Minuten, Tagliatelle etwa 8 Minuten, Pappardelle 12-15 Minuten, und die dicken Rigatoni können mitunter sogar 18 Minuten benötigen. Gleichwie: In jedem Fall gilt die Regel, daß ein bißchen zu hart immer noch besser ist als zu weich. Denn ist die Pasta einmal Matsch, dann ist sie - selbst wenn sie durch die elaborierteste aller Pastasaucen verfeinert werden sollte - unrettbar verloren.

Über die Art und Weise, wie die Pasta aus dem Wasser kommt, gibt es ebenfalls unterschiedliche Denkrichtungen, die sich allesamt um das leidige Thema »Abschrecken« drehen. »Nudeln gehören abgeschreckt« lautet eine alte Hausfrauenweisheit, die sich im Küchenalltag dann meist darin zeigt, daß man die Nudeln nach dem Abseihen im Nudelsieb kurz unter kaltes Wasser hält, damit sie nicht zusammenkleben. Was Sinn macht, wenn man die Spaghetti für eine spätere Weiterverwertung (z. B. als Nudelsalat) aufheben will, führt in der normalen Küchenpraxis meist zu lauwarmen Nudelgerichten, und die sollen zwar gesünder sein als knallheiße, aber sie schmekken nicht. Wenn man das Wasser mit Olivenöl gekocht hat, scheint mir das Abschrecken zumindest dann nicht notwendig zu sein, wenn man die Nudeln gleich weiterverarbeitet und mit Sugo oder Sauce serviert. Wenn aber - um des lieben Familienfriedens willen - schon unbedingt abgeschreckt werden muß, so sollte man das dann auch auf die wirklich klassische Weise tun, indem man auf das kochende Wasser etwas kaltes Wasser schüttet und damit den Kochvorgang anhält. Erst dann wird die Pasta abgeseiht oder, vor allem bei kleineren Nudelformen, mit dem Schaumlöffel herausgehoben - und die Nudeln bleiben dabei heiß.

Und noch ein Tip: Wenn Sie für die Zubereitung des Sugos oder einer anderen Spaghettisauce Wasser benötigen, so verwenden Sie dafür das abgeseihte Nudelwasser, in dem sich Stärke angesammelt hat und das sich daher besonders gut zum Binden eignet.

DER KLASSIKER: SPAGHETTI AGLIO E OLIO

Das folgende Gericht sollten nur Menschen essen, die erstens Knoblauch und zweitens einander mögen. Wer sich von dieser Form der Spaghettiparty ausschließt, ist nämlich arm dran und muß den ganzen Abend lang (und leider auch noch den Tag danach) die von vielen als unangenehm empfundenen Ausdünstungen, welche ein Enzym namens Allinase nach der übelriechenden Formel: $CH_2{=}\,CHCH_2S(0)CH_2(NH_2)COOH$ freisetzt, einatmen.

Da Frauen über ein besonders empfindliches Geruchsinstrumentarium verfügen, können sie, so sie sich zur Antiknoblauchfraktion zählen, zuweilen sogar richtig inquisitorisch werden. Ich erinnere mich noch an eine Verlagsmanagerin, die ein geradezu beängstigendes Sensorium gegen die Allinase entwickelt hatte. Als ich eines Tages am späten Nachmittag ihr Büro betrat, schnupfte sie kurz und sah mich dann mit durchdringendem Blick an. »Du hast Knoblauch gegessen«, lautete prompt ihr Verdikt. »Nein«, erwiderte ich standhaft, »ich habe heute nur gefrühstückt, und zum Frühstück esse ich keinen Knoblauch.« Sie schniefte noch einmal und insistierte: »Dann hast du eben gestern Knoblauch gegessen.« In Sekundenschnelle ließ ich meinen gestrigen Speiseplan an mir vorüberziehen und erinnerte mich, in einem der besten Restaurants der Stadt ein Menü gegessen zu haben, das über jeden Knoblauchverdacht weit erhaben war. Doch ich mochte mich rechtfertigen, wie ich wollte, meine allinasephobische Freundin glaubte mir nicht.

Ich rief also in ihrer Gegenwart den Küchenchef des bewußten Restaurants an, entschuldigte mich, daß ich ihm mit einer so läppischen Frage wie der folgenden die Zeit stehlen würde, und fragte frei heraus: »Haben Sie in dem Menü, das Sie mir gestern servierten, irgendwo Knoblauch verwendet?« – Am anderen Ende der Leitung herrschte Grabesstille. »Gerade Sie müßten doch wissen«, kam es dann beleidigt zurück, »daß in einer so feinen Küche wie der meinen eine so derbe Zutat wie Knoblauch keinen Platz hat.« – Ich entschuldigte mich mehrmals und fragte, bevor ich auflegte, noch eher beiläufig, ob er selbst denn auch Knoblauch völlig ablehne. »Nein, nein«, lachte er, »ich selbst esse gerne ganz einfache Gerichte. Erst gestern zu Mittag habe ich mir beispielsweise Spaghetti aglio e olio gemacht.«

Ich bedankte mich, legte auf und erzählte die Geschichte meiner knoblauchkritischen Verlegerin. Die verzog den Mundwinkel, zuckte verächtlich mit den Achseln und sagte: »Ich hab's ja gleich gesagt, daß du in einer Knofelhütte gewesen sein mußt. Der Knoblauchduft hat sich von ihm ganz einfach auf dich übertragen.«

Zutaten: 400 g Spaghetti, 6 (ungeschälte) Knoblauchzehen, 3 getrocknete Pfefferschoten oder 1 Eßlöffel Peperoncino (grob geschroteter roter Pfeffer), 2 EL Olivenöl zum Anbraten (nicht kaltgepreßt), 1/8 l kaltgepreßtes Olivenöl, 1 Bund Petersilie.

Zubereitung: Die simple und etwas ordinäre Variante der Aglio-e-olio-Herstellung besteht darin, die kleingeschnittenen Knoblauchzehen und die kleingeschnittenen Pfefferschoten auf mittlerer Flamme in reichlich Olivenöl anzubraten und darin die fertiggekochten Spaghetti mit der kleingehackten Petersilie zu schwenken, bevor man alles gemeinsam serviert. Ich persönlich ziehe eine etwas ehrgeizigere und auch geschmacklich feinere Variante vor, bei der man den Knoblauch und die Pefferschoten zwar schmecken, aber keinesfalls sehen sollte. Während ich die Spaghetti, wie im vorhergehenden Kapitel erklärt, zubereite, zerdrücke ich die Knoblauchzehen auf die »amerikanische Art«, das heißt, ich drücke mit der Schneide eines Messers so fest darauf, daß sich die Häute lockern und der Knoblauch leicht angequetscht wird. Dadurch wird das Knoblauchenzym Allinase frei, und der berühmt-berüchtigte Knoblauchdampf kann sich auf die anderen Zutaten übertragen. (Die amerikanische Methode des Quetschens ist, nebstbei erwähnt, auch eine wesentlich bequemere und daher vielleicht auch »männlichere« Methode des doch eher hausfraulich belasteten Knoblauchschälens. Wenn Sie die Knoblauchzehen mit dem flachen Messer richtig anquetschen, können Sie danach nämlich die Zehen ohne großen schältechnischen Aufwand bequem aus der Schale rutschen lassen.)

Nach dem Quetschen der Knoblauchzehen hacke ich die Pfefferschoten klein und lasse die Kerne, wenn ich es gerne scharf haben möchte, dabei; wenn zartbesaitete Gaumen zu Gast sind (das müssen keineswegs immer nur Frauen sein), dann lasse ich sie weg. Anschließend erhitze ich etwas (nicht kaltgepreßtes) Olivenöl und röste darin die Knoblauchzehen mitsamt der Schale sowie die Pefferschoten gründlich durch. Das

Öl sollte dabei jedoch nicht so heiß werden, daß es zu rauchen beginnt. Nach etwa drei bis vier Minuten reduziere ich die Hitze und gieße mit ein paar Eßlöffeln vom Spaghettiwasser auf. Dann hebe ich alle festen Teile aus der Flüssigkeit, gebe statt dessen die feingehackte Petersilie dazu, gieße mit dem kaltgepreßten Olivenöl auf und rühre alles gut durch, wobei ich die Hitze wieder ein wenig erhöhe. Die Öl-Petersilien-Mischung sollte keinesfalls überhitzt, sondern gerade so heiß sein, daß Sie Ihren Finger noch hineintauchen können, ohne sich dabei zu verbrennen. Jetzt können Sie ohne Probleme (und auch ohne ohrenbetäubendes Zischen) die Spaghetti in die Sauce heben, dieselbe gleichmäßig unter die Nudeln rühren und das Gericht frisch aus der Pfanne servieren.

Und außerdem:

⇨ Wenn Sie den pikant-würzigen Geschmack dieses Gerichts noch weiter intensivieren wollen, so geben Sie mit der Petersilie auch ein paar kleingehackte Sardellenfilets in die Sauce.

⇨ Sind Ihnen die Spaghetti aglio e olio zu scharf geraten, so kann man diese Schärfe durch Zugabe von etwa Butter abmildern.

Das Getränk dazu:

⇨ Die Schärfe des Gerichts würde nach Bier verlangen, das auch ausgezeichnet dazu paßt. Da wir es jedoch mit einem italienischen Klassiker zu tun haben, greife ich am liebsten zu einem einfachen und unkomplizierten Abruzzenwein, der – ob weiß oder rot – auf jeden Fall gut gekühlt serviert werden sollte.

Sauce Bolognese – die Mutter aller Sugi

Eine gute Sauce Bolognese zu machen ist – so sollte man meinen – nicht schwer. In Italien beherrscht diese bescheidene Kunst nahezu jeder, und sollte dies nicht der Fall sein, so zählt

es doch zur kulinarischen Allgemeinbildung, zu wissen, wie Pasta mit Sauce Bolognese idealerweise schmecken muß.
In deutschen und österreichischen Landen (die Schweiz ist wieder einmal eine Ausnahme) ist es, ob im Gasthaus oder bei privaten Einladungen, ein ausgesprochener Glücksfall, ordentliche Spaghetti Bolognese zu bekommen.
Meist wird hierzulande irgendein Fertigsugo oder - was noch schlimmer ist - sogar Ketchup mit Hackfleisch (Faschiertem) vermischt. Dann noch ein bißchen Oregano drüber und fertig. Na klar, so geht's auch, nur schmecken tut es halt nicht, auch wenn es noch so »praktisch« sein mag.
Da kochende Männer, wie ich bereits ausgeführt habe, weniger praktisch denken und dafür oft mehr Fanatismus aufbringen als Frauen, sollte ein Mann, der von sich behauptet, auch nur einigermaßen kochen zu können, daher - davon bin ich zutiefst überzeugt - unbedingt eine einigermaßen vorzeigbare Sauce Bolognese zustandebringen.
Zutaten: 150 g geräucherte Schweinebacke oder gut durchzogener Bauchspeck, 2 Schalotten (oder eine kleine Zwiebel), 1 Möhre (Karotte), 20 g Sellerie, 50 g Butter, 2 EL Olivenöl (nicht kaltgepreßt), 400 g gemischtes Hackfleisch (Rind, Kalb, Schwein), 1 Gewürznelke, ½ Lorbeerblatt, 1 dl trockener Weißwein, 2 dl Fleischbrühe (Rindsuppe), 200 g passierte Tomaten (als »Passato pomodoro« fertig in Gläsern erhältlich), Salz nach Belieben, frisch geschroteter Pfeffer aus der Mühle.
Zubereitung: Butter und Öl in einer Kasserolle erhitzen und darin den kleingehackten Wangen- oder Bauchspeck leicht anschwitzen. Er sollte dabei jedoch weder braun noch knusprig werden. Die kleingeschnittenen Schalotten, die Möhre, den Sellerie, das Lorbeerblatt, die im Mörser zerstoßene Gewürznelke sowie das Hackfleisch hinzugeben und Farbe nehmen lassen; erst dann mit Weißwein aufgießen. Auf mittlerer Hitze so lange köcheln lassen, bis die Flüssigkeit nahezu völlig aufgesogen wurde. Nunmehr mit der Fleischbrühe aufgießen und abermals, bis etwa auf die Hälfte, einreduzieren. Jetzt die passierten Tomaten hinzufügen, salzen und pfeffern. Dann die

Kasserolle zudecken und auf kleinster Hitze eine Stunde lang leise köcheln lassen.

Und außerdem:

⇨ Eine andere Variante der Sauce Bolognese ist, sie statt mit Fleischbrühe mit Milch zuzubereiten. In diesem Fall kann die Menge der passierten Tomaten halbiert werden, weil die Sauce auch so bindet.

⇨ Das klassische Sauce-Bolognese-Rezept kennt keinen Knoblauch. Da ich jedoch, wie Sie vielleicht schon gemerkt haben, ein Knoblauchfan bin, drücke ich, bevor ich den Deckel aufsetze und die Sauce fertigköcheln lasse, ein bis zwei Knoblauchzehen durch die Presse in die Sauce.

⇨ Wenn man vor dem Servieren noch einen Teelöffel Oregano in die Sauce einrührt, schmeckt sie noch ein wenig »italienischer«.

⇨ Lassen Sie sich von der alten Hausfrauenweisheit, daß Tomaten grundsätzlich Zucker benötigen, nicht irritieren. Gute passierte Tomaten im Glas aus dem Feinkosthandel sind süß genug.

⇨ Spaghetti Bolognese bekommt man in Italien meist nur in Touristenlokalen, da die Italiener selbst diese gar nicht so unraffinierte Sauce lieber zu anderen Nudelgerichten, wie Tagliatelle, Penne, Paglia e fieno (gelbe und grüne Nudeln) oder Linguini, essen. Am besten mundet die Sauce Bolognese auf jeden Fall zu frischer hausgemachter Pasta.

PAGLIA E FIENO AL LIMONE

Die folgende Exposition ist fast so unheilschwanger wie die einer griechischen Tragödie: Meine Frau mag keine Spaghetti, liebt aber grüne Nudeln. Meine größere Tochter kann sich in Bandnudeln geradezu eingraben, Hauptsache sie sind mit Gorgonzolasauce zubereitet. Meine kleinere Tochter mag sowohl grüne Nudeln als auch Spaghetti, verachtet aber jede Art von Sugo, daher auch Gorgonzola. Ich liebe Spaghetti mit Sugo aller Art, nur nicht mit Gorgonzola, und auch meine Begeisterungsfähigkeit für grüne Nudeln hält sich in Grenzen. Können Sie mir erklären, wie man bei so einem »wilden Haufen« ein Pastagericht kochen soll, das allen schmeckt.

Ich habe also die Devise ausgegeben, daß jeder auf irgend etwas verzichten muß: Meine Frau kann nicht nur grüne Nudeln haben, sondern muß auch gelbe in Kauf nehmen; dafür braucht sie keine Spaghetti zu essen. Meine kleinere Tochter kriegt, was sie will, muß aber dafür wenigstens ein Minimum an Sugo akzeptieren. Meine größere Tochter muß auf Gorgonzola verzichten. Und ich verzichte schweren Herzens auf Spaghetti, nehme in Gottes Namen ein paar grüne Nudeln in Kauf und bereite im übrigen auch noch das Mittagessen zu.

Die Lösung heißt: Paglia e fieno, was auf deutsch soviel wie »Stroh und Heu« bedeutet. Tatsächlich handelt es sich um gemischte Bandnudeln von dottergelber und grüner Farbe, die nicht so dick wie Tagliatelle und nicht so dünn wie Tagliolini, sondern irgendwo in der Mitte angesiedelt sind. Ich mache sie am liebsten mit einer leichten, exotisch verfeinerten Zitronensauce, wobei die exotische Verfeinerung - ich muß es gestehen - bei Teilen meiner Familie zwar auf Toleranz, aber nicht unbedingt auf Enthusiasmus stößt. Ich finde die Zugabe von etwas Zitronengras, Chilipfeffer und kleingehacktem Koriandergrün allerdings schlichtweg hinreißend - und gehe diesen Weg daher allen Unkenrufen zum Trotz mit maskuliner Konsequenz. Man hat ja schließlich seinen Stolz.

Zutaten: 400 g Paglia e fieno, 1 möglichst ungespritzte Zitrone, 50 g Butter, ¼ l süße Sahne (Obers), 1 TL Chilipfeffer, 1 EL feingehacktes oder 1 TL pulverisiertes Zitronengras, 4 EL frisch geriebener Parmesan aus der Mühle, 50 g Butterflocken, 1 Bund frisches Koriandergrün, 1 Zitrone zum Garnieren, 1 Messerspitze Cayennepfeffer.

Zubereitung: Zunächst bereiten Sie die Nudeln wie im Kapitel über das Nudelkochen beschrieben zu und lassen sie gut abtropfen. Währenddessen befreien Sie zunächst die gut gewaschene Zitrone mit dem Reibeisen von der Schale und pressen sie anschließend aus. Nunmehr wird die Butter bei möglichst kleiner Hitze erwärmt, wobei sie auf keinen Fall braun werden darf. Nach Zugabe der geraffelten Zitronenschale gießen Sie mit dem Zitronensaft auf und lassen die Flüssigkeit kurz aufkochen. Geben Sie jetzt die Sahne dazu, und lassen Sie die dadurch entstandene Sauce ein paar Minuten lang gut durchkochen. Wenn die Sauce mollig zu werden beginnt, ist es Zeit, sie mit dem Chilipfeffer, dem Zitronengras sowie dem Parmesan abzuschmecken und noch einmal gut durchzurühren, bevor man die Paglia e fieno einlegt und mit zwei Gabeln gut durcheinandermengt. Servieren Sie die Paglia e fieno nun in einem geräumigen Porzellangeschirr mit ein paar Butterflokken und dem kleingehackten Koriandergrün, und dekorieren Sie die Schüssel rundum mit halbierten Zitronenscheiben, die Sie mit etwas Cayennepfeffer würzen.

Und außerdem:

⇨ Wenn die antiasiatische Fraktion in meiner Familie ausnahmsweise einmal Oberwasser bekommt, so lasse ich das Zitronengras und das Koriandergrün weg und vermische die Paglia e fieno vor dem Servieren mit kleingeschnittener Rucola.

⇨ Ein paar Pinienkerne, kurz vor dem Servieren unter die Nudeln gemengt, machen sich auch nicht schlecht.

Das Getränk dazu:

⇨ Ganz phantastisch macht sich dieses Gericht mit einem spritzigen Prosecco.

⇨ Ideal paßt aber auch jener Wein dazu, den man zum Kochen verwendet hat, also ein trockener Tocai oder Pinot bianco.

⇨ Die in dem Gericht enthaltenen exotischen Aromen vertragen durchaus auch einen kräftigeren, gehaltvollen Weißwein, wie Arneis oder Vernaccia di San Gimigniano.

MACCHERONI ALL'AMATRICIANA

Dieses Gericht ist für mich untrennbar mit Rom verbunden, einer Stadt, zu der ich ein absolut sentimentales Verhältnis unterhalte. Die ersten Maccheroni all'amatriciana haben meine Frau und ich, damals noch »illegal verlobt« (d. h. unsere Eltern wußten nichts von dieser Verlobung), in einer winzigen Ortschaft in den Albaner Bergen gegessen. Ich erinnere mich noch, daß wir damals an einem völlig wackligen Tisch mitten auf dem Kopfsteinpflaster einer Straße saßen, auf der ohnedies kein Auto fuhr. Die Maccheroni haben so gut wie nichts gekostet, ebenso der Wein, den wir dazu tranken und von dem mir nur in Erinnerung geblieben ist, daß er ziemlich stark geschwefelt war.
Ganz und gar »ungeschwefelt«, ja sogar puristisch ist indessen das folgende Rezept, das ich mir damals von der in einer dunklen Hinterhofküche kochenden »Mamma« geben ließ und das bis heute zu meinen liebsten »Standards« zählt, wenn ich Gäste bewirte. Es ist übrigens ein typisches Sommergericht, dessen Gelingen mit der Güte der verwendeten Tomaten steht und fällt.

Die Zutaten: 400 g Maccheroni (Röhrennudeln), 300 g vollreife, saftige Kirschtomaten, möglichst direkt von der Rebe, 2 EL Olivenöl (nicht kaltgepreßt), 250 g geräucherte Schweinebakke (oder Räucherspeck), 4 Schalotten (ersatzweise 1 große Zwiebel), 1 dl trockener Weißwein, 1 EL Peperoncini, 2–3 EL Wasser oder Fleischbrühe (Rindsuppe), 12 frische Basilikumblätter und 1 Zweiglein Basilikum (zum Garnieren), 1 TL Salz, 1 EL kaltgepreßtes Olivenöl, 2 EL frisch geriebener Parmesan.

Die Zubereitung: Die Maccheroni kochen und gut abtropfen lassen. In der Zwischenzeit die Kirschtomaten mit einem kleinen scharfen Messer rund um den Stielansatz einschneiden und diesen entfernen. Wasser erhitzen und die Tomaten nacheinander mit einem Schaumlöffel kurz eintauchen, wodurch sich die Haut leicht abziehen läßt. Die Tomaten ausdrücken und das Fruchtfleisch beiseite stellen. In einer größeren Kasserolle das nicht kaltgepreßte Olivenöl erhitzen und die kleinwürfelig geschnittene Schweinebacke kurz darin anbraten, bis die Fleischstücke Farbe genommen haben. Das Fleisch herausheben und beiseite stellen. Im verbliebenen Fett die kleingehackten Schalotten auf mittlerer Hitze so lange anziehen lassen, bis sie glasig, aber nicht braun sind. Mit Weißwein ablöschen und den Wein so lange einkochen, bis kaum ein Flüssigkeitsrest auf dem Topfboden verbleibt, die Schalotten aber dennoch nicht anbrennen. Jetzt werden die Tomaten, die kleingehackten Peperoncini und die Schweinebackenwürfel hinzugefügt und auf kleinster Flamme etwa 15 Minuten gedünstet, sodaß sich die Tomaten noch nicht völlig verkocht haben. Wenn zuwenig Flüssigkeit vorhanden sein sollte, kann man zwischendurch mit etwas Wasser oder Brühe aufgießen. Nach dem Dünsten wird mild gesalzen (die Peperoncini geben Würze genug). Die Basilikumblätter kommen erst unmittelbar vor den Nudeln dazu und werden nur kurz im Sugo durchgerührt. Nunmehr werden die Maccheroni mit der Sauce vermischt und mit dem kaltgepreßten Olivenöl geschmacklich abgerundet. Die Maccheroni in einer Schüssel anrichten und mit dem Zweiglein Basilikum garnieren. Der Parmesan wird extra, am besten gleich in der Mühle, gereicht. Wer möchte, kann sich auch noch etwas kaltgepreßtes Olivenöl aus dem Ölkännchen nachgießen.

Und außerdem:

⇨ Wenn Sie keine vollreifen Tomaten bekommen und das Gericht trotzdem kochen wollen, ist es immer noch besser, zu einer Dose Pelati (geschälte Tomaten) zu greifen. Ich habe übrigens, so Sie diesbezüglich allmählich Verdacht schöpfen sollten, keinen Vertrag mit einer apulischen Dosentomatenfirma, sondern halte es aus tiefster Überzeugung ganz einfach für besser, mit vollreifen Konserventomaten als mit grüner, womöglich auch noch genbehandelter oder bestrahlter Frischware zu arbeiten. Wenn Sie Dosenware verwenden, sollten Sie den Saft aber besser nicht oder allenfalls nur teilweise mitverarbeiten. Die Maccheroni all'amatriciana sollten nämlich nicht allzu »saucig« geraten.

⇨ Die Schärfe des Gerichts läßt sich nach Belieben regulieren, indem Sie mehr oder weniger Peperoncini als im Rezept angegeben verwenden.

⇨ Wenn Sie die Zutatenmenge halbieren, eignet sich dieses Gericht auch als perfekte Vorspeise. Nur am Basilikum brauchen Sie dabei nicht zu sparen!

⇨ Manche lieben dieses Gericht auch mit etwas Knoblauch, was allerdings dann nicht mehr ganz authentisch ist.

⇨ Wenn Sie, anstatt wie üblich Parmesan über den Sugo zu streuen, vor dem Servieren 2 bis 3 EL kleingehackten Pecorino (Schafmilchkäse) in den Sugo rühren und dort leicht anschmelzen lassen, wird das Gericht noch würziger.

⇨ Mindestens so gut wie Maccheroni schmecken Penne zu diesem Gericht.

Das Getränk dazu:

⇨ Zu Maccheroni all'amatriciana paßt jeder Weißwein, am besten selbstverständlich einer aus den Albaner Bergen. Ich weiß, diese Weine genießen in Fachkreisen nicht den allerbesten Ruf, aber probieren Sie einmal einen »Est Est Est« aus Montefiascone oder einen Frascati Cannellino aus Monte Porzio Catone, und Sie werden es sicherlich nicht bereuen.

TAGLIATELLE MIT SAUTIERTEM KALBSBRIES

Zutaten: 400 g Tagliatelle, 2 EL Mehl, 400 g Kalbsbries (Kalbsmilch), 2 EL Butter, 1 EL Olivenöl, 2 Sardellenfilets, 1 dl Wermut (Noilly Prat oder Martini bianco), 1 dl Kalbsknochensuppe oder Rinderbouillon, 3 EL Crème fraîche, Salz, Pfeffer aus der Mühle, 6 Kapern, 1 Spritzer Zitronensaft, 1 EL gehackte Petersilie.

Zubereitung: Die Tagliatelle wie bereits beschrieben kochen und abtropfen lassen. Inzwischen das Kalbsbries in kochendem Wasser kurz blanchieren, weil es sich dadurch besser von Häuten befreien läßt. Danach wird das Bries den natürlichen Röschen entsprechend in kleine Stücke geteilt, wozu man kein Messer, sondern lediglich die Finger benötigt. Die Briesstücke werden kurz durch das Mehl gezogen und dann in der gemeinsam mit dem Olivenöl erwärmten Butter in einer Pfanne so lange angebraten, bis sie eine helle goldbraune Farbe annehmen. Dann hebt man die Briesstücke mit dem Schaumlöffel aus der Pfanne. Man schneidet die Sardellen in winzige Stükke, die man anschließend mit dem flachen Messer zerdrückt, bis sie fast cremig sind. Man läßt die Sardellenstücke im verbliebenen Fett kurz anschwitzen, löscht mit dem Wermut ab, läßt denselben fast einkochen und gießt die Kalbsknochensuppe dazu, die man nach kurzem Aufkochen mit der Crème fraîche bindet und einkochen läßt, bis sie schön sämig ist. Nachdem man die Sauce mit Salz, geschrotetem Pfeffer, den kleingehackten Kapern und dem Zitronensaft gewürzt hat, werden die zerteilten Briesröschen abermals eingelegt und ein bis zwei Minuten in der Sauce weitergedünstet. Diese serviert man schlußendlich, mit den Tagliatelle vermischt und mit gehackter Petersilie bestreut, heiß.

Das Getränk dazu:

⇨ Am besten paßt ein kräftiger Weißwein, wie beispielsweise ein trockener oststeirischer oder Elsässer Gewürztraminer oder ein Gläschen Pinot grigio.

Schon einmal eine Lasagne probiert?

Lasagne ist leicht, aber aufwendig. Zumindest steht sie in diesem Ruf. In Wirklichkeit ist sie längst nicht so aufwendig, wie man glauben könnte, und sie hat den unleugbaren Vorteil, daß man sie bereits im vorhinein zubereiten kann, wenn eine zuvor nicht ganz genau bestimmbare Anzahl an Gästen kommt, die man allesamt so bewirten möchte, daß sie satt werden. Bleibt etwas übrig, ist es auch kein Unglück, weil man die Lasagne am nächsten Tag wieder problemlos aufwärmen kann. Und wird sie - was bei uns, unabhängig von der Anzahl der essenden Personen, fast immer der Fall ist - aufgegessen, so ist der Erfolg so gut wie garantiert. Ich bereite sie allerdings auch nicht sparsam, sondern ziemlich gargantuesk zu, um diesen schönen, vom französischen Schriftsteller François Rabelais entlehnten Begriff einmal an passender Stelle zu bemühen.

Zutaten (für mindestens 8 Personen): 12 grüne und 12 weiße Lasagneblätter (einfachheitshalber am besten solche, die bereits vorgekocht sind), 2 Portionen Sauce Bolognese; *für die Béchamelsauce:* 60 g Butter, 60 g Mehl, 3/4 l Milch, Salz, weißer Pfeffer aus der Mühle, 1 Messerspitze Muskatnuß, 1 TL Gewürznelken; *zur Fertigstellung:* 2 EL Olivenöl (nicht kaltgepreßt), 4 EL Parmesan, 2 EL Paniermehl (oder Semmelbrösel), 12 Butterflocken.

Zubereitung: Wenn Sie keine kochfertigen Lasagneblätter verwenden, müssen Sie die Lasagneblätter in Salzwasser mit Olivenöl zunächst kernigweich (auf keinen Fall zu weich) kochen. Dann bereiten Sie - wie auf Seite 98 beschrieben - die Sauce Bolognese zu. Für die Béchamelsauce lassen Sie die Butter auf kleiner Flamme anschmelzen und rühren dann das Mehl hinein, bis eine weiche, flockige Masse entsteht. Diese wird unter ständigem Rühren mit dem Schneebesen mit der Milch aufgekocht, bis sie bindet und eine sämige, dickflüssige Sauce entsteht, die Sie mit Salz, Pfeffer, Muskatnuß und den im Mörser zerstoßenen Nelken würzen. Streichen Sie nun eine große Kastenform (ca. 30 x 20 cm) mit dem Olivenöl aus, und tragen Sie zunächst eine Schicht Sauce Bolognese, dann eine Schicht Béchamelsauce auf. Bedecken Sie das Ganze abwechselnd mit grünen oder weißen Lasagneblättern. Wiederholen Sie diesen Vorgang so lange, bis weder Saucen noch Lasagneblätter übrig sind. Achten Sie dabei jedoch bitte darauf, daß die oberste Schicht nicht aus Lasagneblättern, sondern aus Sauce Bolognese und Béchamelsauce besteht. Die Béchamelschichte bestreuen Sie mit dem geriebenen Parmesan sowie dem Paniermehl und setzen die Butterflocken darauf. Schieben Sie die Kastenform nunmehr in den auf 220° C vorgeheizten Ofen, und überbacken Sie die Lasagne etwa 30 bis 40 Minuten, bis die oberste Schicht goldbraun und krustig ist. Achtung: Wenn Sie vorgekochte Lasagneblätter verwenden, müssen Sie die Lasagne so lange im Ofen lassen, wie es in der Gebrauchsanweisung angegeben ist.

Und außerdem:

⇨ Die Lasagne wird noch opulenter, wenn Sie etwa fünf Minuten vor dem Ende der Gratinierzeit eine Packung kleinwürfelig geschnittenen Mozzarella auflegen.

⇨ Wenn Sie die Sauce Bolognese auch noch mit einem würfelig geschnittenen Kalbsfuß ergänzen, erhält die Lasagne einen ganz unverwechselbaren Geschmack.

⇨ Wenn Sie die Lasagne vor dem Servieren mit etwas Oregano bestreuen, erhält sie eine würzige Pizzanote.

Das Getränk dazu:

⇨ Da die Lasagne ziemlich fettreich ist, erfordert sie einen ausdrucksstarken Wein, am besten einen Pinot bianco oder Chardonnay. Es kann aber auch ein leicht gekühlter Rotwein (z. B. Merlot oder Sangiovese) sein, der mit etwa 14° C serviert werden sollte.

⇨ Obwohl er nicht aus dem Geburtsland der Lasagne stammt, paßt meiner Meinung nach auch ein gut gekühlter Beaujolais nouveau dazu.

ANGEL HAIR PASTA AUF BIG-APPLE-ART

Die Zeiten, in denen Pasta etwas unverwechselbar Italienisches war, gehören mittlerweile der Vergangenheit an. Pasta gehört heute der ganzen Welt, und vor allem von den multikulturellen USA haben wir gelernt, daß sie beileibe nicht nur mit »typisch italienischen« Zutaten harmoniert. Das folgende Rezept beispielsweise habe ich vor allem meiner amerikophil veranlagten Tochter Helene dadurch schmackhaft gemacht, daß ich es als »typisch Big Apple« bezeichnete. Und siehe da, obwohl sie normalerweise weder indische Gewürze noch Sardellen mag, mundete es ihr plötzlich ganz köstlich.

Zutaten: 400 g Angel Hair Pasta (der amerikanische Ausdruck für hauchdünne, zylindrisch geformte Capellini, also Fadennudeln), 2 EL Sesamöl, 2 Seezungenfilets, 1 Messerspitze Salz, 2 EL Maisstärke, 2 Spritzer Tabascosauce, 1 KL Curcuma (Gelbwurz), 1 TL gemahlener Koriander, 2 große, fleischige Tomaten, 6 entkernte Oliven, 1 Sardellenfilet, 1 Becher Joghurt, 12 Blätter Basilikum, 2 EL Butter, 1 EL Zitronensaft, 1 TL Zitronenpfeffer.

Zubereitung: Die Angel Hair Pasta auf die bereits beschriebene Weise zubereiten und abtropfen lassen. In der Zwischenzeit die Seezungenfilets in 1 cm breite Streifen schneiden, leicht salzen und in Maisstärke wälzen. In einer Kasserolle das Sesamöl erhitzen, die Seezungenstreifen kroß anbraten und beiseite stellen. Bei Bedarf noch etwas Sesamöl nachgießen und gemeinsam mit dem bereits in der Pfanne vorhandenen Fett und der Tabascosauce erhitzen. Die Pfanne vom Herd nehmen und Curcuma sowie Koriander einrühren. Alles gut durchmischen und die Pfanne zurück auf den Herd stellen. Die kleingewürfelten Tomaten mit den gehackten Oliven und der kleingehackten Sardelle dazugeben. Alles zwei Minuten auf kleiner Flamme gut durchziehen lassen, mit dem Joghurt aufgießen und auf kleiner Flamme etwa zehn Minuten dahinköcheln lassen. Die Sauce sollte dann nicht zu flüssig, aber auch nicht zu sämig sein. In einer kleinen Stielkasserolle die Butter anschmelzen und leicht bräunen lassen, die Basilikumblätter dazugeben, mit Zitronensaft aufgießen und mit Zitronenpfeffer abschmecken. Die Seezungenstreifen darin noch einmal kurz durchziehen lassen. Die Angel Hair Pasta mit der Joghurtsauce vermischen, alles gut verrühren und in einer Schüssel anrichten.

Und außerdem:

⇨ Statt der Seezungenstreifen kann man auch Scampi oder Jakobsmuscheln verwenden.

⇨ Wenn Sie das Joghurt durch 1/8 l süße Sahne oder 2 EL Crème fraîche ersetzen, wird die Sauce noch cremiger und vollmundiger.

Das Getränk dazu:

⇨ Wegen des intensiven Geschmacks dieses Gerichts paßt Bier, vor allem Weizenbier, ganz hervorragend dazu.

⇨ Wenn Sie Wein dazu trinken, dann sollten Sie dabei nicht sparen. Ein vollmundiger kalifornischer Chardonnay beispielsweise kann wahre Wunder an geschmacklicher Harmonie vollbringen.

Gefüllte Pasta

Sie werden sich vielleicht gewundert haben, warum ich bislang keine gefüllte Pasta, weder Ravioli noch Agnolotti noch Tortellini, erwähnt habe. Der Grund dafür ist einfach erklärt. All das ist die Domäne meiner Frau und gehört - immerhin handelt es sich dabei um erklärte Lieblingsspeisen meiner beiden Töchter - in jene mittäglichen Gefilde, in denen ich kaum jemals meine Hand im Spiel habe. Aus diesem Grund werden die Ravioli und Tortellini auch meist fertig in der Pastificeria gekauft, die wir glücklicherweise gleich ums Eck haben. Sie liefert auch fertige Saucen an, die jedoch nur bedingt auf die Zustimmung meiner drei Damen stoßen. (Eingebildet wie ich nun einmal bin, führe ich das selbstverständlich auf die Gewöhnung an meine erlesene Saucenküche zurück, mit der auch der beste Pastificio nicht so leicht mithalten kann.) Gelegentlich kann es daher auch vorkommen, daß ich aus meinem sich im selben Haus wie die Wohnung befindenden Büro auf allgemeinen Wunsch in die Küche abberufen werde, um beispielsweise eine Carbonarasauce zu fabrizieren und damit vor allem die Gaumen meiner beiden Töchter zu erfreuen.

Tortellini alla carbonara

Was diese Tortellini nach Köhlerart mit rußgeschwärzten Gesichtern zu tun haben, wird mir ewig verborgen bleiben. Im Gegensatz zu den Köhlern sind nämlich sowohl die Tortellini als auch die dazu servierte Sauce hellgelb bis schlohweiß. Vielleicht, habe ich mir einmal gedacht, entspricht gerade das der Sehnsucht eines hart arbeitenden Mannes nach einem sauberen, frisch überzogenen weißen Bett ... (Pfui, das war jetzt ziemlich Macho, aber das folgende Rezept ist trotzdem gut.)

Zutaten: 600 g Tortellini (ersatzweise auch Ravioli oder Agnolotti) mit Käse- oder Fleischfüllung, etwas Olivenöl, 1 mittlere Zwiebel, 2 EL Butter, 150 g Prosciutto cotto (Beinschinken), 1/8 l süße Sahne (Obers), 50 g Parmesan, 50 g Pecorino (Schafmilchkäse), 4 Eidotter, Salz, weißer Peffer aus der Mühle, Basilikumblätter.

Zubereitung: Die Tortellini werden in heißem, mit etwas Olivenöl versetztem Salzwasser gekocht, bis sie gar sind (Gebrauchsanweisung beachten!). Wichtig ist es dabei, mehrmals gut umzurühren, damit die Tortellini nicht am Topfboden festkleben. Wenn Sie die Tortellini nicht sofort weiterverwenden, sondern erst in der fertigen Carbonarasauce erwärmen wollen, sollten Sie diese, wie im Kapitel über das Nudelkochen beschrieben, gut abschrecken.
Um die Sauce zuzubereiten, wird zunächst die Butter auf kleiner Flamme zerlassen, sodaß sie auf keinen Fall braun wird. Darin wird zuerst die kleingeschnittene Zwiebel angeschwitzt, bis sie glasig und weich ist. Erst dann gibt man den in Streifen geschnittenen Schinken dazu; man zieht die Streifen durch die Zwiebelmischung, ohne sie dabei anzubräunen. Nunmehr kann mit der Sahne aufgegossen werden. Man läßt alles unter beständigem Rühren kurz aufkochen, um dann die Hitze gleich wieder zu reduzieren. In der Zwischenzeit hat man in einem geeigneten Gefäß mit dem Schneebesen die vier Eidotter mit dem geriebenen Käse sowie Salz verrührt und läßt diese Mischung unter beständigem Schlagen mit dem Schnee-

besen in die Kasserolle gleiten. Notfalls muß man die Kasserolle während des Rührens von der Herdplatte nehmen, da die Eidotter auf keinen Fall ausflocken dürfen. Wenn die Dotter die Sauce hingegen wie geplant auf sämige Weise gebunden haben, kann man die Tortellini einlegen, gut durchrühren und das Ergebnis, mit ein paar Basilikumblättern bestreut, sofort servieren. Bei Bedarf läßt sich dieses Gericht bei Tisch auch noch mit der Pfeffermühle nachwürzen.

Und außerdem:

⇨ Besonders gut mundet die Carbonarasauce auch mit Penne und Spaghetti.

⇨ Klassisch nimmt man anstatt des von mir (vor allem aber von meinen Töchtern) aus geschmacklichen Gründen bevorzugten Prosciutto cotto einen Pancetta oder irgendeine Art von Räucherspeck. Auch kleingeschnittener luftgetrockneter Schinken macht sich recht gut in diesem Gericht. In jedem dieser Fälle sollte man den Speck oder Rauchschinken jedoch gemeinsam mit den Zwiebeln etwas länger anziehen lassen, bis er glasig, aber nicht knusprig ist.

Das Getränk dazu:

⇨ Die unverkennbare Deftigkeit des Gerichts macht einen guten Schluck kühlen Biers zu einem idealen Begleiter.

⇨ Im übrigen passen einfache, unkomplizierte Weiß- und Rotweine, von Galestro bis Valpolicella, die allesamt eher zu kühl als zu warm serviert werden sollten.

SPINATRAVIOLI

Seit meine Töchter figurbewußt geworden sind, ist ihre Liebe zur Carbonara-Zubereitung jener zu Spinatravioli gewichen. Die sind zwar auch nicht wesentlich kalorienärmer, aber sie hören sich doch wesentlich »schlanker« an.

Zutaten: 1 kg Blattspinat, Salz, 2 EL Olivenöl, 1 kleine Zwiebel, 1 kleine geschälte Möhre (Karotte), eine halbe Hühnerbrust, 1 EL Mehl, frisch geschroteter schwarzer Pfeffer, Pastateig (siehe Rezept auf Seite 88), 1,5 Liter Wasser, 400 g Sauce Bolognese (nach dem Rezept auf Seite 98 zubereitet).

Zubereitung: Wurzeln und Stengel vom Spinat entfernen und denselben mehrmals mit kaltem Wasser abspülen, bis alle Sandrückstände entfernt sind. Den Spinat nur mit dem Wasser, das vom Spülen noch an den Blättern haftet, in einen Topf geben, eine Prise Salz hinzufügen und zugedeckt fünf Minuten lang kochen lassen. Anschließend in einem Sieb abseihen und beiseite stellen. Den Spinat mit einem Wiegemesser kleinhacken. Öl, geviertelte Zwiebel, grob gehackte Möhre und kleinwürfelig geschnittene Hühnerbrust in eine große Pfanne geben, je einen Teelöffel Salz und Pfeffer hinzufügen und auf mäßiger Hitze unter ständigem Rühren 4 bis 5 Minuten lang anbraten. Spinat hinzufügen und etwa fünf Minuten lang - wieder unter ständigem Rühren - weiterkochen lassen, bis der Großteil der Flüssigkeit verdampft ist. Mehl hinzufügen und eine weitere Minute lang durchrühren. 5 bis 6 Minuten lang abkühlen lassen und dann alles sehr fein hacken. Nudelteig papierdünn ausrollen. Die Hälfte des Teigs auf ein bemehltes Tuch legen und mit einem Pinsel befeuchten. Die Spinatmischung in kleinen Häufchen in Abständen von etwa 5 cm (vom Zentrum des Häufchens gemessen) auf den Nudelteig setzen. Dann die andere Hälfte des ausgerollten Teigs locker darauflegen. Die beiden Teighälften mit den Fingern rund um die Spinathäufchen fest aneinander pressen und mit einem Teigrad entlang der entstandenen Furchen durchschneiden. Das Wasser mit 3 Eßlöffeln Salz zum Kochen bringen. Die Ravioli 4 bis 5 Minuten ohne Deckel kochen lassen, abseihen und mit Sauce Bolognese servieren.

Und außerdem:

⇨ Diese Ravioli schmecken auch sehr gut, wenn man die Sauce Bolognese durch 2 EL Zitronensaft, der mit 4 nußgroßen Butterstücken montiert und mit 8 Basilikumblättern verfeinert wird, ersetzt.

Das Getränk dazu:

⇨ Am besten paßt ein frischer, trockener Weißwein, z. B. Tocai oder Ribolla gialla.

DIE KRÖNUNG DER PASTAKÜCHE: RAVIOLONI MIT EI UND ALBA-TRÜFFELN

Nach so vielen eher einfachen italienischen und »italophilen« Nudelgerichten darf ich mir erlauben, Sie, lieber Pastakoch, auf das Glatteis einer etwas komplizierter zuzubereitenden, aber dafür umso erfolgversprechenderen Spezialität zu führen. Sie steht auch im Rufe des Verführerischen, sprich: Aphrodisischen, und ich wette mit Ihnen, daß Sie Ihre Angebetete, gleichgültig ob beim ersten Rendezvous oder nach 20jähriger Ehe, vor Staunen stumm machen, wenn Sie Ihr dieses Gericht zum ersten Mal servieren.

Wieder einmal handelt es sich um ein Eier-, wenngleich nicht zwangsläufig um ein Frühstücksgericht, das jedoch mit dem Aphrodisiakum schlechthin, nämlich mit der weißen Alba-Trüffel, verfeinert wird. Kurzum: Wenn eine Frau nach dem Genuß dieses Gerichts nicht schwach wird, so müssen Sie entweder Entscheidendes an Ihrem Auftreten und Äußeren verändern - oder sie mag einfach keine Trüffeln.

Zutaten: 200 g Nudelteig (nach dem bereits bekannten Nudelrezept zubereitet); 4 Eidotter (Eiweiß zum Bestreichen der Ränder aufheben), 4 TL Trüffelöl, weißer Pfeffer aus der Mühle, 4 EL geschmolzene Butter, Salz, 2 l Wasser, 1 kleine bis mittlere Alba-Trüffel; Alufolie, Ausstechformen.

Zubereitung: Walzen Sie den Nudelteig in der Nudelmaschine hauchdünn (!) aus. Sollten Sie keine Nudelmaschine besitzen, so legen Sie den Teig auf ein mit Mehl bestaubtes Küchentuch, und machen Sie sich daran, mit dem Nudelholz ein vergleichbares Ergebnis zu erzielen. Der Teig muß in diesem Fall allerdings mindestens zehnmal ausgewalzt und gewendet werden. Besorgen Sie sich nun zwei runde Ausstechformen (es können auch Tee- bzw. Kaffeeschalen oder Gläser sein), von denen eine etwa 8-9 cm und die andere etwa 10-11 cm Durchmesser haben sollte. Stechen Sie damit jeweils vier Kreise aus. Legen Sie nun die Nudelteigkreise mit dem größeren Durchmesser auf eine bemehlte Form, und trennen Sie vier Dotter vom Eiweiß. Sie tun das am besten, indem Sie das Ei mit einem Messer kurz anschlagen und über einer Kaffeetasse öffnen, in die Sie das Eiweiß gleiten lassen, während der Dotter in einer der beiden Eierhälften zurückbleibt. Damit das Eiweiß wirklich vollständig vom Dotter getrennt wird, empfiehlt es sich, den Dotter von einer Schalenhälfte mehrmals in die andere gleiten zu lassen, bis das letzte bißchen Eiweiß abgeronnen ist. Dieser Vorgang muß so sorgfältig durchgeführt werden, daß das zarte Häutchen um jeden Dotter nicht verletzt wird. Für die Weiterverarbeitung sind jedenfalls nur solche Dotter geeignet, die nicht »ausgelaufen« sind.

Setzen Sie nunmehr die vier Dotter in die Mitte des jeweiligen Teigkreises, und beträufeln Sie sie mit jeweils einem Teelöffel Trüffelöl und Pfeffer. Dann bestreichen Sie die Ränder rund um den Dotter ausgiebig mit Eiweiß und setzen vorsichtig die kleinere Nudelteigplatte darauf. Auf diese Weise erhalten Sie vier Ravioloni, die Sie an den Rändern gut zusammendrükken, bis rundherum ein schmaler, fest schließender Wulst entstanden ist. Schneiden Sie nunmehr aus Alufolie vier Quadrate von 20 x 20 cm aus, bestreichen Sie diese mit 2 EL flüssiger Butter, und setzen Sie darauf jeweils einen der Ravioloni. Klappen Sie die Alufolie über den Ravioloni zu, und verschließen Sie diese zu gut abgedichteten Päckchen. Bringen Sie nunmehr das Salzwasser zum Kochen, legen Sie die Ravioloni ein, und lassen Sie diese im wallenden Wasser vier Minuten lang kochen. Holen Sie die Alupäckchen anschließend mit der Schöpfkelle aus dem Wasser, und lösen Sie die Alufolie vorsichtig von den Ravioloni ab, die Sie nun auf einem vorgewärmten Teller anrichten. Träufeln Sie die restliche flüssige Butter über die Ravioloni, und hobeln Sie mit einem Trüffelhobel die Alba-Trüffel darüber.

Und außerdem:

⇨ Achtung! Dieses Rezept erfordert ein Mindestmaß an Geschicklichkeit und etwas Übung. Der zweite Raviolono gelingt schon besser als der erste. Nach etwa einem Dutzend sind Sie einigermaßen perfekt.

⇨ Dieses Gericht ist nach dem Originalrezept nur in den Monaten September bis Dezember, solange die Alba-Trüffel Saison hat, möglich. Sommertrüffeln und schwarze Périgord-Trüffeln veredeln die Ravioloni zwar auch, bringen aber längst nicht dasselbe Ergebnis. Wenn Sie dieses Gericht dennoch außerhalb der Alba-Trüffel-Saison zubereiten wollen, so vermischen Sie die Butter, mit der Sie die Ravioloni zum Schluß beträufeln, ganz einfach mit Trüffelöl.

Und wenn wir gerade bei Trüffeln sind ...

Trüffeln sind ein im allgemeinen zwar leichter, aber auch ziemlich teurer Weg zum Erfolg, sowohl in kulinarischer als auch - zumindest dem Vernehmen nach - erotischer Hinsicht.
An Zeugen, die auf die aphrodisische Kraft der Trüffel schwören, fehlt es jedenfalls nicht. Aus Alba wird beispielsweise die Trüffellegende um den Duke of Clarence, die sich angeblich bereits im Jahre 1368 zugetragen hat, vermeldet. Der Duke hatte eine italienische Verlobte, die aus altem Piemonteser Adel stammte und als Mitgift die Trüffelberge von Alba in die Ehe mitbrachte. Die Hochzeit fand nach altem Brauch in der Heimatgemeinde der Braut statt, und der schon etwas bejahrte britische Duke soll sich, um seine junge Frau in der Hochzeitsnacht zufriedenstellen zu können, dermaßen mit Trüffeln vollgestopft haben, daß er, noch bevor er die Probe aufs Exempel machen konnte, daran starb.
Und wenn man dem französischen Romancier und Kunstkritiker Octave Mirabeau Glauben schenken will, so hat man es nach dem Genuß von Morcheln und Trüffeln ganz besonders »eilig, von der Tafel ins Bett zu gelangen«.
Ich für meinen Teil kann das nicht wirklich nachvollziehen. Nicht daß ich meine Angetraute nicht auch in manchen von Amors Schwingen beflügelten Stunden mit Trüffelgerichten verwöhnt hätte. Allein: Die meisten dieser Versuche mündeten gewöhnlich in einem Gelage, bei dem dann bisweilen ein Fläschchen Champagner, Barolo oder Barbaresco zuviel floß - was uns zuletzt zwar durchaus auch bettschwer machte, allerdings nicht so sehr im aphrodisischen Sinne ...
Das nächste Rezept funktioniert allerdings nicht mit weißen Alba-, sondern nur mit schwarzen Périgord-Trüffeln. Sie sind (leider nur etwas) billiger, weniger intensiv, aber dafür feiner. Und erotisierend wirken sie, zumindest wenn man dem Schriftsteller Brillat-Savarin trauen darf, ganz bestimmt auch.

CHAMPAGNERTRÜFFELN

Zwei, die sich über Jahrzehnte hinweg gut verstehen, sind selten geworden. Champagner und Trüffel jedoch führen eine solche Ehe. Sie bleiben zusammen, bis daß der Tod (sprich: der Verzehr) sie scheidet, und bis dahin harmonieren sie prächtig. Zumindest stimmt das für die schwarze französische Périgord-Trüffel, die im Gegensatz zur herbstlichen weißen Alba-Trüffel in den Wintermonaten gedeiht. Erstere hat den Vorteil, im Mittelpunkt des folgenden ebenso einfachen wie köstlichen Gerichts zu stehen, für dessen Zustandekommen man freilich schon etwas tiefer in die Tasche greifen muß. Warum, das werden Sie angesichts der folgenden Mengenangabe - hoffentlich nicht allzu leidvoll - merken.

Zutaten (für zwei Personen): 2 EL Butter zum Befetten der Form, 250 g Kalbfleisch (am besten von der Schale), Salz, schwarzer Pfeffer aus der Mühle, ein halbes Dutzend schwarze Périgord-Trüffeln, 150 g Champignons, 1 Kräutersträußchen (zusammengebunden aus Petersilie, Rosmarin, Majoran, Thymian, Estragon, Bohnenkraut, Lorbeer und Gewürznelken), 100 g Rohschinken (am besten aus San Daniele, Parma oder Bayonne), 4 dl Champagner, 6 nußgroße Butterstücke.

Zubereitung: Zunächst wird eine feuerfeste Form gut ausgebuttert und mit jeweils etwa einen halben Zentimeter dicken Kalbfleischscheiben so ausgelegt, daß der Boden davon bedeckt ist. Nachdem man das Kalbfleisch gesalzen und gepfeffert hat, wird es zur Gänze mit den Trüffeln und Champignons - beide Zutaten in Scheiben geschnitten - bedeckt. Dann wird noch ein Kräutersträußchen (Bouquet garni) daraufgelegt und - als abschließende Schicht - ein hauchdünn geschnittener milder Rohschinken aufgetragen. Jetzt wird mit Champagner aufgegossen, bis die Fleischscheiben bedeckt sind. Die Kasserolle mit einem Deckel oder Alufolie verschließen und zum Schmoren etwa zwanzig Minuten in den auf 180° C vorgeheizten Ofen geben. Nach dieser Zeit entfernt man das Ge-

würzsträußchen, stellt die Fleisch-Trüffel-Mischung warm und gießt den Saft vorsichtig ab.
In einer kleinen Stielpfanne läßt man diese Flüssigkeit nunmehr auf hoher Flamme auf etwa ein Drittel einreduzieren und montiert den Trüffelsaft abseits der Herdplatte mit sechs nußgroßen Butterstücken. Mit dieser Sauce werden Fleisch, Pilze und Schinken nappiert. Heiß servieren.

Und außerdem:

⇨ Dazu paßt vorzüglich ein mit reichlich Butter und süßer Sahne abgeschmecktes Kartoffelpüree. Das Grundrezept dafür finden Sie auf Seite 70. Sie brauchen lediglich die 100 g Sellerie wegzulassen und durch zusätzliche 100 g Kartoffeln zu ersetzen.

⇨ Noch duftiger mundet dieses Gericht, wenn man die Champignons durch getrocknete Edelpilze - wie Kaiserling, Reizker, Parasol oder Steinpilz, die vor der Verwendung jedoch unbedingt etwa 20 Minuten in Wasser oder Fleischbrühe geweicht werden müssen - ersetzt. Frische Trüffeln und Edelpilze wird man zur gleichen Saison leider kaum irgendwo finden (es sei denn, man greift bei den Pilzen zu importierter Überseeware).

⇨ Was die Wahl des Champagners betrifft, so meine ich, der Beste sei für diese edle Sauce gerade gut genug, Bescheidenere bringen hingegen die Ausgaben für die Trüffeln wieder teilweise herein, indem sie billigere Marken verwenden. Unter uns gesagt: Ein guter deutscher oder österreichischer Winzersekt tut's - zumindest für die Sauce - auch. Wenn Sie zu diesem dann einen Schuß Sherry hinzufügen, so wird die Sauce noch etwas ausdrucksstärker.

Das Getränk dazu:

⇨ Champagner, Champagner und noch einmal Champagner. Vor allem ein schon etwas älterer Jahrgangschampagner macht sich zu diesem Gericht ganz vorzüglich.

Wie man eine anständige Suppe kocht

Nach diesem Exkurs in die fashionable Trüffelwelt ist es höchste Zeit, uns wieder zurück in die Niederungen des Alltags in der Männerküche zu begeben. Denn die Mühen der Ebene sind längst noch nicht alle bewältigt. Die Tatsache etwa, daß ich ein so selbstverständliches Kapitel wie das Suppenkochen nicht an den Anfang meiner Ausführungen gestellt habe, sondern erst jetzt ausführe, hat durchaus ihren guten Grund: Ich halte es nämlich für wesentlich einfacher, ein passables Trüffel- oder Caviargericht mit Anstand auf die Bühne zu bringen, als eine ordentliche Suppe auf den Tisch zu stellen. Sie werden gleich wissen warum.

Wenn ich von Suppe spreche, so meine ich selbstverständlich nicht irgendein substanzloses Wässerchen, in dem einmal ein paar müde Knochen und ein paar verrunzelte Wurzelgemüse schwimmen gelernt haben. Wenn Männer sich an eine Aufgabe heranmachen, dann leisten sie ganze Arbeit - und machen daher auch nicht, wie die meisten Frauen, schlichtweg eine Suppe, sondern eine Consommé, in meinem Fall: eine Consommé double, zu deutsch: eine doppelte Kraftbrühe.

Das klingt nicht nur zufällig nach Kraftkammer, sondern ist in der Tat eine erhebliche Anstrengung, bei welcher die gesamte Familie in Mitleidenschaft gezogen wird. Wenn ich beispielsweise beim Frühstück ganz nebenbei anmerke, daß es wieder einmal Zeit sei, eine ordentliche Consommé anzusetzen, so ernte ich anstatt des erwarteten Danks nur entsetzte Ausrufe wie »Um Himmels willen, nicht schon wieder!« - »Dann riechen unsere Kleider wieder wochenlang, als ob wir im Wirtshaus übernachtet hätten!« - Oder gar: »Da zieh' ich aus!«

Kurzum: Für noch mehr Schrecken in meiner Familie sorge ich nur, wenn ich (was aufgrund der erwähnten Umstände wirklich selten vorkommt), die bevorstehende Herstellung eines meiner köstlichen Fischfonds ankündige.

Das folgende Rezept ergibt rund zwei Liter Consommé, geklärte Fleischbrühe, mit der ich allerdings - geizig wie ich bin - keineswegs meine in dieser Hinsicht ohnedies undankbare Familie erfreue, sondern die ich lieber in kleinen Portionen zu jeweils 1/8 Liter einfriere und vor allem zum Verfeinern jener Saucen verwende, die dann durchaus allgemeines Wohlgefallen erregen.

Doch beginnen wir am Anfang, und setzen wir zunächst eine »ganz gewöhnliche« Fleischbrühe (die gute österreichische Rindsuppe) auf.

Zutaten für die Fleischbrühe: 1 kg in grobe Stücke geteiltes Rindfleisch, am besten von Brust oder Schulter, 3/4 kg Rindsknochen, 2 l kaltes Wasser, 3-4 in Stücke geschnittene Möhren (Karotten), ein Stück Sellerie (ca. 150 g), 1/2 Porree, Salz, nach Belieben diverse Geschmacksträger, wie Tomatenmark oder eine zerkleinerte Tomate, Knoblauchzehen, Leber, Milz, Zwiebeln, Pfefferkörner, Muskatnuß; kochendes Wasser zum Nachgießen.

Zubereitung: Eine deutsche Kochbuchautorin der letzten Jahrhundertwende (es handelt sich um die leider längst vergessene Lina Morgenstern) hat einmal den bemerkenswert philosophischen Satz geschrieben: »Auf welche Weise ist bei den Speisen der Wohlgeschmack und der Saft zu erhalten? Und auf welche andere Weise beide denselben auf rationelle Art zu entziehen?« Im gegenständlichen Fall sind wir - im Gegensatz zum Braten oder zum Schmorfleisch - jedenfalls ganz eindeutig auf Entzug. Wir müssen danach trachten, dem Fleisch alle nur denkbaren Säfte zu entziehen, um diese mit allen möglichen Tricks in die Suppe hinüberzuschmuggeln. Wenn das Suppenfleisch dabei auf der Strecke bleibt, wen kümmert's? Es ist am Schluß ohnedies so ausgelaugt, daß es nur noch eine Melange aus Fasern und Zellgewebe ist und, in Streifen geschnitten, allenfalls mit reichlich Kernöl, Zwiebeln und Essig zu einem Rindfleischsalat verarbeitet werden kann. Und selbst

wenn es diese Kraft nicht mehr in sich hat, so hat das Fleisch seine Pflicht getan - denn alles, was es wertvoll, kostbar und schmackhaft macht, ist ja jetzt in unserer Suppe drin.
Aus diesem Grund läßt sich die Schicksalsfrage, ob man das Rindfleisch in kaltem oder warmem Wasser aufsetzen soll, relativ leicht und mit raffiniertem chemischen Kalkül beantworten: Es kann sich nur um kaltes Wasser handeln, das wir langsam erhitzen, damit sich die Poren nicht so schnell verschließen und nicht nur das Eiweiß, sondern auch die Säfte austreten können. Kommt es uns hingegen - wie etwa beim Tafelspitz - auf die Qualität des Rindfleischs an, müssen wir es in kochendes Wasser einlegen, damit sich die Poren möglichst schnell verschließen und das Wertvollste am Fleisch - nämlich die mineralisch-würzigen Säfte - im Inneren erhalten bleibt.
Allein: Wir wollen hier keine langen küchenphilosophischen Traktate abhandeln, sondern schlicht und einfach kochen, und zwar zunächst einmal nicht mehr und nicht weniger als eine gute Fleischbrühe. Wir setzen also das Rindfleisch in kaltem Wasser gemeinsam mit den Knochen auf. - Die Emsigen unter uns Männern haben diese zuvor ein paar Minuten lang mit kochendem Wasser abgebrüht und in einem Sieb abgeseiht, um sie gewissermaßen topfit für den langen Marsch durch die Suppe, der nunmehr vor ihnen liegt, zu machen.
Sobald das Wasser kocht, zeigt sich alsbald ein etwas schmuddelig anmutender grauer Schaum an der Wasseroberfläche, der ungustiös genug aussieht, daß man ihn gerne bis zum letzten Bißchen Schmutz mit der Schöpfkelle entfernt. (Zu Ihrer Beruhigung: Was Sie soeben entfernt haben, ist lediglich gestocktes Eiweiß.) Da mit dem Entfernen des Schaums zwangsläufig etwas Brühe abgeschöpft wird, sollte man die dadurch verlorengegangene Flüssigkeit durch kaltes Wasser ersetzen.
Erst jetzt gibt man das Suppengemüse dazu und salzt in vernünftigem, das heißt äußerst sparsamem, Ausmaß. Das ist einerseits gesünder (Kochsalz erhöht den Blutdruck) und verhindert andererseits, daß die Suppe für höhere Weihen, wie etwa die Verwendung in der Saucenküche, unbrauchbar wird.

Wir wollen die Suppe nämlich in weiterer Folge zwar kräftiger, aber keineswegs salziger machen. Wer am Anfang zuviel salzt, riskiert, am Schluß ein versalzenes Suppenkonzentrat zur Verfügung zu haben, das zu nichts mehr taugt als zum Ersatz für Suppenwürfel.

Also: Vorsicht mit dem Salz, Mann! Nachsalzen kannst du später immer noch, entsalzen nie wieder.

Die Frage, die sich jetzt stellt, ist eine ökologische: Wie lange soll ich die Suppe kochen? Energiebewußt wie die meisten modernen Kochbuchautorinnen und -autoren sind, veranschlagen sie meist eine minimale Zeitspanne. Die Zeitangaben schwanken zwischen anderthalb und zweieinhalb Stunden, was meiner Erfahrung nach meist zuwenig ist. Tatsächlich sollte eine gute Fleischbrühe schon ihre vier bis fünf Stunden auf kleiner Flamme dahinköcheln, um diesen Namen zu verdienen. Im übrigen gilt: Je mehr Geschmacksträger Sie Ihrer Suppe hinzufügen, desto besser wird sie. Lassen Sie Ihrer Phantasie und dem Repertoire Ihrer Lieferanten also ruhig freien Lauf. Geben Sie etwas Tomatenmark oder eine zerkleinerte Tomate dazu, verfeinern Sie die Suppe mit Knoblauchzehen, ein wenig Leber und Milz, Pfefferkörnern und Muskatnuß. Auch halbierte Zwiebeln, die zuvor in einer Teflonpfanne fettfrei angeröstet wurden, bis die Schnittflächen dunkelbraun geworden sind, bringen eine Menge zusätzliches Aroma. Außer Zucker und Sojasauce ist so gut wie alles erlaubt. Hauptsache, es bringt Geschmack in die Brühe.

Da sich die Suppe während des Garungsprozesses naturgemäß immer mehr einkocht, ist es nötig, sie regelmäßig mit kochendem (!) Wasser aufzufüllen, so daß der ursprüngliche »Pegelstand« sich im Laufe des Einkochens nicht verändert.

Ist die Suppe schließlich fertiggekocht und das Fleisch so weich, daß es sich mit einem Spieß leicht durchstechen läßt, braucht man die Suppe nur noch durch ein mit etwas geriebener Muskatnuß bestreutes Küchentuch (Etamine) zu passieren, und sie ist fertig. Jetzt kann man sie mit allerlei Suppeneinlagen und gehacktem Schnittlauch servieren, mit süßer

Sahne zu einem sogenannten »Schäumchen« aufmixen, mit Mehlschwitze oder Crème fraîche binden, mit Gewürzen wie Curry oder Knoblauch aromatisieren oder ihr ein dekoratives Schlagsahnehäubchen aufsetzen. Vor allem aber kann man sie als Basis für die Herstellung einer Consommé bzw. einer **Consommé double** verwenden. In jedem Fall ist es wichtig, die Suppe zuvor zu entfetten, was man üblicherweise mit Hilfe eines flachen Abschöpflöffels tut. Ist man im Umgang damit nicht so geübt, gibt es auch noch einen kleinen Küchentrick: Man legt ein paar Schullöschblätter auf die Oberfläche der Suppe, bis das ganze Fett aufgesaugt ist. Wenn man Zeit genug hat, kann man die Suppe auch erkalten lassen, wodurch das Fett an der Oberfläche fest wird und sich mit Hilfe eines Schaumlöffels ganz leicht abschöpfen läßt.
Doch nun dazu, was eine »wirklich gute Suppe«, eine Consommé, von der geklärten Consommé double, die ich im folgenden beschreiben werde, unterscheidet. Es ist ganz einfach die doppelte Menge Klärfleisch, die die Consommé zu einer Consommé double und dadurch letztlich noch geschmackvoller und intensiver macht.
Zutaten: 500 g kleingehacktes (faschiertes) Rindfleisch, 500 g kleingehacktes Kalbfleisch, ½ kg Geflügelklein, 1 EL Tomatenmark, 100 g Suppengemüse (Möhren, Sellerie, Lauch, Petersilienwurzel), 1 Zwiebel, ¼ Wirsingkopf, Salz, je nach Größe 3–4 Eiweiß, 2 l Fleischbrühe, wie oben beschrieben zubereitet.
Zubereitung: Das Wesen einer Consommé double sind ihre goldene Farbe und ihre Klarheit, die durch eine Klärung mit Hilfe von Eiweiß herbeigeführt wird. Was wir hier vor uns haben, ist mehr oder weniger eine Versuchsanordnung, wie sie jeder einigermaßen engagierte Chemielehrer seiner Klasse zu präsentieren vermag. Damit das Experiment gelingt, werden zunächst die 3–4 Eiweiß mit einem halben Liter Fleischbrühe schaumig geschlagen; dann rührt man das Rindfleisch, das Kalbfleisch, das Geflügelklein, das kleingehackte Suppengemüse, den Wirsingkopf, die Zwiebel und das Tomatenmark ein. Da die Consommé double auf der Basis der bereits zuvor

hergestellten Fleischbrühe zubereitet wird, kann man mit Geschmacksträgern, wie dem Suppengemüse und der Zwiebel, nunmehr ruhig sparen. Zuviel davon macht die Consommé double nur süß, und genau das sollte sie nicht sein.
Gerade nicht köchelnd, läßt man diese Mischung nun etwa eine halbe Stunde ziehen und gießt erst dann mit den restlichen anderthalb Litern Brühe auf; man läßt alles - ebenfalls knapp unter dem Siedepunkt - weitere drei bis vier Stunden auf kleiner Flamme ziehen.
Spätestens jetzt sollte sich unsere Consommé double in einem Zustand befinden, in dem es für den Koch die reine Freude ist, einen Löffel davon zu kosten. Die Küchendämpfe haben sich zu diesem Zeitpunkt bereits gemächlich ihren Weg durch die Türritzen bis in Wohn-, Schlaf- und Kinderzimmer gebahnt. Die ganze Wohnung duftet nach Suppe, und für jemanden, der das mag, ist es die reine Freude.
Jetzt sind nur noch ein paar Handgriffe zu tun. Ich nehme den Topf vom Herd und lasse die Suppe noch etwa eine Viertelstunde stehen. Dann siebe ich sie durch ein Küchentuch und warte noch eine kurze Weile zu, bis sich allfälliges Fett an der Oberfläche abgesetzt hat. Jetzt kann man entweder den Löschblatt-Trick wiederholen oder aber auch das Fett mit einem

flachen Löffel abheben. Je länger die Suppe erkaltet ist, desto leichter geht das.
Nach meinen bisherigen Angaben kocht das Süppchen nunmehr bereits runde acht bis zehn Stunden, was etwa der Gesamtlänge aller Symphonien von Gustav Mahler entspricht, mit denen sich der Klassik liebende Suppenkoch (ich bin ein solcher) die lange Wartezeit durchaus mit Gewinn vertreiben kann.
Selbstverständlich kann man die Kochzeit auch abkürzen. Eine Fleischbrühe etwa schmeckt nach zwei bis zweieinhalb Stunden mitunter schon recht ordentlich, und wenn man die Consommé nur zwei Stunden sieden läßt, kommt ebenfalls ein recht achtbares Ergebnis heraus. Womit wir die Kochzeit immerhin auf die Länge einer durchschnittlichen Aufführung der »Meistersinger von Nürnberg« reduziert hätten.
Als ich über diese Art der musikalischen Zeitnehmung unlängst mit einem hobbykochenden Freund aus Tschechien diskutierte, strafte dieser mich mit einem Blick der Verachtung. »Wenn ich eine echte böhmische Kraftbrühe mache«, klärte er mich auf, »dann dauert das doppelt so lang wie Wagners ›Ring des Nibelungen‹.« Mein Freund veranschlagt für eine wahrhaftige Consommé nämlich geschlagene zwei Tage - während welcher er seine Familie allerdings wohlweislich aufs Land zu schicken pflegt.

Und außerdem:

⇨ Wenn Sie die Consommé nicht portionsweise einfrieren und in weiterer Folge zur Saucenverbesserung verwenden wollen, ist eine der besten und ältesten Servierarten, sie mit etwas Sherry oder Madeira zu verfeinern und mit einem rohen Eidotter zu servieren.

⇨ Eine wahre Köstlichkeit ist erkaltete und dabei gelierte Consommé. Sie in kleinen Tassen mit einem Kaffeelöffel zu servieren, ist, wenn Sie Gäste haben, eine ebenso delikate wie überraschende kleine Gaumenfreude, die Sie mit Erfolg an den Beginn jedes Menüs setzen können.

⇨ Eine im wahrsten Sinn des Wortes »russische« Methode, eine kalte Consommé zu verfeinern, habe ich in einem alten Kochbuch gelesen. Man serviert die eiskalte und gelierte Consommé in einer Tasse auf einem Bett aus Eiswürfeln, damit von unten her Kälte zuströmt. Dann setzt man ein warmes, pochiertes Ei (Rezept s. Eggs Benedict) darauf und bedeckt das Ganze mit Beluga-Caviar. Sobald man das Ei ansticht, beginnt die gelierte Suppe leicht zu zerfließen und ergibt gemeinsam mit dem Eidotter und dem Caviar ein Gericht, das zwar nicht wirklich elegant, aber im wahrsten Sinn des Wortes ausdrucksstark ist.

⇨ Abschließend sei mir noch ein Wort zur Farbe der Consommé gestattet. Sie unterscheidet sich von der Suppe dadurch, daß sie nicht gelb, sondern goldklar ist. Das erreicht man einerseits durch ihre Klärung mit fleischlichem Eiweiß, andererseits verstärken auch Sherry oder Madeira diesen Farbton. Wenn Ihnen die Farbe aber immer noch zuwenig satt ist und sie nicht in jenem Maße an Rembrandt oder van Dyck erinnert, wie sie das eigentlich tun sollte, so können Sie sich behelfen, indem Sie die Consommé nach Belieben mit etwas Jus (braunem Fond) färben, für dessen Herstellung ich (nicht zuletzt, weil wir seiner auch später noch mehrmals bedürfen werden) hier ein kurzes Rezept geben möchte.

DER JUS – EINE SCHMACKHAFTE SUPPENVERWANDTSCHAFT

Zutaten: 250 g fetter Speck, Schwarte oder Kernfett, 1,5 kg Rindsknochen, 250 g dickere Schinkenscheiben mit Schinkenfett, 500 g Fleischreste (Abschnitte von Kalb-, Rind- und/oder Wildfleisch), 250 g Wurzelwerk, 2 Zwiebeln, 1 EL Tomatenmark, ¼ l Wasser, ⅛ l gehaltvoller Rotwein (z. B. Pinot Noir), 1 Lorbeerblatt, 6 Pfefferkörner.

Zubereitung: Eine Kasserolle mit dem Speck oder anderem Fett auslegen, darauf das Wurzelwerk, die geviertelten Zwiebeln, Pfefferkörner, Lorbeerblatt, die Schinkenscheiben, die Hälfte der Fleischstücke und der Knochen legen und mit dem Wasser und dem Rotwein aufgießen. Alles auf mittlerer Flamme so lange einkochen lassen, bis sich auf dem Boden der Kasserolle ein dunkelbrauner Satz gebildet hat und die Flüssigkeit fast zur Gänze verdampft ist. Das Fett, das sich dabei gebildet hat, wird nunmehr durch Anheben der Kasserolle vollständig abgegossen. In den verbliebenen Satz rührt man nunmehr das Tomatenmark ein, läßt alles ein paar Minuten gut durchziehen, gibt das restliche Fleisch und die restlichen Knochen dazu und füllt die Kasserolle mit Wasser auf, bis alle Zutaten bedeckt sind. Auf mittlerer Flamme (oder bei mittlerer Hitze im Ofen) läßt man die Flüssigkeit nicht zugedeckt etwa vier Stunden einkochen, bis sich daraus ein dunkelbrauner, sämiger Bratensaft, der sogenannte Jus, entwickelt hat, den man nach Bedarf ein bis mehrmals abseiht und zum Färben der Consommé, vor allem aber als Grundlage für die feine Saucenküche weiterverwenden kann.

Und außerdem:

⇨ Der Jus hat Mineralstoffe genug aufgenommen, um würzig zu sein. Man braucht ihn daher nicht oder nur kaum zu salzen. Vorsicht: Wenn der Jus bereits zuviel Salz hat, besteht die große Gefahr, daß die Saucen, die darauf aufgebaut werden, ebenfalls versalzen sind.

⇨ Wie die Consommé läßt sich auch der Jus in kleineren Portionen (oder sogar in Form von Eiswürfeln) für eine spätere Verwendung einfrieren.

⇨ Maximal einreduzierter Jus eignet sich hervorragend zum Garnieren von Pürees, vor allem von Kartoffelpüree.

Kürbiscremesuppe mit Kernöl

Zutaten: 400 g ausgelöstes Kürbisfleisch, 1/16 l trockener Weißwein, 3/4 l Fleischbrühe (Rindsuppe), 50 g Butterschmalz, 1 große Zwiebel, 1 EL Mehl, 1/4 l süße Sahne (Obers), 2 EL Kürbis-

kernöl, 4 EL Crème double, Salz, frisch geschroteter Pfeffer aus der Mühle, geröstete Kürbiskerne nach Belieben.
Zubereitung: Das Kürbisfleisch in dünne, schmale Scheiben schneiden. Die gehackte Zwiebel im Butterschmalz glasig werden lassen, das Kürbisfleisch dazugeben und mit dem Weißwein aufgießen. Den Weißwein einreduzieren, bis alle Flüssigkeit nahezu verdampft ist; dann mit Mehl stauben, mit Brühe und Sahne aufgießen und kurz aufkochen lassen. Das Kürbisfleisch zugedeckt so lange kochen, bis es weich genug ist, um durch ein Passiersieb gedrückt zu werden. Statt des Passiersiebs kann man auch einen Mixstab verwenden und das Kürbisfleisch zu feiner Konsistenz zerkleinern. Jetzt erst die Crème double einrühren, mit Salz und Pfeffer abschmecken und die Suppe so lange kochen lassen, bis sie fein und sämig ist. Vor dem Servieren in jede Suppenschale einen Spritzer Kürbiskernöl träufeln. Die Suppe einfüllen und mit einer Gabel so durchrühren, daß auf der Oberfläche dekorative Muster entstehen. Mit gerösteten Kürbiskernen garniert heiß servieren.

Thailändische Zitronengrassuppe

Zutaten: 800 g rohe Garnelen mit Köpfen, 1 EL Erdnußöl, 2 l Wasser, 1 TL Salz, 2 Stengel Zitronengras (ersatzweise 4 Streifen geschälte Zitronenzeste), 4 Zitronenblätter, 3 ganze Chilischoten, 1 EL Nam Pla (thailändische Fischsauce), 2-3 EL Limettensaft (ersatzweise Zitronensaft); *für die Garnitur:* 1 Chilischote, 2 EL feinstgehacktes frisches Koriandergrün, 2 Frühlingszwiebeln.
Zubereitung: Die Garnelen von Köpfen, Schalen und Innereien befreien. Innereien wegwerfen; Köpfe und Schalen gut waschen und gründlich trockentupfen. Schalen kleinhacken. Öl in einem Suppentopf erhitzen und die Köpfe mitsamt den Schalen scharf anbraten, bis sie eine rötliche Farbe angenommen haben. Alles mit Wasser aufgießen, salzen sowie Zitronengras, Zitronenblätter und die drei ganzen Chilischoten hinzufügen. Den so entstandenen Sud etwa eine halbe Stunde

lang auf mittlerer Hitze zugedeckt dahinköcheln lassen; dann alle festen Stoffe durch ein Sieb abseihen und den verbleibenden Sud erneut aufkochen lassen. Hitze stark reduzieren und die Garnelenschwänze im Sud etwa drei Minuten ziehen lassen. Die Suppe mit thailändischer Fischsauce und Limettensaft abschmecken, eventuell nachsalzen und mit den Garnelenschwänzen, dem frischen Koriandergrün, den stiftelig geschnittenen Frühlingszwiebeln sowie der in schmale Ringe gehackten Chilischote heiß in der Schale servieren. Das Zitronengras vor dem Servieren aus der Suppe entfernen.

TERLANER WEINSUPPE

«Was, du gibst deinen Kindern Terlaner Weinsuppe zu essen?« fragte mich Marianne, eine Freundin der Familie, voller Entrüstung. Und fügte im Brustton allgemeiner Verachtung hinzu: »Dann darfst du dich nicht wundern, wenn aus deinen Töchtern Alkoholikerinnen werden.«

Das ist gut zehn Jahre her, und meine Töchter sind, allen Versuchungen in unserem Haus zum Trotz, dem Jugendalkoholismus bis dato nicht anheimgefallen. Wein interessiert sie, ehrlich gesagt, nicht wirklich. Meiner Terlaner Weinsuppe hingegen applaudieren sie regelmäßig. Denn sie wissen, im Gegensatz zu unserer Freundin Marianne, spätestens aus dem Chemieunterricht, daß sich der Alkohol im Wein beim Erhitzen vollständig zu verflüchtigen pflegt.

Zutaten: ½ l Consommé (oder Fleischbrühe), 5 Eidotter, ¼ l süße Sahne (Obers), ¼ l Südtiroler Terlaner (oder ein anderer trocken-würziger Weißwein), 2 TL gemahlener Zimt, Salz aus der Mühle, 1 EL Butter, 100 g Semmelwürfel.

Zubereitung: Die Consommé wird in einem Topf mit einer Prise Zimt und einem Schuß Weißwein aufgekocht. Den restlichen Weißwein verrührt man in einem anderen Gefäß mit den Dottern und der Sahne. Wenn die Mischung sämig ist, wird sie mit der Suppe aufgegossen und in den Topf zurückgeleert. Nun beginnt das vorsichtige Köcheln auf kleinster Flamme. Die Suppe darf niemals kochen, sondern muß knapp unter dem Siedepunkt unter ständigem Rühren mit einem Schneebesen so lange erhitzt werden, bis sie sich zu fast schon cremiger Konsistenz bindet. Unterdessen wird die Butter in einer Pfanne auf kleiner Flamme geschmolzen und etwas Zimt eingerührt. In dieser Zimt-Butter-Mischung röstet man dann die Semmelwürfel, mit denen man die nach Belieben gesalzene fertige Suppe serviert.

Und außerdem:

⇨ Ich habe schon leidenschaftliche Diskussionen mit nicht minder leidenschaftlichen Südtirolern und Südtirolerinnen ausgefochten, ob man den Zimt nicht besser durch Muskatnuß ersetzen sollte. Mir schmeckt das noch besser, aber in Südtirol gilt es als Sakrileg, und das muß in einem so heiligen Land wohl auch so sein ...

Das Getränk dazu:

⇨ Zu Suppen paßt - dieser Ansicht schließe ich mich im Grunde genommen an - kein Wein. Zur Terlaner Weinsuppe paßt indessen schon einer. Sie haben wahrscheinlich auch bereits erraten, welcher. Ein Südtiroler Terlaner sollte es sein, na klar.

DIE BOUILLABAISSE: DER BAUERNSCHMAUS DER ADRIAFISCHER

Die Fischer an der Côte d'Azur habe ich als Österreicher schon immer um ihre einfachen, rustikalen Gerichte beneidet. Denn während wir uns - binnenlandbedingt - immer mit Kalorienbombern abfinden müssen, wenn wir nach alter Väter Sitte speisen wollen, haben sie die Möglichkeit, einfach eine Bouillabaisse zuzubereiten, die so einfach freilich auch wieder nicht ist.

Zutaten: *für die Suppe (Court-bouillon):* 2 mittelgroße Zwiebeln, 1 Stange Lauch, 2 EL Olivenöl (nicht kaltgepreßt), 1 l Wasser, ½ Bouteille trockener Weißwein, 500 g Fischabschnitte (Köpfe, Gräten und Schwanzflossen gibt Ihnen Ihr Fisch-

händler, wenn Sie mit ihm auf gutem Fuß stehen, wahrscheinlich sogar umsonst), 750 g Fleischtomaten, ½ TL Fenchelsamen, 2 ungeschälte Knoblauchzehen, 1 KL frisch geraspelte Orangenzeste, 1 TL Fines Herbes, 1 Bund Petersilie (nur die Stengel), 1 Lorbeerblatt, ½ TL in etwas lauwarmem Wasser geweichte Safranfäden, weißer Pfeffer und Salz aus der Mühle; *für die Fischeinlage:* 2 ganze lebende Hummer (jeweils ca. 1 kg), 250 g Steinbeißerfilet, 250 g Drachenkopffilet (Rascasse), 250 g Steinbuttfilet, 1 kleiner, in Stücke geschnittener Aal, 500 g lebende Miesmuscheln, 500 g Messermuscheln; 8 Weißbrotscheiben vom Baguette, 1 EL Butter, 1 Knoblauchzehe.
Zubereitung: Die geviertelten Zwiebeln und der in grobe Stükke geschnittene Lauch werden in einem großen Suppentopf, der mindestens vier bis fünf Liter fassen sollte, in Olivenöl gedünstet, bis sie glasig, aber noch nicht braun sind. Jetzt gießt man mit dem Wein auf und reduziert diesen auf etwa die Hälfte ein. Dann mit Wasser aufgießen, die Fischabschnitte, die geviertelten Tomaten, Fenchelsamen, Knoblauchzehen, Orangenzeste, Fines Herbes, Petersilienstengel, Lorbeerblatt sowie den geweichten Safran zugeben und alles auf mittlerer Hitze etwa eine halbe Stunde dahinköcheln lassen. Dann schmeckt man die so entstandene Fischsuppe mit Salz und Pfeffer ab und passiert sie durch ein dünnmaschiges Haarsieb. Die Gemüse müssen dabei mit einem Löffel gut ausgedrückt werden, damit nichts an Geschmack verlorengeht. Die beiden lebenden Hummer hat man inzwischen durch Eintauchen in kochendes Wasser getötet (eine unangenehme Aufgabe, während der sich meine Töchter meist demonstrativ in ihre Zimmer zurückziehen, um den Hummer dann schlußendlich dennoch mit Genuß zu verspeisen). Man nimmt sie, sobald ihre Panzer eine rote Farbe angenommen haben, aus dem Wasser und teilt sie mit Hilfe eines Elektromessers in zwei gleiche Teile. Dann läßt man die beiden Könige der Meere in der Court-bouillon auf kleiner Flamme etwa drei bis vier Minuten köcheln. Danach gibt man die würfelig geschnittenen Fischfilets dazu und läßt diese gemeinsam mit den Hummern

auf kleiner Flamme weitere 5 Minuten garziehen. Erst zum Schluß werden die geputzten und gebürsteten Muscheln eingelegt, die so lange im Sud bleiben, bis sich die Schalen geöffnet haben. (Muscheln, deren Schalen sich nicht öffnen, müssen aussortiert werden.) Vor dem Servieren nimmt man alle Fischstücke aus der Suppe und richtet sie auf einer großen Platte an. Die Suppe wird extra in einer Suppenterrine gereicht. Jetzt fehlen nur noch die mit Butter und einer zerdrückten Knoblauchzehe in einer Teflonpfanne gerösteten Croûtons sowie eine würzige Rouille oder ein Aïoli - und das Bouillabaisse-Vergnügen, das durchaus den Charakter eines Gesellschaftsspiels annehmen kann, kann beginnen.

KEINE BOUILLABAISSE OHNE AÏOLI ODER ROUILLE

Zu den unumschränkten Favoriten unter meinen Lieblingsgerichten zählt Aïoli: keine ligurische oder provençalische Hafenstadt, sondern eine Knoblauchpaste, die man an der französischen und italienischen Riviera zu vielen Gemüse- und Fischgerichten reicht, vor allem auch zur Bouillabaisse (wo Aïoli allerdings meist durch die schärfere, weil mit Pfefferschoten abgemachte Rouille ersetzt wird). Aïoli ißt man dort vor allem deswegen, weil Fische und Gemüse bekanntlich zwar gesund, aber letztlich doch wenig nahrhaft und sättigend sind, während es sich mit dem Aïoli genau umgekehrt verhält. Ein gehäufter Eßlöffel Aïoli hat ungefähr soviel Kalorien wie eine ganze Seezunge, und wenn man dann noch ein paar Crostini dazu schmaust, dann wird man ganz schön satt.

Daß das Aïoli vor allem in Ligurien und an der Côte d'Azur beheimatet ist, hat seinen Grund allerdings nicht darin, daß dort so viele kalorienarme Fische einer kalorienreichen Ergänzung harren, sondern in einem gänzlich anderen Umstand. Hier findet man nämlich - eingeschworene Toskana-Fans mögen mir verzeihen - die herrlichsten aller Olivenhaine und auch die dementsprechenden Öle.

An der Qualität des Olivenöls sollte man jedenfalls nicht sparen, da ein echtes Aïoli gleich noch einmal so gut mundet, wenn man es mit reinstem und feinstem Extra vergine aus erster Pressung zubereitet. Eine weitere Voraussetzung für den Erfolg ist allerdings, daß man nicht zuviel Knoblauch erwischt. Wenn nämlich einmal nur der Knoblauch den Geschmack des Aïoli dominiert, dann tut's wirklich irgendein Billigöl auch.

Zutaten: 3-5 Knoblauchzehen (je nach Geschmack), 1 entrindete Semmel, 1/8 l Milch, 1 Messerspitze grobes Meersalz, 1-2 Eigelb, Saft einer halben Zitrone, 1/4 l Olivenöl aus erster Pressung; *für die Rouille:* 1 rote Paprikaschote, 1-2 Pfefferonischoten, 1/2 TL Safranfäden.

Zubereitung: Es gibt eine ganze Menge von Ansätzen, sich dem Thema des für jede Bouillabaisse geradezu unvermeidlichen Aïoli bzw. der fast noch unvermeidlicheren Rouille zu nähern. Ich bevorzuge jenen mit einer entrindeten Semmel, die ich in Milch eintauche und dann zunächst einmal gründlich ausdrücke. Dann schäle ich ein paar Knoblauchzehen, je nach Größe drei bis fünf, und drücke sie durch die Knoblauchpresse zu der Semmel in ein hochwandiges Gefäß (hochwandig deshalb, damit man später mit dem Stabmixer darin arbeiten kann). Jetzt kommt eine Messerspitze grobes Meersalz dazu. Man braucht es gar nicht eigens zu verreiben, da es sich im weiteren Verlauf ohnedies selbst auflöst. Nunmehr schlage ich ein bis zwei Eigelb darauf (je nachdem, ob man das Aïoli

eher dünnflüssiger oder lieber mayonnaisiger haben will; ich bevorzuge meist zwei) und mische das Ganze mit dem Stabmixer gut durch, bis die Masse nicht mehr krümelt, sondern wie eine dicke Suppe aussieht. Ein Prozeß, dem man mit einem Schuß Zitronensaft oder etwas lauwarmem Wasser durchaus noch zusätzlich auf die Sprünge helfen kann. Die so entstandene Masse lasse ich dann ungefähr zwanzig Minuten stehen. Nach dieser Pause gehe ich daran, mein Aïoli fertigzustellen. Ich lasse zunächst einmal ein paar Tröpfchen Olivenöl in die Masse gleiten und schlage sie vorsichtig mit dem Mixer durch. Wenn ich sehe, daß die Masse sich schön bindet, werde ich allmählich mutiger und gieße, möglichst aus einem spitzschnabeligen Kännchen, immer mehr Olivenöl nach, insgesamt etwa einen Viertelliter. Was dabei herauskommt, reicht dann schon für mehrere Personen und/oder Mahlzeiten, denn ein Eßlöffel hat, wie gesagt, gut und gern seine 100, vielleicht sogar etwas mehr Kalorien.
Statt des Elektromixers kann man, Geduld und ein unerschütterliches Handgelenk vorausgesetzt, selbstverständlich auch einen stabilen Schneebesen verwenden. Und wenn man die Dotter-Knoblauch-Masse mit kleingehackter roter Paprikaschote und etwas Pfefferonischoten durchmischt sowie eventuell auch ein paar in ein wenig lauwarmem Wasser aufgelöste Safranfäden dazugibt, dann wird aus dem weißlich-gelben Aïoli die hellrote, fast orangefarbene Rouille, die man auf geröstete Croûtons streicht, welche man wie Schiffchen auf der Bouillabaisse herumfahren läßt; in diese versinken sie allmählich – und durchaus wohlschmeckend. Es sei denn, man gießt, wie es der klassischen Methode entspricht, die Suppe über die mit Aïoli oder Rouille bestrichenen Croûtons sowie die Fisch- und Hummerstücke.

Das Getränk dazu:

⇨ Nein, nicht französischer Landwein, denn diese Trademark ist wohl doch etwas ausgereizt. Am besten paßt ein trockener Weißwein oder Rosé aus der Provence.

So werden Sie ein Risottospezialist

Spargelrisotto, ganz und gar unerotisch

Kaum ein Gemüse ist »frauenfeindlicher« als der Spargel. Ist der stramme Stengel doch geeignet, das gesamte weibliche Geschlecht durch bloßes Hineinbeißen zumindest in Verlegenheit zu bringen. In der Tat denkt sich niemand auch nur das Geringste dabei, wenn er eine schöne Frau beim lustvollen Genuß von Erbsen, Fenchel, Blumenkohlröschen oder gar Blattspinat beobachtet. Nur der Spargel, dieses vornehmste und gleichzeitig ordinärste unter den Gemüsen, ruft augenblicklich Emotionen hervor.

Dabei handelt es sich selbstredend, ich muß es gestehen, um eine klassische Männerphantasie, noch dazu um eine der übleren Sorte. Frauen sehen Spargel nämlich gemeinhin ganz und gar nicht als Objekt irgendwelcher Begierden an.

Ich persönlich kenne jedenfalls keine Frauen, die tatsächlich noch an das alte Ammenmärchen vom aphrodisischen Spargel und der mit seinem Genuß verbundenen gesteigerten Manneskraft glauben. Vermutlich haben sie schon allzuoft durchaus gegenteilige Erfahrungen gemacht, wie ihre Geschlechtsgenossin Veronika, die im Lenz - zumindest im Schlager - den Spargel wachsen sah.

Um den Stangenspargel seines schlüpfrigen Beigeschmacks zu berauben, pflege ich ihn kurzerhand zu zerhacken und zu Spargelrisotto zu verarbeiten. Beim Risottoessen können nämlich selbst beim wildesten Macho keine obsoleten Männerphantasien aufkommen. Und keine noch so vorsichtige Dame wird sich dabei kompromittiert fühlen. Der Spargel hingegen entfaltet sein Aroma - ob nun aphrodisisch oder nicht - gerade in diesem Gericht auf unvergleichliche Weise.

Zutaten: 400 g italienischer Rundkornreis, 250 g Spargel, 2 l Gemüse- oder Fleischbrühe, 1 mittlere Zwiebel, 1 dl trockener Weißwein, ca. 4 Schöpflöffel Spargelsud zum Aufgießen, Muskatnuß, 1 nußgroßes Stück Butter, 2 EL geriebener Parmesan, 1 EL Kerbel, Pfeffer aus der Mühle.

Zubereitung:

Zunächst einmal: Grüner oder weißer Spargel?

Männer sind, wie kämpferische Feministinnen nicht müde werden zu betonen, bequem, egoistisch und faul. Treffend scheint mir diese Beobachtung unter anderem deshalb, weil auch ich mich vor kurzem wieder einmal dabei ertappte, wie ich den weißen Spargel schon im Einkaufskörbchen hatte und ihn in letzter Minute doch gegen grünen austauschte. Das ist nicht nur bequem (da grüner Spargel im Gegensatz zu weißem nicht mühevoll geschält werden muß), sondern auch egoistisch, da ich, aus purer Faulheit, den von mir regelmäßig bekochten drei Damen den wesentlich größeren Genuß des weißen Spargels vorenthielt. Letzterer ist nämlich nicht nur feiner in der Maserung, sondern auch duftiger und wesentlich aromatischer. Für den grünen Spargel spricht indessen, wenn man ihn ob seiner leuchtendgrünen Farbe nicht gerade für Dekorzwecke benötigt, letztlich nur die schiere Bequemlichkeit.

Das Spargelschälen

Also Männer: Überwindet euren inneren Schweinehund, kauft dicken, schönen weißen Schwetzinger oder Marchfelder Spargel, und macht euch ans Spargelschälen. Euer verläßlichster Freund dabei ist - nein, nicht die Ehefrau oder Freundin, sondern ein Spezialschäler, dessen Schneidstärke bei einigen Modellen auch verstellt werden kann. Sparsame Hausfrauen legen ihren Stolz übrigens darein, den Spargel möglichst dünn und schonend zu schälen. Die meisten Männer, die ich kenne, nehmen hingegen ruhig das (rechnerisch ohnedies kaum quantifizierbare) Bißchen Schwund Spargel in Kauf, wenn dafür die Stange schön glatt ist, und schälen genauso grimmig und schonungslos dahin wie ich.

Eine Gewissensfrage: der Reis

Risottoreis muß nicht bitter sein, wie es der Titel des berühmten Films mit Sylvana Mangano und Ralf Vallone nahelegt. Doch er sollte aus der nämlichen Gegend stammen, in der auch »Bitterer Reis« spielt, nämlich aus der Poebene, wo der klassische Rundkornreis gedeiht. Fernöstliche Sorten sind - bei aller sonstigen Wertschätzung - für Risotto völlig ungeeignet. Am ehesten funktioniert noch spanischer Paella-Reis, der sich unter Flüssigkeitszugabe jedoch ebenfalls ein wenig anders entwickelt. Also: Ein weichkörniger Rundkornreis muß es sein, und zwar möglichst einer, der trotz seines Namens doppelt so lang wie breit ist (5 mm Kornlänge entsprechen rund 2,5 mm Kornbreite). In Frage kommen vor allem der Vialone- und der Arborioreis. Welchem von beiden man den Vorzug gibt, ist letztlich Geschmackssache. In jedem Fall sollte es ein Reis sein, der sich aufgrund seiner Struktur so richtig mit Flüssigkeit vollsaugen kann. Denn Trockenheit ist nicht die Sache eines italienischen Risottos.

Die Vorbereitungen
Die Chinesen schätzen am Reis den Kleber, die Italiener brauchen genau diese Art von sogenannter Primärstärke nicht. Die wichtigste Aufgabe des Risottokochs besteht also zunächst darin, diese Stärke schwach werden zu lassen. Die Hausfrau macht das, indem sie den Reis - etwa 100 g pro Person - in ein Sieb gibt und denselben unter fließendem kalten Wasser mehrmals gut durchwäscht. Mir hat der Altmeister der Neuen Wiener Küche und Patron und Chefkoch des Wiener Restaurants »Altwienerhof«, Rudolf Kellner (der das Risottokochen nach eigenen Angaben während der 50er Jahre im Baseler Bahnhofsrestaurant erlernt hat), dazu eine »männliche« Alternative verraten, deren geschmacklicher Erfolg verblüffend ist: Ich bringe in einem großen Topf zwei bis drei Liter Wasser zum Kochen, füge den Reis zu und lasse ihn fünf Minuten wallend kochen, wodurch ich ihn gewissermaßen »vorpochiere«. Dann erst stelle ich den Topf unter kaltes Fließwasser, schrecke den Reis ab, bis er kalt geworden ist, und stelle ihn erst einmal zur Seite.
Ich teile die geschälten Spargelstangen in drei Abschnitte. Das untere, holzige Drittel stelle ich mit heißer Gemüse- oder Fleischbrühe auf und lasse es so lange gut durchkochen, bis die Suppe ein starkes Spargelaroma angenommen hat. Dann entferne ich die Spargelstücke mit einem Schaumlöffel aus der Brühe, die von nun an während des gesamten Kochvorgangs auf kleiner Flamme weiterköchelt. Sie bildet nämlich die aromatische Basis, auf welcher ich meinen Risotto »architektonisch« aufbaue. Die ausgekochten Spargelreste drücke ich durch ein Haarsieb oder mache daraus mit dem Mixstab ein sämiges Püree, für das ich später noch Verwendung haben werde.
Den Mittelteil des Spargels schneide ich in mundgerechte Stücke von etwa 2-3 cm Länge. Die Spargelspitzen lasse ich indessen ganz. Nun pochiere ich in der Spargelbrühe zunächst mehrere Minuten lang (je nach Dicke) die Mittelstücke und dann - nur etwa zwei bis drei Minuten lang - die Spargelspitzen. Spargelmittelstücke und Spargelspitzen stelle ich danach in unterschiedlichen Behältern zur Seite.

Der Risotto

Jetzt kann ich damit beginnen, in einer Risottopfanne mit hohem Rand (oder einer anderen dafür geeigneten Kasserolle) in etwas Butter die zuvor kleinstgehackte Zwiebel anschwitzen zu lassen, bis sie glasig (keinesfalls braun!) ist. Die Zwiebelmasse lösche ich mit einem Schuß trockenem Weißwein - etwa einem Tocai friulano oder einem Galestro - ab, um dem Risotto die notwendige Säure zu verleihen, und lasse die Flüssigkeit bis auf einen kleinen Rest einreduzieren. Nun gieße ich die Zwiebelmischung erstmals mit der dahinköchelnden Spargelbrühe auf (pro Person insgesamt etwa ein Schöpflöffel), lasse alles in der Risottopfanne noch einmal aufkochen und gebe vorsichtig den vorpochierten Reis dazu, der von der Flüssigkeit danach gut bedeckt sein sollte. Dann gebe ich auch noch die Spargelmittelstücke dazu, reduziere die Hitze ein wenig und halte den Reis durch gelegentliches Rühren in Bewegung, bis er einen Großteil der Flüssigkeit absorbiert hat. Ist dies der Fall, gieße ich wieder ein wenig von der köchelnden Spargelbrühe dazu und beobachte unterdessen genau, wie sich der Reis verhält. Die Körner werden nämlich jetzt allmählich glasig, behalten aber in der Mitte noch immer einen weißen Kern. Die wirkliche Kunst des Risottokochens besteht nunmehr darin, jenen »Punkt« zu erwischen, an dem die Körner bereits glasig sind, der weiße Kern aber noch nicht ganz verschwunden ist. Da Rundkornreis eine Gesamtkochzeit von etwa siebzehn bis achtzehn Minuten braucht und ich fünf davon bereits durch das Pochieren »verkonsumiert« habe, tritt der Zustand, in welchem der Reis »am Punkt« - also noch glasig, aber schon trocken - ist, nach rund zwölf bis dreizehn Minuten ein.

Die Vollendung

Ab jetzt muß alles ziemlich schnell gehen. Nun erst gebe ich die bereits vorgekochten Spargelspitzen zum Risotto und würze denselben mit einer Prise Muskatnuß. Damit der Reis jedoch nicht nur schön körnig wird, sondern sich auch richtig bindet, vermische ich (für jeweils zwei Personen) ein nußgroßes Stück Butter mit zwei Eßlöffeln geriebenem Parmesan, nehme den Risotto vom Feuer und löse die Butter-Käse-Mischung vor dem Servieren darin auf. Wer will, kann jetzt noch ein bißchen frisch gehackten Kerbel darauf streuen und den Risotto bei Tisch noch mit einer Prise frisch gemahlenem Pfeffer verfeinern.

Und außerdem:

⇨ Für musikalische Leser (und Leserinnen, nicht zu vergessen) wieder einmal ein tönender Garungstip: Für Vor- und Zubereitung eines Spargelrisottos (inkl. Spargelschälen) wird man, bei durchaus gemächlicher Arbeitsweise, etwa die Länge der Symphonischen Dichtung »Harold in Italien« von Hector Berlioz veranschlagen müssen. Nimmt man grünen Spargel, ist Mendelssohn-Bartholdys »Italienische« durchaus ausreichend. Und wenn während des Essens wider alle »botanischen« Erwartungen doch noch aphrodisische Gefühle in Ihnen oder Ihrer Partnerin erwachen sollten, so legen Sie doch ganz einfach eine CD von Donizettis »L'Elisir d'Amore« auf.

⇨ Während man beim Spargelrisotto die Zwiebel auch weglassen kann (der Spargelgeschmack kommt dann noch reintöniger zur Geltung), sind Zwiebeln bei Meeresfrüchterisotto oder Pilzrisotto obligatorisch. Bei letzterem kann man auch ein wenig kleingehackten Frühstücksspeck mitrösten, was dem Risotto ein kräftig-rustikales Aroma verleiht.

⇨ Wenn man einen Risotto mit Pfifferlingen zubereitet, macht sich eine Prise Kümmel oder Kreuzkümmel ganz hervorragend.

⇨ Meeresfrüchte- und Fischrisotti benötigen etwas mehr Wein als Gemüserisotti. Dafür verträgt sich Fisch- oder Meeresfrüchterisotto im Gegensatz zu den meisten anderen Risotti niemals mit Parmesan. Allerdings sollte man in diesem Fall an der Butter zwecks Bindung nicht sparen und darf ruhig auch ein paar Basilikumblättern sowie ein, zwei Eßlöffel Tomatenwürfel mitgaren.

⇨ Der König aller Risotti ist wohl der Trüffelrisotto, dessen Aroma man mit Hilfe einer Spur Knoblauch noch etwas intensivieren kann. Statt mit Weißwein gießt man indessen lieber mit einem Schuß Madeira auf.

⇨ Petersilie und Kerbel sind Freunde von fast allen Risotti, besonders aber von Zitronenrisotto, bei welchem man den Weißwein durch Zitronen- oder Limettensaft ersetzt und den Zitrusgeschmack durch eine Sonderration an geschmolzener Butter ausgleicht.

Das Getränk dazu:

⇨ Risotto ist ein Weißweingericht. Selbst wenn man, wie etwa beim Trüffelrisotto, einen Schuß Madeira verwendet, passen letztlich ein Chardonnay, ein Gavi di Gavi oder ein Burgunder besser als alles andere dazu. Bei Fisch- und Meeresfrüchterisotti eignen sich auch ein Vernaccia di San Gimigniano, ein Ribolla gialla oder ein Pinot bianco ganz ausgezeichnet für eine angenehme Begleitung.

Keine Angst vor Moby Dick – ein kleiner Führer durch die Fischküche

Zehn Gebote für frischen Fisch

1. Kaufen Sie montags und dienstags keine Meeresfische ein. Sie sind aufgrund der Transportsituation kaum jemals wirklich frisch.

2. Achten Sie beim Einkauf in erster Linie auf den Geruch. Bei Meeres- wie auch bei Süßwasserfischen gilt die Maxime: Fisch darf nicht »fischeln«.

3. Frische Fische erkennt man an einem glänzenden, leicht »métallisé« wirkenden Schimmer. Glanzlose, matte Fische, die bei Tageslicht keinerlei Reflexe zeigen, haben das Meer mit Sicherheit schon lange nicht mehr gesehen.

4. Achten Sie auf die Schuppen. Sie lassen sich bei einem frischen Fisch niemals mit der Hand abstreifen und fallen durch einen zarten, seidigen Glanz auch optisch angenehm ins Auge.

5. Seefische, deren Haut Falten wirft, haben eine (zu) lange Reise hinter sich und sind, zumindest was die Lagerung betrifft, Senioren. Nur wenn die Haut so straff sitzt wie nach einem Lifting, ist der Fisch unter Garantie frisch.

6. Auch wenn sie unter Wasser so wirken, sind Fische in Wahrheit selten grau. Jede Spezies hat ihre unverwechselbaren Farbschattierungen. Wo Sie keinerlei Farbpigmente erkennen, sehen Sie vom Kauf besser ab.

7. Ein besonders wichtiger Indikator für die Frische eines Fisches sind seine Augen. Wirken sie gebrochen, glasig, flach und glanzlos oder haben sie gar bereits einen beigen Farbton angenommen, so lassen Sie den Fisch lieber in der Vitrine weiter »vor sich hin gammeln«.

8. Schauen Sie dem Fisch in die Kiemen, und prüfen Sie, ob diese hellfarbig, glänzend und feucht sind. Ein Fisch mit ausgetrockneten, grauen Kiemen macht auch am Gaumen keine Freude.

9. Machen Sie (wenn Ihr Fischhändler Sie läßt) eine Druckprobe. Die Delle, die nach einem festen Daumendruck entsteht, muß in Sekundenschnelle wieder verschwunden sein. Bleibt sie länger sichtbar, ist der Fisch alt.

10. Achten Sie darauf, wie Ihr Fischhändler die Ware lagert. Eine Vitrine mit viel Eis ist in jedem Fall ein gutes Zeichen. Fische, die nur auf Alufolie, in Holzkisten oder gar auf dem bloßen Vitrinenboden gelagert werden, sollten Sie Ihrem Händler lieber zum häuslichen Verzehr überlassen.

FISCHTOPF MOBY DICK

Als ich einmal ankündigte, ich wolle ein Fischgericht nach Walfängerart zubereiten, das möglichst authentisch dem berühmten Rezept ziemlich am Beginn von Herman Melvilles Roman »Moby Dick« nachempfunden sei, breitete sich unter meinen Töchtern Entrüstung aus. »Aber Papa, wir sind doch keine Walfänger!«
Ich hab's dann trotzdem probiert, die Zutaten aber etwas ver-

feinert und den ursprünglich doch recht derben Charakter des Gerichts gemäßigt. Was dann so schmeckte:

Zutaten: 500 g Kartoffeln, 500 g enthäutete Lachsfilets, 8 fleischige Miesmuscheln (ersatzweise grüne Neuseelandmuscheln), ¼ l süße Sahne (Obers), 1 Messerspitze Muskatnuß, etwas Salz, eine Prise frisch geschroteter Pfeffer, 2 Frühlingszwiebeln, 50 g gut durchwachsener Räucherspeck, 1 EL Butter, 1 dl trockener Weißwein, 2 EL geriebener Parmesan, 1 EL Paniermehl (oder Semmelbrösel), Butterflocken nach Belieben.

Zubereitung: Die Kartoffeln schälen und mit dem Gurkenhobel in hauchdünne Scheiben schneiden. (Es empfiehlt sich, die Scheiben direkt in kaltes Wasser zu schneiden, da sich die Kartoffeln dann nicht verfärben.) Danach die Kartoffelscheiben abtropfen lassen und mit der Sahne etwa sieben Minuten kochen. Mit Muskatnuß und geschrotetem Pfeffer abschmecken. Inzwischen den Lachs leicht einsalzen, in etwa 1 cm dicke längliche Streifen schneiden und beiseite stellen. Die Frühlingszwiebeln und den Räucherspeck kleinhacken und in einer großen Pfanne mit etwas Butter Farbe nehmen lassen. Mit dem Weißwein aufgießen und denselben so lange einkochen lassen, bis die Flüssigkeit fast verdampft ist. Währenddessen die Miesmuscheln hinzufügen und warten, bis sich die Muscheln geöffnet haben. Muschelfleisch mit einem Löffel in die Pfanne umstechen, Muschelgehäuse weggeben. Die Lachsstreifen dazugeben und nur einmal kurz in der Speck-Zwiebel-Mischung durchschwenken (nicht gar werden lassen!). Die Hälfte der in Sahne weichgekochten Kartoffeln in eine feuerfeste Form geben. Die Speck-Zwiebel-Muscheln-Lachs-Mischung daraufsetzen und das Ganze mit Kartoffeln und Sahne abschließen. Mit Parmesan und Paniermehl bestreuen, Butterflocken daraufsetzen und im vorgeheizten Ofen bei 200° C etwa fünfzehn Minuten überbacken. Heiß servieren.

Und außerdem:

⇨ Eine ideale Beilage zu diesem deftigen Gericht ist Selleriesalat.

Das Getränk dazu:

⇨ Mir schmeckt dazu am besten ein gut gekühltes hefetrübes Weizenbier.

Waller mit Mais und Räucherspeck

Ehrlich gesagt: Würde ich eine solche Kreation auf der Speisekarte eines Restaurants mit Anspruch auf Hauben- oder Sternensegen erblicken, ich hätte meine ernsthaften Zweifel. Zwar ist der Waller ein Fisch von so unnachahmlichem Eigengeschmack, daß demselben kaum eine Zutat - und munde sie noch so deftig - etwas anhaben kann, doch andererseits klingt dieses Gericht alles andere als elegant.

Daß es auf unseren Tisch kam, verdankt es daher auch keineswegs geschmacksharmonischen Erwägungen, sondern eher einem simplen Zufall. Meine Frau, die beruflich gerade ziemlich viel zu tun hatte, hatte ihr Büro nur auf ein paar Minuten verlassen und, um fürs Abendessen wenigstens irgend etwas im Haus zu haben, unserem Fischhändler das Erstbeste, aber gewiß nicht das Schlechteste abgekauft. Immerhin handelte es sich um ein paar Wallerfilets. (In Österreich sagt man statt Waller »Wels«.)

Mir blieb es dann vorbehalten, daraus etwas zu zaubern, das der ganzen Familie munden sollte, was im konkreten Fall gar nicht so leicht war. Meine beiden Töchter verziehen nämlich stets ein wenig den Mund, wenn nichts anderes als Fisch auf dem Speisezettel steht. Aber immerhin: Beide lieben Speck in allen Variationen, und davon hatte ich noch eine hübsche Schwarte im Kühlschrank.

Meine Töchter erheischten natürlich, wie zu erwarten war, Spaghetti alla carbonara, also Nudeln mit Speck, Ei und Sahne. Meine Frau, die die Kalorientabelle im Kopf hatte, bewilligte allerdings nur Speck, Eier und Sahne («Schlimm genug!«) und verweigerte die Herausgabe von Nudeln aus der Speisekammer.

Wenn man meine geliebte Frau Gemahlin indessen mit etwas

zu locken vermag, so sind das Mais und Tomaten, die ebenfalls vorrätig waren. Sie schlug also vor, für uns Erwachsene den Fisch anzubraten und mit Mais und Tomaten zu servieren, während sie den Kindern wenigstens Eier mit Speck gönnte. Unsere beiden Töchter waren an Eiern ohne Nudeln allerdings nur mäßig interessiert, und so kreierte ich, um den sich anbahnenden Familienkrach möglichst bereits im Keim zu ersticken, das folgende Gericht.

Zutaten: 4 Wallerfilets à 150 g, 4 EL Butter, 1 Bund Schalotten oder eine mittelgroße Zwiebel, 8 Cocktailtomaten, 100 g durchzogener Hamburger Speck (Frühstücksspeck), 1 dl Tokajer Szamorodny (trocken), vier dicke Tomatenscheiben, 1 kleine Dose Mais, 1 dl süße Sahne (Obers), 1 Zweiglein Estragon, Salz, Pfeffer, vier dicke Toastscheiben; 1 pfannengroßes Stück Alufolie.

Zubereitung: Die Wallerfilets salzen, pfeffern und beiseite stellen. Die Schalotten schälen und kleinhacken; in Butter (2 EL) und Speck anschwitzen, mit dem Tokajer aufgießen und denselben einreduzieren, bis fast die ganze Flüssigkeit verdampft ist. Geviertelte Cocktailtomaten, Mais und Sahne dazugeben, Filets darauflegen und mit der an der Innenseite gut gebutterten Alufolie so abdecken, daß möglichst wenig Luft eintreten kann. Je nach Dicke der Filets den Fisch etwa 6–8 Minuten auf eher kleiner Flamme garziehen lassen. Inzwischen die Toastscheiben im Backofen bei 200° C so lange anrösten, bis die Toasts außen knusprig und innen noch weich sind (Druckprobe machen!). Die Toastscheiben auf einen vorgewärmten Teller legen. Die Alufolie entfernen, die Fischfilets herausheben, abtropfen lassen und auf die Toastscheiben setzen. Den kleingehackten Estragon in die Sauce rühren und diese bei Bedarf noch einmal kurz einreduzieren, bis sie schön sämig ist. Die Sauce mit Salz und Pfeffer abschmecken und über die Toasts mit den Wallerfilets gießen. Möglichst heiß servieren.

Und außerdem:

⇨ Der Toast ist als Sättigungsbeilage für dieses ohnedies recht kräftige Gericht mehr als reichlich. Freilich kann man ihn auch weglassen und statt dessen Röstkartoffeln oder Polenta servieren.

⇨ Außerdem paßt, wie mir auch meine Töchter bestätigten, ein Salat von roten, gelben und grünen Paprikaschoten, der mit etwas Sesamöl und Weißweinessig abgemacht wurde, ganz hervorragend dazu.

Das Getränk dazu:

⇨ Da es sich um ein ziemlich kräftiges Gericht handelt, sollte man bei der Wahl des Weins nicht allzu zimperlich sein. Probieren Sie beispielsweise ein Gläschen guten Sémillon dazu, und Sie werden es gewiß nicht bereuen.

St.-Jakobs-Muscheln in Zitronenpfeffer

Was nun folgt, ist ein echtes multikulturelles oder, wie man in den USA sagt, Fusionsgericht. Die Komposition der Sauce ist zwar ebenso klassisch-französisch wie die Coquilles St. Jacques (Jakobsmuscheln), doch die eigentlichen Geschmacksträger verströmen einen betörenden exotischen Duft, wie wir ihn nur aus der asiatischen Küche kennen. Mir ist die Idee zu diesem Gericht gekommen, als ich auf dem Wiener Naschmarkt an einem schönen Augusttag Jakobsmuscheln einkaufte und plötzlich von einem Gewitterregen von fast tropischen Ausmaßen überrascht wurde. Da ich keinen Schirm bei mir hatte, verschanzte ich mich unter der Markise des nächsten erreichbaren Marktstands und merkte plötzlich, daß mir eine Vielzahl exotischer Aromen in die Nase stieg. Ich hatte meinen Unterschlupf, wie Sie vielleicht schon ahnen, bei einem Gewürzhändler gefunden. Da der Regenguß fast eine halbe Stunde andauerte, blieb mir genügend Zeit, um unter Hunderten von Spezereien und Aromaten ausführlichst zu degustieren. Plötzlich stieß ich auf ein wohlriechendes kleines Säckchen mit Zitronenpfeffer und stellte mir denselben als abwechslungsreiche Ergänzung zu den Jakobsmuscheln vor. Allerdings kamen mir leichte Bedenken, ob die zu erwartende

Schärfe des Gewürzes nicht allzu eindimensional ausfallen würde. Es bedurfte also noch eines Kräutleins, das zum pfeffrigen Zitronengeschmack ein aromatisches Gegengewicht schaffen würde. Als es zu regnen aufgehört hatte, ging ich daher noch ein paar Schritte weiter und landete bei meinem Kräuterhändler. Ich dachte zunächst an Basilikum, das mir für meine Pläne jedoch ein bißchen zu hausbacken-europäisch schien. Dann fiel mir ein Stöckchen mit Koriandergrün ins Auge. - Ich nenne es lieber Cilantro. Das klingt musikalischer. Und das folgende Gericht hat auch tatsächlich etwas vom Feuer einer zündend dirigierten Verdi-Ouvertüre. Meine Familie war jedenfalls begeistert. Und unsere Gäste, denen ich dieses Gericht immer wieder gerne als Vorspeise serviere, sind es auch.

Zutaten: 250 g Jakobsmuscheln, 2 TL Zitronenpfeffer (ersatzweise ⅓ grob geschroteter weißer Pfeffer, ⅓ Zitronengraspulver, ⅓ Gelbwurz), 2 EL Butter, 2 Schalotten, 1 dl trockener Sherry, 1 dl Fischfond, 1 dl süße Sahne (Obers), Salz, Pfeffer, ein kleiner Bund Cilantro; 1 Stück Alufolie, etwa in Pfannengröße.

Zubereitung: Die Jakobsmuscheln waschen, mit Küchenkrepp trockentupfen und im Zitronenpfeffer gründlich wälzen, bis das Muschelfleisch gut bedeckt ist. Beiseite stellen. Die Schalotten sehr fein hacken und in einer mittelgroßen Pfanne so lange in Butter (1 EL) anschwitzen, bis sie glasig werden, aber nicht zuviel Farbe nehmen. Mit dem Sherry aufgießen; unter ständigem Rühren bei großer Hitze einreduzieren lassen, bis die Flüssigkeit fast völlig verdampft ist. Den Fischfond mit der Sahne angießen und die Flüssigkeit auf etwa ein Drittel einreduzieren lassen. Hitze reduzieren und die Jakobsmuscheln nebeneinander auf die Schalottenreduktion legen. Ein Stück Alufolie an der Unterseite mit etwas Butter (1 EL) bestreichen und damit die Jakobsmuscheln bedecken. Je nach gewünschtem Garungsgrad etwa drei bis vier Minuten auf geringer Hitze ziehen lassen. Die Jakobsmuscheln aus der Pfanne nehmen und auf heißen Tellern anrichten. Den gezupften Cilantro in die Sauce rühren, dieselbe noch einmal aufkochen lassen und über die Jakobsmuscheln gießen. Nach Belieben salzen und pfeffern. Heiß servieren.

Und außerdem:

⇨ Dieses Gericht eignet sich, nicht zuletzt deshalb, weil es relativ einfach und rasch zubereitet ist, herrlich als kleine Vorspeise. In diesem Fall reiche ich dazu lediglich getoastete Baguettes.

⇨ Will man das Gericht als Hauptspeise servieren, muß man die Zutaten etwa verdreifachen. Als Beilage eignet sich in diesem Fall am besten ein duftender Basmatireis.

Das Getränk dazu:

⇨ Daß sich Jakobsmuscheln und Chablis besonders gut vertragen, ist eine Binsenweisheit. Damit liegen Sie in jedem Fall richtig.

⇨ Wenn Ihnen Chablis zu teuer ist, können Sie es selbstverständlich auch mit einem Entre-deux-Mers, einem Grünen Veltliner oder einem anderen eher trockenen Weißwein versuchen. Er sollte allerdings nicht zu ausdruckslos sein, denn die Kombination von Jakobsmuscheln und Cilantro erfordert einen Wein, der sich geschmacklich auch durchzusetzen vermag.

Red Snapper in Balsamico mit Peperonata

Den besten Red Snapper, dessen ich mich entsinnen kann, habe ich im »Manhattan Ocean Club« in New York gegessen. Man servierte mir ein prächtiges Mittelstück, herrlich auf den Punkt gedämpft. Nur die Sauce dazu war dünn, wenig geschmacksintensiv und daher recht enttäuschend.

Wieder von den USA nach Europa zurückgekehrt, machte ich mich sofort daran, diesen sehr guten Fisch, der sich in den Küstengewässern zwischen dem Golf von Mexiko und North Carolina tummelt, zu erstehen, was dank der ausgezeichneten Luftfrachtverbindungen in guten Fischhandlungen heute auch möglich ist.

Obwohl der Red Snapper im Mittelmeer nicht beheimatet ist, war mir von vornherein klar, daß es eine mediterrane Zubereitungsart sein muß, in der sich das kräftige Fleisch des rot gesprenkelten Fischs mit den roten Augen (daher der Name) am besten entwickeln kann. Ich dachte zunächst daran, ihn ähnlich wie einen Angler in Rotweinbutter zuzubereiten, doch dann fiel mir wie durch eine plötzliche Inspiration Balsamicoessig dazu ein. Der edelste Essig der Welt konnte mit diesem vielleicht feinsten aller Fische ganz einfach nur harmonieren. Mein erster Einfall, den Snapper in einem mit Balsamico verfeinerten Fischsud garziehen zu lassen, befriedigte mich jedoch nicht ganz. Also probierte ich es mit dem folgenden Rezept:

Zutaten: 4 möglichst dicke, gesäuberte und entschuppte Filets vom Red Snapper, etwa 150 g das Stück, 1 gemischtes Kräutersträußchen (aus Thymian, Kerbel, Estragon oder was Sie gerade an frischen Kräutern vorrätig haben), einige große Blätter Kopfsalat, grobes Meersalz, 4 EL alter Balsamicoessig, 12 nußgroße, eisgekühlte Butterstücke, 1 mittelgroßes Glas Peperonata, 1 EL Olivenöl; ein chinesischer Dim-Sum-Dämpfkorb.

Zubereitung: Die Fischfilets waschen und mit Küchenkrepp trockentupfen; nicht salzen. In einer Pfanne etwa einen Fingerbreit heißes Salzwasser erhitzen und das vorbereitete Kräutersträußchen hineinlegen. Auf die Pfanne einen aus Bast geflochtenen chinesischen Dim-Sum-Korb setzen, das Flechtwerk in der Mitte mit den Salatblättern bedecken und einige Körner grobes Meersalz daraufstreuen. Darauf die vorbereiteten Snapper-Filets drapieren, den Deckel aufsetzen und je nach Dicke der Filets vier bis sechs Minuten garen lassen. In der Zwischenzeit den Balsamicoessig in einer Stielpfanne erhitzen, bis er beginnt, leichte Blasen zu werfen. Die Pfanne vom Feuer nehmen und möglichst schnell die Butterstückchen unter ständigem Rühren mit einem Schneebesen zum Schmelzen bringen, bis eine kompakt montierte Sauce entsteht. Die Pfanne darf bei diesem Vorgang ruhig ein wenig gerüttelt und geschüttelt, aber nicht mehr zurück auf den

Herd gestellt werden. Die Filets aus dem Dämpfkorb nehmen und in der Mitte des vorgewärmten Tellers anrichten. Die Balsamicobutter über die Filets gießen und alles mit in etwas Olivenöl auf kleiner Flamme geschwenkter Peperonata garnieren.

Und außerdem:

⇨ Das Wichtigste bei diesem Rezept, das schnell funktioniert und daher besonders gut geeignet ist, um Gäste mit einer »professionellen« Sauce zu beeindrucken, ist die Wahl des richtigen Balsamicoessigs, bei dem man nicht allzu sparsam sein sollte. Gewiß brauchen Sie dafür kein hundert Jahre altes Fläschchen bei Sotheby's zu ersteigern. Dennoch sollte es sich um einen mehrere Jahre auf den Dachböden der Gegend um Modena gelagerten Essig von hoher Dichte, dunkler Farbe und bester Qualität handeln.

⇨ Wenn Sie die Peperonata nicht alljährlich selbst für Ihren Vorratskeller zubereiten, so achten Sie auch hier auf Spitzenprodukte, die vor allem eines nicht sein dürfen: essigsauer. Das würde den runden Geschmack der Balsamicobutter nämlich nachhaltig beeinträchtigen.

Das Getränk dazu:

⇨ Was zum Teufel kredenzt man zu einem Gericht auf der Basis von Rotweinessig? Diese Frage haben sich schon ungezählte Sommeliers in aller Welt gestellt und - zumindest für mich - bis heute noch nicht völlig befriedigend beantwortet. Ein Fischgang wie dieser bedarf aber in jedem Fall eines extraktstarken Widerparts, wie etwa eines kalifornischen Chardonnays, der durchaus - wie etwa ein »Far Niente«, ein »Stony Hill« oder ein »Château Woltner« - einiges Holz und auch einige Alkoholgrade mehr haben darf.

⇨ Es ist aber auch nicht völlig verwegen, zu Red Snapper in Balsamico Rotwein zu servieren. Ein venezianischer »Venegazzu de la Casa« beispielsweise hat meiner Familie und mir dazu einmal ganz köstlich gemundet.

Wiener Schnitzel sind keine Männersache

Die Wichtigkeit des Wiener Schnitzels für die Wiener erkennt man daran, daß das Schnitzel an der Donau so viele Fragen aufwirft wie seine Panier Blasen. Ganze Generationen von Müttern und Schwiegertöchtern haben sich hierzulande schon über die Frage ereifert, ob das Wiener Schnitzel nun eigentlich nur vom Kalb oder auch vom Schwein stammen dürfe, ob die knusprige Hülle stramm wie ein Tauchertrikot oder schlotternd wie ein Jogginganzug sitzen sollte, ob man zum Panieren auch entrindete Weißbrotbrösel (Mies-de-pain) oder nur die goldgelben Wiener Semmelbrösel verwenden darf, ob man das Schnitzel besser mit oder ohne Folie klopft, ob die obligate Zitrone erst über das fertige Gericht geträufelt oder das Fleisch schon vor dem Panieren damit eingerieben wird, ob das ideale Fett zum Ausbacken Schweineschmalz, Butterschmalz oder Pflanzenfett sei, ob das Schnitzel gesalzen und gepfeffert oder nur gesalzen werden dürfe, ob als Beilage Reis, Petersilkartoffeln oder lediglich ein Kartoffel- bzw. Blattsalat obligatorisch seien usw. usf.

Kurzum: Das Wiener Schnitzel ist ein klassisches Hausfrauengericht, ja geradezu eine »Hausfrauenprobe«, und hat daher in einer Männerküche eigentlich nichts verloren.

Daß Sie dennoch ein Rezept dafür auf diesen Seiten finden, verdanken Sie daher auch meiner Frau. »Du kannst doch nicht ein Kochbuch für Männer schreiben und denen nicht erklären, wie man ein Wiener Schnitzel macht«, sagte sie beim Durchlesen meines Manuskripts mit vorwurfsvollem Unterton. »Alle Männer essen gerne Wiener Schnitzel, und wenn sie gerade keine Frau haben, die ihnen eines macht, dann sind sie wahrscheinlich froh, wenn sie in einem Männerkochbuch ein Rezept dafür finden.«

Das ist, wie Frauen nun einmal sind, so vernünftig wie folgerichtig. Und meinem Einwand, daß man sich als kochender Mann mit Wiener-Schnitzel-Ausbacken nicht so richtig profilieren könne, hielt meine Frau entgegen, daß man sich dafür auch kaum wirklich blamieren könnte. Denn ein gutes **Wiener Schnitzel** zu machen ist - Hausfrauenehre hin und Hausmännerehre her - so schwer nun auch wieder nicht.

Zutaten: 4 Kalbsschnitzel von der Keule oder Schale (à 180 g), Salz, 150 g Mehl (am besten fein gemahlenes und grobkörniges - sprich glattes und griffiges - gemischt), 2 Eier, 1 Spritzer Zitrone, 150 g Paniermehl oder Semmelbrösel, 350 g Schweineschmalz, 40 g Butter, 1 in Scheiben geschnittene Zitrone zum Garnieren, 1 Bund gezupfte Petersilie, 8 kleine, geschälte und 10 Minuten vorgekochte Kartoffeln.

Zubereitung: Die Schnitzel mit einem Schnitzelklopfer (Plattiereisen) auf beiden Seiten gut durchklopfen, aber dabei bedenken: Eine Küche ist keine Heimwerkerdrehbank und ein Schnitzel auch kein Stück Blech. In jedem Fall gilt, daß die angeborene männliche Aggressivität beim Schnitzelklopfen nur maßvoll abgebaut werden kann, da sonst das Schnitzel einreißt. In Wien gilt: Je dünner das Schnitzel, desto besser ist

es. Je weiter es jedoch von Wien gen Westen geht, desto mehr legt man auf »Ehrlichkeit« des Schnitzels, sprich auf einen Durchmesser von gut 1 cm, Wert, während man sich in Wien gerne mit 5 mm zufriedengibt, wenn das Schnitzel dadurch nur größer wirkt.

Wenn aus den Schnitzeln einigermaßen »Flachmänner« geworden sind, werden sie auf beiden Seiten gesalzen und beiseite gestellt, während man auf drei Tellern, die nicht zu flach sein sollten, die Panierzutaten vorbereitet. In einem Teller werden mit Hilfe einer Gabel die beiden Eier mit dem Spritzer Zitronensaft versprudelt. Auf den zweiten wird das Mehl gesiebt (lieber etwas mehr als etwas weniger, sonst müssen Sie später nachsieben). Auf den dritten (der ruhig auch ein Suppenteller sein kann) leert man das Paniermehl bzw. die Semmelbrösel. Nun werden die Schnitzel zunächst auf beiden Seiten gleichmäßig mit Mehl bestäubt. (Wenn Sie das nicht mit einer Gabel, sondern praktischerweise mit den Fingern tun, müssen Sie achtgeben, daß dabei keine unbemehlten Druckstellen entstehen.) Dann werden die Schnitzel durch die Eier gezogen und kurz abgetropft, damit das Paniermehl später nicht klumpt. Zuletzt wendet man die Schnitzel in diesem und drückt das Paniermehl dabei mit dem Gabelrücken an manchen Stellen zart an, damit es einerseits besser haftet und andererseits später beim sogenannten »Souffl ieren« dekorativere Blasen wirft.

In einer Pfanne mit möglichst großem Durchmesser (oder in zwei Pfannen mit kleinerem) wird nunmehr das Schmalz erhitzt, in das man, wenn es völlig geschmolzen ist, die Schnitzel einlegt und auf jeder Seite zwei Minuten ausbäckt. Etwa eine Minute vor dem Ende des Ausbackens fügt man zum Schweineschmalz die Butter hinzu, um den Schnitzeln ein noch etwas feineres Aroma zu verleihen. Nunmehr hebt man die Schnitzel mit einem Bratenwender aus der Pfanne und läßt sie auf ausreichend Küchenkrepp ordentlich abtropfen, wobei die alte Hausfrauenweisheit gilt, daß ein Schnitzel erst dann fertig ist, wenn sich der Ehemann daraufsetzen kann, ohne daß es auf dem Hosenboden Fettflecken hinterläßt. (Mein Tip aus eigener Erfahrung: Die Weisheit ist keinen Versuch wert, da die Hose auch bei einem perfekt abgetropften Schnitzel in die Reinigung muß.) Während die Schnitzel abtropfen, fritiert man die Petersilie kurz im restlichen heißen Fett an und läßt dort auch die Kartoffeln ein wenig Farbe nehmen. (Es sei denn, man mag lieber Petersilkartoffeln, die man in Butter und gehackter Petersilie schwenken muß.) Serviert werden die Schnitzel auf einer vorgewärmten Platte, garniert mit Zitronenscheiben.

Und außerdem:

⇨ Genauso wie das Wiener Schnitzel bereitet man auch ein **Cordon bleu** zu, in das man sich jedoch vom Metzger zuvor einen geräumigen Einschnitt machen läßt, den man dann mit Schinken und Schmelzkäse füllt und vor dem Panieren mit ein oder zwei Zahnstochern gut verschließt. Man kann sich beim Metzger aber auch größere Schnitzel im sogenannten Klappschnitt portionieren lassen und diese in der Mitte mit Schinken und Käse füllen; die Enden drückt man, am besten mit Hilfe des Schnitzelklopfers, gut platt, bevor man sie paniert. In jedem Fall sollte das Fett beim Cordon bleu wirklich heiß sein, wenn man die Schnitzel einlegt, damit sich die Panier bereits in den ersten Sekunden gut verschließt. Die Garzeit muß beim Cordon bleu entsprechend der Dicke der Stücke verlängert werden.

⇨ Ein weitschichtigerer Verwandter des Wiener Schnitzels ist das Wiener Backhendl (Backhuhn). Man teilt ein ganzes Huhn in vier Hälften (jeweils Keulen- und Bruststücke) oder läßt diese Arbeit den Geflügelhändler tun. Dann werden die Hühnerteile, ebenso wie Hals, Leber und Herz, paniert und wie das Wiener Schnitzel ausgebacken. Ein Backhendl benötigt allerdings etwa 20 Minuten (auf mittlerer Hitze), bis es gar ist. Der Hals und die Innereien dürfen erst in den letzten Minuten der Backzeit eingelegt werden.

⇨ Erfolgversprechend panieren läßt sich fast alles. Die Palette reicht von Kalbsbries (zuvor kurz in kochendem Wasser pochieren und enthäuten!), Kalbsleber (nicht in rohem Zustand salzen!) und Fischfilets (vorzugsweise Zander oder Karpfen) über Pilze und Auberginen bis hin zum in Wien sehr beliebten »gebackenen Emmentaler«. Besonders bei Gemüse und Pilzen, aber auch bei Fischen ist es üblich, eine Sauce tartare dazuzureichen, die aus 3 EL kleingehackten Essiggurken, 2 EL Zwiebeln, 1 kleingehackten Sardellenfilet, 1 KL Kapern, 1 EL gehackter Petersilie, Salz, geschrotetem weißen Pfeffer, einem Schuß Zitronensaft, 1 TL scharfem Senf, 2 EL süßer Sahne (Obers) und 200 g Mayonnaise zubereitet wird. (Das Rezept für selbstgemachte Mayonnaise finden Sie beim Waldorfsalat auf Seite 78.)

Das Getränk dazu:

⇨ Zu Wiener Schnitzel paßt ein Glas gut gepflegtes Bier ebenso wie ein Gläschen frischer, trockener Weißwein, am besten ein Rhein- oder Welschriesling oder die österreichische Weinspezialität Grüner Veltliner.

WIENER SCHNITZELQUARTETT

Selbstverständlich konnte ich - Sie haben es vielleicht schon geahnt - als Mann die Schmach, Ihnen ein ganz gewöhnliches Hausfrauenrezept (welches von meiner Frau stammt) für ein Wiener Schnitzel mit auf den Weg gegeben zu haben, nicht auf mir sitzen lassen.

Ich setzte also meinen ganzen maskulinen Ehrgeiz darein, ein Wiener-Schnitzel-Rezept zu ersinnen, auf das (m)eine Frau niemals kommen würde. Da mir auch nach langem Nachdenken nichts Vernünftiges aus der Küchenpraxis einfiel, nahm ich daher, was Männer in solchen Fällen immer gern tun, Zuflucht zur grauen Theorie.

Das Wiener Schnitzel, dachte ich, ist schließlich nicht nur ein Hausfrauengericht, sondern ein Teil der abendländischen Kulturgeschichte. Je nach wissenschaftlicher Lesart haben es schon die Mauren und Andalusier, die Juden von Konstantinopel oder die alten Venezianer gekannt. Es wurde, heißt es, zunächst mit Blattgold paniert, bis die Mailänder aus purer Not die ärmliche Variante mit der Weißbrotpanade fanden, die ihnen dann auch noch der österreichische Feldmarschall Radetzky klaute, der das »Costoletta alla milanese« in seiner Heimatstadt als Modegericht namens »Wiener Schnitzel« etablierte.

Außerdem fiel mir bei meinen Recherchen auf, daß etwa die Franzosen und Amerikaner in ihren Küchenlexika unter einem »Escalope de veau viennoise« etwas komplett anderes verstehen als wir Wiener. Und schließlich ist mir auch die deutsche Sitte, das Schnitzel »mit Tunke« zu versehen, ein Begriff. Wenn es mir also schon nicht möglich sein sollte, zum alten Hausfrauen-Wiener-Schnitzel irgendeine neue, zugkräftige, kreative (sprich: »männliche«) Idee zu entwickeln, dachte ich, so will ich meinen Lesern zumindest ein synoptisch wie eklektisch einwandfreies »wissenschaftliches Rezept« vorstellen, das ich mittlerweile auch schon im Familienkreis und bei Parties mit einigem Erfolg zubereitet habe. Es nennt sich »Viererlei Wiener Schnitzel« oder, da es immerhin in der Stadt der Brüder Schrammel erfunden wurde, »Wiener Schnitzelquartett«. Meine beiden Töchter finden jedenfalls, es sei fast so lustig wie Fondueessen.

Zutaten: 12 kleine Kalbsschnitzel (à 50 g), 2 Kalbskoteletts ohne Knochen, in vier Teile geteilt, 250 g Mehl, 4 Eier, Salz; *Variante 1 (wienerisch):* wie Wiener-Schnitzel-Rezept (Mengen für vier kleine Schnitzel entsprechend reduzieren!); *Variante II (Costoletta alla milanese):* 100 g geriebenes Weißbrot, 3 EL Butter, 2 EL Olivenöl, 1 Zweig Rosmarin, 1 Salbeiblatt; *Variante III (deutsch):* 100 g Mies-de-pain, 4 Sardellenfilets, 12 Kapern oder 1 EL kleingehackte Essiggurken, 4 EL Jus oder Bratensaft, 200 g Pflanzenöl; *Variante IV (Escalope de veau viennoise):* 200 g geklärte und geschmolzene Butter oder Butterschmalz, Mies-de-pain, 1 EL Kapern, 1 EL kleingehackte Petersilie, 1 gekochtes Ei, in Dotter und Eiweiß geteilt.

Zubereitung: Wie Sie wahrscheinlich schon beim Durchlesen der Zutaten gemerkt haben, verlangt dieses Gericht ein wenig kochtechnischen Aufwand. Sie können es entweder in vier kleineren Pfannen synchron zubereiten, Sie können aber auch eine Pfanne verwenden, die Sie jeweils nach Gebrauch reinigen, während Sie die darin zubereiteten Schnitzel im Backofen (100° C) warm stellen.
Ich bereite zunächst das »Wiener« *Wiener Schnitzel* nach dem oben bereits beschriebenen Rezept zu und garniere es mit Zitronenscheiben und fritierter Petersilie.
Für das *Costoletta alla milanese* werden die vier Kalbskotelettstücke zunächst gesalzen und in Mehl und Eiern gewälzt, dann aber mit geriebenem Weißbrot paniert und in einer Mischung aus mit Salbei und Rosmarin aromatisierter Butter und Olivenöl ausgebacken. Im Gegensatz zu den anderen Rezepten wird es nicht schwimmend gegart, sondern auf beiden Seiten kurz angebraten. Es darf im Inneren also durchaus zartrosa sein und wird auch durch eine unterschiedliche Bräunung der Panier keineswegs geschändet. Garniert wird es mit Zitronenspalten und jeweils einem frischen Blatt Salbei sowie einem Rosmarinzweiglein.
Die deutsche *Variante III* wird nach dem Salzen, Mehlieren und dem »Eierbad« in Mies-de-pain gewälzt und in reinem Pflanzenöl ausgebacken. Auf jedes Schnitzel wird eine Zitronenscheibe gesetzt, die mit gehackten Sardellenfilets und Kapern garniert wird. Rund um die Schnitzel richtet man möglichst dekorativ die »Tunke«, also den Jus oder Bratensaft, an, der zu diesem Zweck auch mit etwas Mehl gestäubt werden darf.
Für das *Escalope de veau viennoise* wird das mild gesalzene Kalbfleisch zunächst in einem kleinen Teil des Butterschmalzes geschwenkt und anschließend in Mies-de-pain gewälzt, bevor es im restlichen Butterschmalz ausgebacken wird. (Mehl und Eier benötigt man in diesem Fall nicht!) Dekoriert wird diese Garnitur mit einer Mischung aus kleingehackten Kapern, der gehackten Petersilie sowie dem gehacktem Eidotter und Eiweiß.

Und außerdem:

⇨ Die vier Schnitzelvarianten serviere ich auf jeweils einer Platte, zu der ich in einzelnen Schüsseln alle klassischen Beilagen reiche: Petersilkartoffeln, Reis und Kompott (Wien), Patate trifolate (Bratkartoffeln mit Knoblauch und Petersilie, Mailand), Kartoffelsalat (Deutschland), Salzkartoffeln und Blattsalat (Frankreich). Ich müßte jedoch lügen, wenn ich behaupten würde, dieses Gericht jemals im Alleingang auf den Tisch gebracht zu haben. Da helfen meine Frau und meine Töchter schon gehörig mit. Womit einmal mehr bewiesen wäre, daß das Wiener Schnitzel eben doch ein Hausfrauengericht ist ...

Das Getränk dazu:

⇨ Bei einem Konglomerat wie diesem ist alles erlaubt: Bier, Riesling, ja sogar Apfelmost. Warum eigentlich nicht?

Steaks sind Männersache

Einmal Hand aufs Herz: Hat Ihnen schon jemals eine Frau ein wirklich gutes Steak aufgetischt? – Ich kann mich jedenfalls nicht daran erinnern. Selbst Meisterköchinnen bekommen angesichts eines schönen doppelstöckigen Filet- oder gar eines T-Bone-Steaks zittrige Finger.

Oder anders gefragt: Hat Ihnen schon jemals eine Frau, die Sie nach deren Lieblingsspeise fragten, aus vollem Herzen geantwortet: »Ein schönes, saftiges Steak habe ich gern.«

Das ist eine Antwort, die man zwar häufig, aber gewöhnlich nur von Männern hört.

Frauen scheinen mit dem allzu Rohen (auch Beef tatar ist nicht unbedingt ein Spitzenreiter auf der weiblichen Geschmacksskala) so ihre Probleme zu haben, und diese wurzeln keineswegs nur im Tierschutzgedanken. Allerdings kenne ich auch zahlreiche Frauen, die ihren (nichtkochenden, auch so etwas gibt es) Männern deren »Lieblingsspeise« Steak zwar eher zähneknirschend, aber eben letztlich doch zubereiten. »Ich würde sowas nie essen«, sagen die sanfteren unter ihnen dann im Freundinnenkreis, »aber der Meinige, der mag es halt soviel gern.« Wenn man in solchen Haushalten eingeladen ist und das vielgerühmte Steak auf den Tisch kommt, so stellt sich zumeist heraus, daß es eher gedünstet als gebraten, entweder zu blutig oder zu durch und fast immer gewürzt wie ein Hühnerfilet aus der Trennkostküche ist. (Auch hier gilt, daß Ausnahmen zwar die Regel bestätigen, aber die persönliche Erfahrung halt letztlich doch die Mutter aller Empirie ist.)

Wie man ein Steak richtig brät

Das Steak ist *das* Grillgut schlechthin. Es wird nämlich auch dann gegrillt, wenn weit und breit kein Holzkohlenfeuer und kein Grillrost zu sehen sind, etwa in der (nur deshalb so benannten) Grillpfanne.

Das scharfe Anbraten von rohem Fleisch ist zweifellos die aggressivste (und daher wohl auch maskulinste) aller Garmethoden. Nicht umsonst werden von den Anthropologen den Männern der Spieß, die Gabel und das Messer, also die waffenähnlichen Gerätschaften, zugeordnet, während der Kessel, der Topf und der Schöpflöffel - die schonenderen Küchengeräte - als eher weiblich eingestuft werden.

Das Steak, ich bleibe dabei, ist zutiefst männlich. Es duftet nach Lagerfeuer und Lonesome Rider, es wurde von den östlichen Reitervölkern unter dem Sattel weich, ja zuweilen gar geritten. Es begleitete, in Form von Corned beef, die Soldaten in die Schlacht, und es ist seit archaischen Zeiten mit dem Mythos des Bluts befrachtet. Wer Blut vergießen muß oder will, der muß seinem Körper auch wieder Blut zuführen, und zwar in Form von - möglichst rohem - Fleisch. Die anderen (nämlich die Frauen), die können ruhig auch Gemüse essen.

Das ist zugegebenermaßen plakativ und vereinfacht geschildert, trifft uns Männer aber an den historischen Wurzeln unserer Existenz. Tatsächlich spricht aus ernährungsphysiologischen Gründen kaum etwas dafür, rohes oder halbrohes Fleisch zu verzehren. Im Gegenteil: Es können sich dadurch alle Arten von Trichinen, Staphylokokken und wie sie alle heißen im Körper einnisten.

Wenn wir Männer also dennoch gern ein so richtig saftiges, gut gebratenes Steak verschlingen, so sollten wir uns bewußt sein, daß wir dies nicht nur aus geschmacklichen Gründen tun, sondern weil bei uns, viel stärker als beim weiblichen Geschlecht, das Raubtier durchschlägt.

Zutaten: 4 Filetsteaks vom Mittelstück des Rindslungen- bzw. Lendenbratens von mindestens 3 cm Dicke, 4 EL Pflanzenöl, frisch geschrotetes Meersalz, reichlich frisch geschroteter Pfeffer aus der Mühle, 1 TL getrocknete Kräuter (Herbes de Provence), 1 Rosmarinzweiglein, 2-3 ungeschälte Knoblauchzehen; *für die Sauce:* 1 dl Fleischbrühe oder Jus, 5 cl Madeira

oder Portwein, 6 nußgroße Stücke eiskalte Butter; Alufolie.
Zubereitung: Das perfekte Steak beginnt bei der Auswahl des Fleischs. Wer unter einem „schönen Steak« ein besonders mageres und purpurrotes Stück versteht, der liegt zwar im allgemeinen Diättrend, aber ganz sicherlich falsch. Ein gutes Steak muß von zahlreichen winzigen weißen Fettäderchen durchzogen sein wie ein Stück Marmor, weshalb man in der Küchensprache auch von einem »marmorierten« Steak spricht. Von den Metzgern wird das Fleisch heute, teils aus hygienischen, teils aus Gründen des schnelleren Lagerumschlags, meist nur noch halb so lange abgehangen wie in früheren Zeiten. Man bekommt also fast ausschließlich Steaks, die nicht lange genug gereift sind, um wirklich mürbe zu sein.
In Wahrheit gibt es nämlich meiner Erfahrung nach nur zwei Methoden, die zum wirklich perfekten Steak führen. Die erste Methode wird man heute praktisch kaum noch durchführen können. Sie besteht nämlich darin, das Fleisch noch schlachtfrisch und blutwarm zu braten. (Jeder, der einmal an einem echten Jägerpicknick in freier Wildbahn teilgenommen hat, weiß, was ich meine.) Ist dieser Punkt jedoch einmal versäumt, so bleibt nur noch, das Fleisch möglichst lange rasten und - besser noch - in Öl reifen zu lassen.
Wenn ich beim Metzger Steaks kaufe, so schneide ich zunächst die sogenannten Parüren (Fett und Sehnen) ab und reibe die Fleischstücke, die mindestens 3 cm dick sein sollten, sofort gründlich mit geschrotetem Salz, Pfeffer und Herbes de Provence ein. Dann übergieße ich sie in einem Frischhaltebehältnis mit Öl, das ich mit einem Rosmarinzweiglein und zwei bis drei ungeschälten Knoblauchzehen, die ich mit einem flachen Messer stark angedrückt habe, damit der Knoblauch seine Aromastoffe freigibt, aromatisiere. Ich decke das Behältnis mit Alufolie ab und lasse das Fleisch dann - je nach Zustand - drei Tage bis eine Woche im Kühlschrank rasten.
Wenn ich die Steaks schließlich braten möchte, erhitze ich eine Pfanne mit besonders starkem, möglichst gerilltem Pfannenboden ohne Fettzugabe so lange, bis sie so heiß ist, daß ich meine

Hand in drei Zentimeter Entfernung vom Pfannenboden lieber zurückziehe als dortlasse. Jetzt lege ich die Steaks mitsamt dem Öl, dem Rosmarinzweiglein und dem Knoblauch ein und lasse sie auf größter Hitze zunächst eine Minute lang braten. Dann wende ich die Steaks und wiederhole denselben Vorgang. Jetzt reduziere ich die Hitze auf das absolute Minimum und setze den Pfannendeckel so auf, daß er die Steaks bedeckt, aber dennoch einen Teil der Pfanne freiläßt, um einen gewissen Luftaustausch zu ermöglichen. (Wenn man die Pfanne gänzlich zudeckt, so beginnt das Fleisch zu schmoren und verliert sowohl seinen rassigen Geschmack als auch die scharf angebratene, krustige Oberfläche.) In diesem Zustand lasse ich das Fleisch dann - je nachdem, ob ich es saignant (blutig), à point (medium) oder bien cuit (durch, ist aber nicht anzuraten) will - vier bis acht Minuten nachgaren. (Das Nachgaren kann man auch im vorgeheizten Backofen bei etwa 160° C Hitze, am besten bei Umluft, durchführen.) Dann richte ich die Steaks auf einer heißen Platte an und bedecke sie mit Alufolie. Inzwischen erhitze ich die Pfanne wieder auf höchster Stufe, entferne das Rosmarinzweiglein und den Knoblauch und gieße mit der Suppe und dem Madeira bzw. Portwein auf. Die Flüssigkeit reduziere ich kochend ein, bis sie fast schon sämig auf dem Pfannenboden dahinblubbert. Dann nehme ich schnell die Pfanne vom Herd und montiere die kalten Butterstücke ein, bis sich die Sauce bindet. Jetzt kann ich die Alufolie von den Steaks abziehen und die Sauce (viel ist es nicht, dafür mundet sie aber großartig) sorgfältig über die einzelnen Stücke verteilen.

Und außerdem:

⇨ Wenn Sie in die Sauce ein paar Schwarze-Trüffel-Scheiben oder Trüffelabfälle einrühren und die Steaks vor dem Nappieren mit der Sauce mit einer Tranche kurz gebratener Gänseleber belegen, so wird daraus ein wahrer Klassiker der großen Küche - nämlich die Tournedos Rossini. In diesem Fall empfiehlt es sich jedoch, die Herbes de Provence bei der Würzung wegzulassen.

⇨ Eine einfache, aber wirkungsvolle Art, ein Steak anzurichten, besteht darin, es auf eine geröstete Toastscheibe zu setzen, dann mit der Sauce zu nappieren und alles mit einem Spiegelei oder einem im Ofen gebackenen Ei abzuschließen.

Das Getränk dazu:

⇨ Die Debatte, welcher Wein zum Steak paßt, ist ziemlich müßig. Wer nicht gerade unbedingt einen gehaltvollen kalifornischen Chardonnay trinken will, der kann fast nicht anders, als Rotwein dazu zu wählen. An der Qualität desselben sollte man übrigens ebensowenig sparen wie an jener des Steaks. Geeignet sind vor allem ausdrucksstarke Rotweinsorten, wie Nebbiolo, Cabernet Sauvignon, Merlot oder Pinot noir. Und wenn der Wein eine Zeit im Barrique zugebracht hat, so wird er wahrscheinlich noch ein wenig besser passen.

Die klassischen Steakbeilagen

«Machst du das Steak bitte mit Pommes, Papa?« - Diese flehenden Worte meiner beiden Töchter tönen mir bis heute in den Ohren. Und irgendwann habe ich es auch aufgegeben, die beiden davon überzeugen zu wollen, daß es selbstverständlich bessere und vor allem auch gesündere Beilagen zu Steaks gibt. Immerhin, dachte ich mir, betrachten selbst die in Sachen Gaumenfreuden absolut unverdächtigen Franzosen das »Steak frites« als ihre Nationalspeise, und so viele Franzosen können einfach nicht irren.
Ich beschloß also, mich der in Feinschmeckerkreisen hierzulande üblichen Pommes-Verachtung nicht anzuschließen, und setzte meinen ganzen Ehrgeiz darein, zu Hause nicht irgendwelche Pommes frites aus der Tiefkühltruhe zu nehmen oder womöglich sogar aus Fertigpulver herzustellen, sondern mich dem Idealbild dessen anzunähern, was mir jemals zum Thema Pommes frites angeboten wurde - und das sind und bleiben nun einmal jene feinstiftelig geschnittenen Pommes, die ich im Pariser »L'ami Louis« zu verspeisen die Ehre hatte. Dort hatte man übrigens, ganz nebenbei bemerkt, keinerlei Probleme damit, sie zur Wildente zu servieren. Man schien sie also für ein durchaus »feinschmeckerisches« Gericht zu halten.

Pommes frites

Zutaten: 500 g frische Bintje-Kartoffeln, 3/4 l Erdnußöl (als Fritierfett bevorzuge ich Cindy-Pawlcyn-Erdnußöl), Meersalz aus der Mühle.
Zubereitung: Nach langem Ausprobieren bin ich zu dem Schluß gekommen, daß - welche Vorurteile ihr auch immer entgegenschlagen mögen - die ideale Pommes-Kartoffel jene der Sorte Bintje ist. Dieser mittelfrühe, vorwiegend festko-

chende Kartoffeltypus hat zunächst einmal den Vorteil, daß er einigermaßen gerade gewachsen ist und sich daher sehr gut schälen und in gleichmäßige Stiftchen schneiden läßt. Die Bintje-Kartoffel ist nach einem Schulkind, nämlich nach der Lieblingsschülerin des holländischen Biologielehrers und Kartoffelzüchters, benannt, dessen Namen niemand mehr kennt, während die kleine Bintje Jansma mittlerweile Kartoffelgeschichte geschrieben hat.

Wenn Sie gerade keine Bintje-Kartoffeln bekommen sollten, so verwenden Sie irgendeine andere festkochende oder vorwiegend festkochende (auf keinen Fall jedoch eine mehlige) Kartoffelsorte, die über ein vernünftiges Verhältnis von Stärke und Zucker verfügt.

Wenn Sie die Kartoffeln geschält haben, beginnt die verantwortungsvolle Tätigkeit des Schneidens. Unsportliche verwenden dafür einen speziellen Pommes-Cutter, der im Handel erhältlich ist und bei dem der Durchmesser der prospektiven Pommes stufenweise einstellbar ist. Auch ich besitze so ein - zugegebenermaßen schon etwas überständiges - Exemplar, das sich so schwer reinigen läßt, daß ich es vorziehe, die geschälten Kartoffeln lieber mit einem scharfen Messer zu schneiden. Ich stelle die Kartoffel zu diesem Zweck auf eine ihrer beiden (schmäleren) Seitenkanten und schneide sie in schmale Scheiben von maximal 0,5 cm Durchmesser. Dann lege ich sie auf ihre breitere Seite und schneide sie, senkrecht auf den ersten Schnitt, ebenfalls im Abstand von maximal 0,5 cm ein. Die Kartoffel verfügt zum gegenwärtigen Zeitpunkt über genug Stärke, daß die auseinandergeschnittenen Teile dennoch aneinander haftenbleiben, wenn man sie mit sanftem Fingerdruck zusammenhält. Diesen Druck sollte man jedoch während des Schneidens niemals lockern, da sonst die Gefahr besteht, daß einem die halb geschnittene Kartoffel entgleitet und man sie relativ mühsam wieder zusammensetzen muß.

Jetzt folgt das wichtigste und häufig vergessene Stadium der Pommes-Zubereitung. Damit sie später sowohl knusprig als auch weich und geschmeidig werden, müssen die Kartoffeln überschüssige Stärke abgeben. Das tun sie höchst bereitwillig, wenn man sie ein bis zwei Stunden in kaltem Wasser einweicht und anschließend mit Kreppapier oder einer Küchenrolle gründlich trockentupft. Unterschätzen Sie bitte die Bedeutung des Wortes »gründlich« nicht. Bleibt nämlich zuviel Flüssigkeit an den rohen Pommes haften, so werden Sie, sobald Sie diese in heißes Öl einlegen, Ihre spritzenden und zischenden Wunder erleben.

Wenn Sie die Pommes tatsächlich mit einem Durchmesser von nicht mehr als 0,5 cm geschnitten haben, so brauchen Sie jetzt nur noch reichlich Erdnuß- oder ein anderes hitzebeständiges Pflanzenöl (z. B. Maiskeim- oder Sonnenblumenöl, in jedem Fall lieber mehr als weniger) auf rund 190° C zu erhitzen; das ist jene Temperatur, bei der ein winziger Wassertropfen, wenn er ins Öl fällt, grell aufzischt, das Öl jedoch noch nicht raucht. Legen Sie jetzt Ihre Pommes frites in möglichst kleinen Portionsschüben ein, und lassen Sie diese - je nach gewünschter Bräunung - drei bis fünf Minuten (bei dickeren Pommes frites auch länger) ausbacken, bevor Sie sie mit einem Schaumlöffel oder einem Gittereinsatz aus dem Fritieröl heben, abermals gründlich mit Küchenkrepp trockentupfen und vor dem Servieren mit Meersalz aus der Mühle würzen.

Vorsicht: Wenn Sie zu viele Pommes frites auf einmal in die Pfanne geben, verliert das Öl an Hitze und die Pommes kleben, ohne wirklich knusprig zu werden, zusammen.

Sind die Pommes dicker als einen halben Zentimeter, so ist es empfehlenswert, die sogenannte »belgische Methode« anzuwenden. Sie verlangt zwei Fritiergänge, deren erster - das sogenannte Pochieren - bei etwa 160° C, also in zwar heißem, aber keineswegs überhitztem Öl, erfolgt und etwa fünf bis acht Minuten dauert. Nach dieser Zeitspanne werden die Pommes frites aus dem Öl gehoben und gründlich trockengetupft. Mittlerweile wird das Öl auf 190° C erhitzt. Die Pommes werden abermals eingelegt und so lange gebräunt, bis sie die gewünschte Farbe und Knusprigkeit angenommen haben. Im

Inneren sind sie zu diesem Zeitpunkt dann fast püreeartig zart.

Und außerdem:

⇨ Wenn man anstatt des Pflanzenfetts Schweineschmalz verwendet und die Pommes frites darin zunächst auf mittlerer Flamme eher kocht als ausbäckt, um sie anschließend – nach dem Abtropfen – im fast rauchenden Schmalz knusprig zu backen, geraten sie noch herzhafter.

SARATOGA CHIPS

Chronisten des amerikanischen Alltags wissen genau anzugeben, wann die Geburtsstunde ihrer Chips schlug: Man schrieb das Jahr 1853, als George Crum, ein amerikanischer Koch indianischer Herkunft, im Staate New York erstmals seine, heute noch in jedem amerikanischen Kochbuch vertretenen, Saratoga Chips servierte und sie zum kulinarischen Hit seines eigenen Restaurants im »Moon's Lake House« machte. Ein Gast, so berichtet die Legende, habe sich darüber geärgert, daß die Pommes frites zu dick seien und dieselben zurückgeschickt. Als George Crum daraufhin wesentlich dünnere Pommes servierte, reklamierte der Gast abermals. Aus Ärger darüber fritierte Crum dann, um dem Gast die Sinnlosigkeit seiner Reklamation vor Augen zu führen, Kartoffelscheiben, die so hauchdünn waren, daß der Gast sie nicht einmal mehr mit einer Gabel aufspießen konnte. Da die Chips dadurch aber äußerst knusprig und wohlschmeckend gerieten, reklamierte der Gast diesmal nicht mehr, und »Moon's Lake House« hatte jene Spezialität erfunden, mit der ich mich mehr als hundertdreißig Jahre später direkt in die Herzen meiner beiden Töchter hineinkochen durfte.

Zutaten: 500 g festkochende Kartoffeln, ¾ l hitzebeständiges Pflanzenöl, Meersalz aus der Mühle.

Zubereitung: Die Kartoffeln mit Hilfe eines feinen Kraut- oder Gurkenhobels in hauchdünne Scheiben schneiden und diese zwei Stunden lang in kaltem Wasser einweichen, bis sie alle überschüssige Stärke verloren haben. Die Kartoffelscheiben mit Küchenkrepp gut trockentupfen und in zwei bis drei Schüben in das auf 190° C erhitzte Pflanzenfett einlegen. Ausbacken, bis sie goldgelb sind, salzen und knusprig-frisch servieren. Wichtig ist - wie bei den Pommes frites -, daß niemals zu viele Chips zugleich ausgebacken werden, da sie sonst aneinanderkleben und statt zu Chips zu blütenkelchähnlichen »Kartoffelrosen« werden.

POMMES DAUPHINOISES

Diese Beilage läßt nicht nur Frauenherzen höher schlagen. Sie paßt zu allen Brat- und Schmorgerichten, die Sie mit einer sämigen, möglichst auch rotweinlastigen Sauce servieren.
Zutaten: 500 g möglichst speckige Kartoffeln, 1/4 l süße Sahne (Obers), 1/4 l Milch, 1 Messerspitze geriebene Muskatnuß, Salz, Pfeffer, 2-3 EL Reibkäse oder Parmesan sowie 1 EL Paniermehl (Semmelbrösel), einige Butterflocken zum Gratinieren, 1 Knoblauchzehe, etwas Butter zum Ausstreichen der Form.
Zubereitung: Die Kartoffeln werden zunächst geschält und dann mit einem Gurken- bzw. Krauthobel in möglichst dünne

Scheiben geschnitten. Die Kartoffelscheiben werden in einer kleinen Pfanne in der mit Salz, Pfeffer und Muskatnuß gewürzten Milch-Sahne-Mischung aufgekocht. Nunmehr läßt man sie auf mittlerer Hitze etwa sechs Minuten lang köcheln, bis sie zwar durch, aber noch ziemlich bißfest sind. Dabei empfiehlt es sich, die Kartoffelscheiben mit einem Kochlöffel mehrmals vorsichtig durchzurühren, damit sie nicht am Pfannenboden ankleben. Dann streicht man eine Auflaufform mit etwas zerdrücktem Knoblauch und Butter aus, füllt die Sahnekartoffeln hinein, bestreut das Ganze mit dem Reibkäse und dem Paniermehl und setzt ein paar Butterflocken darauf. Man gratiniert die Pommes dauphinoises im auf etwa 230° C vorgeheizten Backofen etwa fünfzehn Minuten, bis sich an der Oberfläche eine knusprige Kruste gebildet hat.

Und außerdem:

⇨ Dieses Gericht eignet sich auch als köstliche Hauptspeise, wenn man daraus einen feinen Kartoffelauflauf macht. In diesem Fall dünstet man zunächst eine in Scheiben geschnittene Lauchstange und 200 g streifenförmig geschnittenen Schinken auf kleiner Flamme in 2 EL Butter an und gibt erst dann die Kartoffelscheiben und die Sahne dazu.

SCHINKENERBSEN

Zutaten: 1 Frühlingszwiebel, 100 g kleingehackter Rohschinken (Parma, San Daniele, Serrano etc.), 3 EL Butter, 1 Schuß Sherry, 2 EL Fleischbrühe (Rindsuppe), 400 g Erbsen (der Einfachheit halber kann auch Tiefkühlware verwendet werden), Salz, 1 EL kleingehackter Bärlauch oder Estragon.

Zubereitung: Die Frühlingszwiebel wird kleingehackt und gemeinsam mit dem ebenfalls kleingehackten Rohschinken in der auf kleinster Hitze geschmolzenen Butter angedünstet, bis sie glasig, aber nicht braun ist. Dann gießt man mit einem Schuß Sherry auf und läßt diesen vollständig verkochen. Nunmehr wird mit der Fleischbrühe aufgegossen. Dann kommen die Erbsen hinein, die nur wenige Minuten gegart werden, bis sie noch knackig und bißfest sind. Vor dem Servieren mit etwas Salz und dem Bärlauch bzw. Estragon abschmecken.

Grüne Bohnen mit Speck

Zutaten: 400 g entstielte grüne Bohnen (Fisolen), 1 l Salzwasser, 1 Messerspitze Speisesoda, 8 Scheiben Frühstücksspeck, 1 EL Olivenöl (nicht kaltgepreßt), 1 EL Butter, 1 KL gemischte Provencekräuter (Fines Herbes), evt. 2 ungeschälte Knoblauchzehen.

Zubereitung: Man bringt zunächst das gut gesalzene Wasser zum Kochen und löst darin das Speisesoda auf, das die grüne Farbe der Bohnen besser erhält. Nun werden die grünen Bohnen je nach Geschmack sechs bis acht Minuten gekocht, bis sie weich und dennoch bißfest sind. Nach Ende der Garzeit hebt man sie aus dem kochenden Wasser und schreckt sie kurz mit etwas kaltem Wasser ab, damit man sie besser weiterbehandeln kann. Man formt daraus acht Bündel, die man mit jeweils einer Scheibe Frühstücksspeck umwickelt. In einer Pfanne erhitzt man das Olivenöl und läßt darin die Butter schmelzen. Nunmehr werden die Bohnenpäckchen von allen Seiten im Fett geschwenkt und unmittelbar vor dem Servieren mit den Fines Herbes aromatisiert. Wenn Sie das Aroma von Knoblauch schätzen, können Sie auch zwei ungeschälte Knoblauchzehen mit einem flachen Messer zerdrücken und mitbraten. Diese werden jedoch nicht mitserviert.

Auch Hamburger waren einmal Steaks

Irgendwann einmal kommt auf jeden kochenden Mann, so er Kinder hat, die wirkliche Herausforderung seines kulinarischen Lebens zu: »Kannst du uns nicht auch so einen Hamburger machen wie bei McDonald's?« lautet die kryptische Frage, der man sich in diesem Fall stellen muß, obwohl es darauf nur eine einzige Antwort gibt, und die lautet schlichtweg: »Nein!«
Nicht aus pädagogischen Gründen. Ich gehöre nämlich nicht zu jenen Vätern, die ihren Kindern neben dem Fernsehen, dem Lollipopschlecken und dem Rollerbladen auch den Genuß von Hamburgern untersagen, weil sie »diesem ganzen amerikanischen Zeug« mit äußerster Skepsis gegenüberstehen.
Im Gegenteil: Ich finde, daß man sich den Trends der Zeit gar nicht erst widersetzen sollte (weil man es ohnedies nicht kann), sondern daß man versuchen sollte, unter den gegebenen Umständen das Beste daraus zu machen.
Das gilt auch - und gerade - für Hamburger.
Nun sind die Kids jedoch unglückseligerweise durchwegs der Meinung, daß der beste aller Hamburger jener von McDonald's sei. Gerade dieser jedoch ist in seiner zahnlos-pappmacheártigen Konsistenz so unnachahmlich, daß selbst Meisterköche an seiner 1:1-Imitation regelmäßig zu scheitern pflegen.
Nun ist es freilich völlig sinnlos, diese Tatsache jemandem unter fünfzehn mitzuteilen und auch noch zu glauben, damit auf Anklang zu stoßen. Da hilft nur die Flucht nach vorne: »Papi kann den Hamburger nicht wie bei McDonald's machen, denn dazu müßte Papi bei McDonald's als ›Bulettenbrutzler‹ angestellt sein. Möchtest du, daß dein Papi bei McDonald's Buletten zubereitet?«
Darauf erntet man üblicherweise ein, wenngleich etwas ver-

duztes, »Nein«, da selbst unerfahrene Kids ahnen, daß es mit dem Sozialprestige von ›Bulettenbrutzlern‹ nicht weit her ist. Jetzt erst ist der richtige Moment, unter Beweis zu stellen, daß Papi, auch wenn er seinen Hamburger nicht wie McDonald's zustande bringt, dennoch nicht zwangsläufig ein kulinarischer Versager sein muß.

«Mein Hamburger schmeckt ganz anders als der bei McDonald's«, pflege ich dann zu sagen, »aber schlecht ist er auch nicht. Du wirst schon sehen.«

«Machst du ihn auch mit Ketchup?« lautet dann die nächste, leider logische, Frage.

«Fast«, sage ich selbstbewußt. »Ich mache ihn fast mit Ketchup. Ich mache ihn mit Tomaten.«

«Vielleicht gehen wir doch lieber zu McDonald's.«

Nein, gehen wir nicht. Spätestens jetzt muß ein wenig väterliche Autorität zum Einsatz kommen.

«Ich mache nämlich keinen gewöhnlichen Hamburger«, versuche ich die kindliche Enttäuschung einigermaßen in Schranken zu halten. »Ich mache speziell für dich ein Hamburgersteak. Du magst doch Steaks?«

«Wenn es nicht zu zäh und blutig ist ...«, schallt es skeptisch zurück.

«Das ist ja gerade das Besondere an meinem Hamburgersteak. Es ist ganz butterweich. Und es ist nicht blutig, sondern saftig. Viel saftiger als bei McDonald's.«

«Hhm.« - Diese Reaktion ist mehr, als man sich von einem durchschnittlichen Kind, das dem Marketing-Dauerfeuer eines multinationalen Weltkonzerns ausgesetzt ist, erwarten darf.

Also ans Werk. Und wie Sie gleich sehen werden, scheue ich für meine Überzeugungsarbeit weder Kosten noch Mühen.

Zutaten: 4 frische Sesambrötchen, 2 EL Butter, 2 Knoblauchzehen, 750 g Rinderhackfleisch (Faschiertes) vom Filet oder Entrecôte, 1 EL zerlassene Butter, 1 Eiweiß, 1 Schuß süße Sahne (Obers), 1 Spritzer Worcestershiresauce, 1 EL kleingehackte Petersilie, frisch geschroteter Pfeffer aus der Mühle,

Meersalz aus der Mühle, 2 EL Öl, 4 Eier, 4 knackige Kopfsalatblätter, 4 EL Sandwichrelish (-aufstrich), 4 jeweils 1 cm dicke Scheiben von der vollreifen Fleischtomate, 4 Scheiben Cheddar-Käse.

Zubereitung: Die Sesambrötchen werden in gleiche Hälften geschnitten und jeweils auf der Innenseite mit einer Mischung aus Butter und zerdrücktem Knoblauch bestrichen. Dann legt man sie auf der Unterseite in den vorgeheizten Backofen (150° C) und läßt sie dort antoasten, bis die Oberfläche leicht gebräunt und knusprig ist. In der Zwischenzeit vermengt man das Rinderhackfleisch mit flüssiger Butter, Eiweiß, Sahne, Worcestershiresauce, Petersilie, Salz sowie Pfeffer und formt daraus vier Laibchen von etwa 3 cm Durchmesser. Diese werden entweder in heißem Öl in der Pfanne oder, so vorhanden, auf einer Grillplatte pro Seite drei bis vier Minuten gebraten. In diesem Fall sind sie schön »medium« (und entsprechend saftig), was bei den McDonald's-verwöhnten Kids allerdings meist nicht recht ankommt. Also: Die Hamburgersteaks, die für die Jugend bestimmt sind, lieber noch zwei Minuten auf jeder Seite weiterbraten. 1 Minute vor Ende der Bratzeit legt man auf jedes der Hamburgersteaks die Cheddar-Cheese-Scheibe und bringt sie langsam zum Schmelzen. Währenddessen brät man in einer anderen Pfanne die vier Eier »sunny side down« (siehe Seite 34) und stellt sie beiseite.

Nun werden die Brötchenhälften so zurechtgelegt, daß sie jeweils aufeinanderpassen. Auf den unteren Teil legt man zunächst das Salatblatt, auf das man eine Schicht Sandwishrelish aufträgt. Jetzt wird das Hamburgersteak mit dem Käse daraufgesetzt. Dann kommen das Spiegelei und eine Tomatenscheibe dazu, bevor man den Brötchendeckel aufsetzt. Das alles sollte möglichst schnell gehen, damit das Hamburgersteak unterdessen nicht kalt wird.

Und außerdem:

⇨ Wenn Sie die Petersilie durch Koriandergrün ersetzen und zwischen Salat und Hamburgersteak noch einige Ingwerscheiben auftragen, bekommt der Hamburger eine aparte exotische Note.

⇨ Das Relish kann durch beliebige andere Würzsaucen ersetzt werden.

⇨ Im Gegensatz zu McDonald's werden die Hamburger bei mir, wie alle anderen Speisen auch, mit Messer und Gabel serviert.

Das Getränk dazu:

⇨ Wenn Sie die Kids fragen, kann es sich nur um eisgekühltes Coca-Cola handeln. Ich ziehe ein Glas Pils vor, finde aber angesichts des verwendeten Rindfleischs auch, daß ein leichter Rotwein, etwa ein Beaujolais oder Moulin-au-Vent, recht gut paßt.

Sicherlich wollen Sie jetzt auch noch wissen, wie mein Hamburgersteak bei meinen Kindern so ankommt. Normalerweise passiert folgendes: Zunächst wird die Tomate von Hand entfernt und durch eine ordentliche Portion Ketchup ersetzt. Dann sagen sie, weil sie gut erzogene Mädchen sind: »Gar nicht so schlecht!« - Und ich würde meine Töchter nicht kennen, wenn ich ihnen nicht an den Augen abläse, daß sie sich klammheimlich schon auf den nächsten Big Mäc bei McDonald's freuen.

Männer am Grill

Es gibt Männer, die um die Küche normalerweise einen Bogen machen, als handelte es sich um die Damentoilette. Wenn jedoch selbst solche Geschlechtsgenossen ausnahmsweise einmal ein Kochgeschirr anfassen, dann kann man sicher sein, daß die Barbecue-Saison angebrochen ist. Das Anfachen von Glut mit knarrenden Blasebälgen sowie das schneidige Wenden glühender Holzkohlen gilt nämlich nach alter Väter Sitte als Männersache. Die Damen dürfen den Tisch mit bunten Papptellern decken.

Ich habe jedenfalls so meine Theorie, warum das Verhältnis der Weiblichkeit zum nackten, rohen Bratenstück ein zumindest leicht gestörtes ist.

Wären Sie beispielsweise in früheren Zeiten lieber ein Küchenjunge oder ein Küchenmensch gewesen? Leicht, muß ich Ihnen sagen, hätten Sie es dabei weder so noch so gehabt. In jedem Fall wären Ihre Dienste nämlich niedere gewesen. Und dennoch: Der Küchenjunge (männlich) drehte den Bratspieß. Das (!) Küchenmensch (weiblich) war hingegen für die Abfallbeseitigung zuständig.

Ich bin überzeugt, daß der vielzitierte Geschlechterkampf in der Küche genau hier seinen Ursprung hat.

Der Bratspieß ist, kulturhistorisch betrachtet, ein unmittelbarer Abkömmling des Wurfspeers. Er erwies sich schon in der Altsteinzeit als veritable Mehrzweckgerätschaft, mit deren Hilfe man etwa ein Wildschwein 1. erlegen, 2. bequem nach Hause transportieren und 3. über offenem Feuer braten konnte. Erst die arbeitsteilige Gesellschaft hat uns diesem ursprünglich so klugen Produkt zunehmend entfremdet. Heute spießen die einen, transportieren die anderen und braten dritte. Dadurch haben wir ein Wesensmerkmal des Spießes aus den Augen verloren: Wer ihn besitzt und benützt, ist ein Jäger.

Nach dem Abfall hingegen braucht man nicht zu jagen. Er fällt an, ob man ihn will oder nicht. Und er muß vor allem deshalb weg, weil man sonst keinen neuen Abfall mehr anfallen lassen kann. Wer den Abfall wegräumt, trägt somit dazu bei, den Produktions- und damit den Lebensprozeß ständig in Gang zu halten.

Abfall kann jedoch nur durch eine einzige Art von Tätigkeit dazu angehalten werden, neuem Abfall zu weichen: Er will aufgesammelt sein. Und wer das tut, ist ein Sammler.

Solange Männer jagten und Frauen sammelten, herrschte eine bestimmte, wenn auch sicherlich nicht völlig friktionsfreie Form von Klarheit. Doch dann fühlten sich Frauen allmählich auch im Dianakostüm wohl. Und Männer fingen an, Briefmarken zu sammeln. Das brachte eine gewisse Unruhe ins Verhältnis der Geschlechter, die bis heute nicht wirklich beigelegt werden konnte.

Nur hin und wieder werden die alten Verhältnisse für kurze Zeit wiederhergestellt, und zwar kurioserweise genau dort, von wo der Großteil der Weiblichkeit seit geraumer Zeit weg möchte: nämlich am Herd.

Der Herd, von dem hier die Rede ist, steht allerdings in keiner Einbauküche. Es handelt sich vielmehr um das archaische Urbild jenes offenen Feuers, über dem sich schon beim alten Homer der Braten drehte, und zwar dort, wo außer der furiosen Kassandra und der vor ihrem eifersüchtigen Gatten Menelaos versteckten Helena weit und breit kein weibliches Wesen in Sicht war: nämlich beim Kampf um Troja.

Man muß in den Sagen des klassischen Altertums nicht besonders beschlagen sein, um zu wissen, daß dieser Kampf bis heute weitergeht, und zwar – Sie haben es vielleicht schon erraten – bei der Grillparty, wo sich die Männer, mit Spießen, Bratenwendern und Blasebälgen bewaffnet, als glühende Kämpen erweisen und die (kurioserweise meist von den Frauen) im Supermarkt erlegte Beute nunmehr endgültig zur Strecke bringen.

Diana und Artemis halten unterdessen wohlweislich Abstand von der gleißenden Glut und kümmern sich um die Früchte der Erde, um grüne Bohnen, Tomaten, Rucola und Paprika, die sie mit zierlicher Hand zu einem Salatbuffet zusammenstellen. Erst das gemeinsame Mahl zeigt die Geschlechter dann wieder froh vereint.

Zumindest so lange, bis nur noch ein paar Essensreste auf der Tafel und die erkalteten Grillwaffen in der Asche herumliegen. Nun bedarf es keiner spießdrehenden Küchenjungen mehr. Jetzt wird nicht gejagt, sondern nur noch gesammelt. Und dafür ist - siehe weiter oben - immer noch das »Küchenmensch (weiblich)« zuständig.

Zumindest verhielt es sich bis vor geraumer Zeit so. Mittlerweile sollen jedoch auch schon beherzte Ladies mit rußgeschwärzten Gesichtern beim Drehen des Grillspießes beobachtet worden sein, während sanfte Daddies in der Küche liebevoll den Tomatensalat marinierten.

Wie die Grillarbeit zwischen den Geschlechtern aufgeteilt werden sollte, das wird sich indessen wohl auch gesetzlich nicht so schnell regeln lassen. Umsomehr sollte es zur kulinarischen Allgemeinbildung für jedermann gehören, eine Grillparty ohne verrußte Nasen, Fleischfasern zwischen den Zähnen und Aschengeschmack am Gaumen einigermaßen über die Runden zu bringen.

Wenn Sie die folgenden Grundregeln beachten, dann sollte das gar nicht so schwer sein.

⇨ **Achten Sie auf den richtigen Grillrost.** Um grillen zu können, muß man weder eine Meisterköchin noch ein Brandmeister sein. So ganz und gar ohne gewisses Know-how geht's indessen auch nicht. Und das fängt schon bei der verwendeten Gerätschaft an. Grillprofis sehen sich beispielsweise die Dicke der Stäbe, die der Grillrost aufweist, ganz genau an. Dünne Stäbe sind zwar zierlich, erweisen sich jedoch als unpraktisch, weil kleinere Fleischstücke leichter in die Glut rutschen. Vor allem aber garantieren dicke Stäbe durch bessere Wärmeleitung einen optimalen Garungsprozeß.

⇨ **Haben Sie Mut zur Glut.** Die wahre »Feuerprobe« für jeden Grillmeister ist freilich das Entfachen der Glut, für das es heute - von Spezialkohlen bis zu festen oder flüssigen Anzündehilfen - schon allerlei »Little Helpers« gibt. Mit Sportsgeist hat dies allerdings soviel zu tun wie eine Automatik- mit einer Fünfgangschaltung. Und so bedienen sich wahre Grill-Freaks immer noch der klassischen Methode: Die Kohlenpfanne zunächst mit zerknülltem Zeitungspapier anfüllen und kreuzweise nicht zu wenig Spanholz darüber aufschichten. Erst jetzt gleichmäßig und locker die Holzkohle darüber verteilen und anzünden.

⇨ **Schwingen Sie sich zum »Herrn der Winde« auf.** Geht beim Entfachen des Feuers ein anständiger Wind, so ist für die nötige Zugluft gesorgt. Bei Windstille hilft man traditionell mit einem Blasebalg nach, was allerdings zu gefährlichem Funkenflug und unregelmäßiger Glutverteilung führen kann. Allein: Ausgefuchste Schlaumeier unter den Grillspezialisten wissen auch da Abhilfe und benützen statt des Blasebalgs einen Haarfön, der Hitze und Luft wesentlich »softer« umschlägt.

⇨ **Machen Sie die Handflächenprobe.** Wann kann das Fleisch aufgelegt werden? In keinem Fall dürfen noch Flammen lodern, die Holzkohlen sollten bereits schön weiß und die darüberliegende Hitze sollte so flirrend sein, daß die Luft zu vibrieren scheint. Um die Hitze richtig einzuschätzen, halten Sie Ihre Handfläche etwa 10 cm über den Rost, und beginnen Sie zu zählen: 21, 22 ... Wenn Sie die Hand bereits jetzt wieder wegziehen müssen, ist die Hitze optimal für Kurzgebratenes. Können Sie ohne Verbrennungen bis 24 zählen, läßt sich voluminöseres Bratgut bequem auf mittlerer Hitze garen. Ab 25 ist die Hitze jedoch eindeutig zu niedrig und allenfalls nur noch zum Warmstellen geeignet.

⇨ **Wählen Sie zum Grillen geeignete Fleischstücke aus.** Die beste Glut nützt nichts, wenn das verwendete Fleisch fürs Grillen nicht paßt. Vergessen Sie also Fleisch, das Sie sonst dünsten, schmoren oder kochen. Ideal ist indessen gut abgehangenes (d. h. eher dunkelrotes) und fein marmoriertes (von zarten Fettäderchen durchzogenes) Fleisch vom Filet oder von der Beiried. Vom Kalb eignen sich (nicht zu helle) Koteletts, aber auch Leber und Nieren hervorragend zum Grillen, wobei das Nierenfett vorher unbedingt bis auf ein zartes »Randl« entfernt werden muß. Das Schwein bietet vom Lungenbraten (den man in der Mitte einschneiden und aufklappen sollte) über Koteletts und Leber bis zu den Nieren eine wahre Fülle an Grillgut. Vom Lamm fühlen sich vor allem die aus dem Rücken geschnittenen Koteletts auf dem Rost wohl. Im übrigen passen auch Würste, Fleischlaibchen, Ćevapčići, Spareribs, vor allem aber auch Geflügelkeulen und -brüste, Forellen und Saiblinge sowie Scampi, Hummer und Langusten (immer mit der Schale grillen!) perfekt.

⇨ **Sparen Sie nicht an der Fleischqualität.** Auf den Grill gehört nun einmal kein Weißes Scherzl – und wenn es noch so ähnlich wie Lungenbraten aussehen mag. Je zarter das Fleisch, desto besser schmeckt's.

⇨ **Überwürzen Sie nicht.** Wie jede andere Garungsart erfordert auch das Grillen hohe kulinarische Sensibilität. Bis man alle Stücke wirklich »auf den Punkt« bringt, sie also nicht zu roh oder zu trocken sind, bedarf es einiger Übung. Und was die Würzung betrifft, so sollte man auch und gerade auf dem Gartengrill den Eigengeschmack des Fleischs so naturbelassen wie möglich erhalten und ihn nicht durch eine Überdosis Würzmischung, Knoblauch oder Grillsauce überdecken.

⇨ **Vorsicht vor zuviel Fett.** Schneiden Sie größere Fettränder, die leicht verkohlen könnten, vor dem Grillen ab. Schmale Fettumrandungen können bleiben. Vergessen Sie jedoch nicht, diese alle paar Zentimeter einzuschneiden, da sich Ihr Fleisch sonst unschön aufwölbt. Abtropfendes Fett sollte man (z. B. durch Unterlegen von gelöcherter Alufolie) aus Gesundheitsgründen auffangen, bevor es in der Glut verbrennt.

⇨ **Marinieren Sie das Grillgut.** Fleischstücke, die für das Grillen bestimmt sind, sollte man zuvor eine oder auch mehrere Stunden in einer Marinade aus Öl, Pfeffer, Salz und Gewürzen (Rosmarin, Knoblauch, Thymian) ziehen lassen. Das Fleisch wird dadurch nicht nur zarter, sondern nimmt die Würze auch im Inneren auf.

⇨ **Wenden Sie Fleisch nie mit der Gabel.** Wenn sich die Poren einmal geschlossen haben, heißt es: Weg mit spitzen Gegenständen! Verwenden Sie nur flache Bratenwender. Denn jeder Saftverlust macht Ihr Barbecue trocken.

⇨ **Regulieren Sie den Abstand zwischen Rost und Glut.** Die beste Möglichkeit der Hitzeregulierung am Grill ist die Einstellung der Brathöhe. Faustregel: Flache Stücke kurz und nahe der Glut grillen. Bei Grilladen mit größerem Durchmesser sowohl Glutabstand als auch Garzeit erhöhen.

⇨ **Aromatisieren Sie den Rauch.** Rosmarinzweiglein in die Glut zu werfen gibt dem Fleisch einen unverwechselbaren Geschmack.

⇨ **Machen Sie die Fingerdruckprobe.** Ob ein Stück Fleisch durch ist oder nicht, erspüren Sie am besten mit den Fingern. Gibt es Ihrem Druck nach, so ist das Fleisch noch saftig, bleibt die Oberfläche hart, so ist es endgültig durch.

⇨ **Machen Sie Ihre Grillsaucen lieber selbst.** Beim Grillen sollte man nicht nur die Kunst des »Auf-den-Punkt-Garens« beherrschen, sondern womöglich auch jene der Herstellung pikanter Würzsaucen, die - obwohl »echte« Grillsaucen - die Geschmacksnerven nicht beleidigen. Aus saurem Rahm, grünen Pfefferkörnern, etwas Quark (Topfen) sowie einem Schuß Tabasco und ein paar kleingehackten frischen Kräutern läßt sich beispielsweise ebenso Wohlschmeckendes zaubern wie aus einer selbstgerührten Mayonnaise, die man mit etwas scharfem Madras-Curry abschmeckt und anschließend mit Bananenscheiben oder exotischen Früchten verfeinert.

Grilling softly

Melanzane und Zucchini

Es gibt echte Grillgemüse, deren Eigengeschmack durch das Holzkohlenaroma nur verstärkt und dabei sogar verbessert wird. Das trifft etwa auf Melanzane und Zucchini zu, die man in Scheiben von ca. 0,5 bis 1 cm Durchmesser schneidet, die man mit einer Marinade aus zerdrückten Knoblauchzehen, Herbes de Provence, Salz, Pfeffer und etwas Olivenöl bestreicht. Je nach Dicke und Gluthitze läßt man die Scheiben dann auf jeder Seite ein bis zwei Minuten braten, bis das Fruchtfleisch innen saftig und die Außenhaut knusprig ist.
Wie bei fast allen Gemüse-Grillgerichten gerät der Bratvorgang schonender und das Ergebnis weniger rußgeschwärzt, wenn man das Grillgut dabei nicht unmittelbar auf den Rost legt, sondern etwas geölte Alufolie oder eine ausgebutterte Aluminiumgrillschale zum »Abpuffern« der Hitze verwendet. Man nimmt damit freilich auch in Kauf, daß manches weniger deftig und »rustikal« schmeckt.

Tomaten und Paprika

Hervorragend fürs Grillen geeignet sind – mit oder ohne Alufolie – neben im Ganzen gegrillten (eventuell auch aufgeschnittenen und mit Kräuterbutter gefüllten) Tomaten, die über der Holzkohlenglut eine ganz spezielle Art von Würze entwikkeln, auch Paprikaschoten. Besonders hübsche Effekte erzielt dabei, wer grüne, rote und gelbe Paprika in etwa zwei Zentimeter dicke Streifen schneidet, diese auf den Grill legt, anschließend durcheinandermischt und dann, mit etwas kaltgepreßtem Olivenöl begossen, auf einem Teller serviert. Für alle bisher erwähnten Gemüse gilt: Wenn man ein paar Zweiglein Rosmarin mitbrät, wird das Aroma gleich dreimal so intensiv.

RADICCHIO UND CHICORÉE

Ähnliches trifft auch auf den köstlichen langstieligen wie zartbitteren Radicchio di Treviso - eine weithin bekannte Spezialität der norditalienischen Küche - zu, der leider nur im Winter gedeiht. Mit Erfolg grillen läßt sich jedoch auch jeder andere Radicchio rosso, vorausgesetzt, man salzt ihn zuvor gut ein und beträufelt ihn nicht allzu sparsam mit Öl, da die Blätter ansonsten trocken werden. Alufolie erweist sich auch hier als nützlich, ebenso wie beim gegrillten Chicorée (belgische Endivie), dessen Stauden der Länge nach halbiert werden, bevor man sie mit einer Mischung aus zerlassener Butter, Salz, etwas Muskatnuß und Rosenpaprika bestreicht und etwa zehn Minuten grillt, wobei man mit der flüssigen Butter im Interesse des späteren Wohlgeschmacks ruhig etwas freizügiger umgehen kann, als es die Cholesterintabelle erlaubt.

MAISKOLBEN

Etwas derber als diese ebenso feinen wie herben Gemüsegenüsse ist ein anderer Fixstarter auf den Grillrosten zwischen Pußta, Louisiana und Titicacasee - nämlich der Maiskolben. Am besten bereitet man ihn zu, indem man ihn zunächst mit viel flüssiger Butter beträufelt und dann auf einer Alufolie etwa zwanzig Minuten grillt, wobei man ihn ständig wendet und weiter bepinselt, bis die Körner eine goldbraune Farbe annehmen. Dann wird kräftig gesalzen und gepfeffert, und der ganze Kolben läßt sich von allen Seiten her auf zwar nicht unbedingt kniggegerechte, aber dafür umso leckerere Weise anknabbern.

PILZE

Sie sind das archaischste, einfachste und, wie viele meinen, auch wohlschmeckendste Grillgericht. Fast alle eßbaren Waldpilze eignen sich für diese Zubereitungsart, wobei ein Holzkohlengrill wegen des damit verbundenen Rauchgeschmacks einer Elektrogrillplatte in jedem Fall vorzuziehen ist. Kurzum: Wenn es so etwas wie eine Hohe Schule des sanften Grillens gibt, so ist das zweifellos die Kunst, Pilze zu grillen. Zumindest wenn man den Italienern Glauben schenken darf, sind gegrillte Pilze das Nonplusultra und unserer gebackenen Variante bei weitem vorzuziehen. Zum Grillen eignen sich vor allem die Hüte der Pilze (während die Stiele gerne dazu tendieren, durch den Rost zu fallen und daher besser für eine Schwammerlsauce aufgehoben werden sollten). Ihr Aroma entfalten gegrillte Pilze am besten, wenn man sie vor dem Anbraten auf der Oberseite mit einer Mischung aus Olivenöl (nicht kaltgepreßt), Knoblauch und Salz bestreicht. Die Pilzkappen werden zunächst mit der dem Stiel zugewandten Unterseite auf den Rost gesetzt und, je nach Größe, zwei bis maximal vier Minuten gegrillt. Dann dreht man sie um, nachdem man sie abermals mit der Ölmischung beträufelt hat, und gart sie noch ein paar Minuten weiter. Vor dem Servieren werden die Pilzkappen mit Pfeffer aus der Mühle und frisch gehackter Petersilie bestreut sowie mit ein paar Tropfen Extra-vergine-Öl besprengt. Dazu serviert man frisches Weißbrot oder Crostini.

Makrobiotik auf dem Grill

Angesichts solcher ebenso einfacher wie letztlich doch auch elaborierter Genüsse wird einem Fleischliches auf dem Grillrost kaum abgehen. Wer freilich doch ein wenig »etwas zwischen den Zähnen« spüren möchte, der findet heute in den einschlägigen Gesundheitsabteilungen in den Supermärkten längst auch Hamburgerlaibchen aus Hafer- und Vollkornschrot, Bratwürstchen aus Sojabohnen, Saitan-Glutenschnitzel oder frischen Räuchertofu, allesamt Zutaten, denen ein gewisses Grill- und Räucheraroma bestens ansteht.

Gegrilltes Knoblauchbrot

Nicht ganz so gesund, aber absolut köstlich ist es auch, Baguettes (französisches Stangenbrot) oder Sandwiches in regelmäßigen Abständen schräg einzuschneiden, mit einer Mischung aus Kräuter- und Knoblauchbutter zu bestreichen, in Alufolie einzuwickeln und ein paar Minuten auf den Grill zu legen, bis sich das Brot mit der geschmolzenen Butter vollgesaugt hat. Wem also bei all den kalorienarmen Gemüsegenüssen nach einer Sättigungsbeilage zumute ist, der wird wohl kaum eine bessere finden.

Wie halten Sie's mit Aschenbrödel?

Wo viel Glut ist, da ist auch viel Asche, und der wahre Koch weiß sie auch zu nützen, denn die - noch - heiße Asche bietet, in Verbindung mit Butterpapier oder Alufolie, die Chance für zwei besonders wohlschmeckende und aromatische Gerichte: ein ganz einfaches und ein ziemlich nobles.

Das einfache sind **Kartoffeln aus der Asche.** Ihre Zubereitung beginnt, sobald die letzte Glut verglommen ist, und dauert, je nach Größe der Kartoffeln und Hitzebeständigkeit der Asche, zwischen einer halben und anderthalb Stunden. Wenn man die Kartoffelschale nicht mitessen will, sondern nur auf deren mehlig-flockiges Innenleben aus ist, das umso besser mundet, je mehr darin auch das Holzkohlenaroma durchschlägt, so braucht man die Kartoffel nicht einmal einzuwickeln. Man wirft sie sozusagen »nackt und bloß« in die Glut, schneidet sie danach auf, würzt das Innere mit Pfeffer, Salz, Knoblauch, Kräuterbutter oder Kräuterrahm und schält das heiße Kartoffelfleisch mit einem Kaffeelöffel aus der Schale.
Will man die Schale mitessen, so ist es, sowohl aus hygienischen als auch aus gesundheitlichen Gründen, vorzuziehen, die Kartoffel zuvor in Alufolie oder Butterpapier zu wickeln und dieses gut zu verschließen. Das Papier zieht man nach dem Garen ab - und serviert die heißen Kartoffeln auf die nämliche Weise mit einem Glas Bier, Apfelmost oder einem Schluck gut gekühltem Weißwein. Und es gibt nicht wenige, die gerade diesen Genuß - trotz vorangegangener Grillkoteletts und T-Bone-Steaks - für den eigentlichen Höhepunkt der ganzen Grillparty halten.

TRÜFFELN UNTER DER ASCHE

Bevor die Kartoffeln aus Amerika nach Europa kamen, verstand man unter dieser Bezeichnung alle Arten von Knollenfrüchten, allen voran die sogenannten Tartuffeln, die uns heute viel besser als Trüffeln bekannt sind. Sie spielen im Geschlechterkampf in der Küche seit jeher eine, wie schon erwähnt, höchst erotische Rolle. Denn die tollen Knollen haben schon den alten Römern »den Saft in die Tube getrieben«. Daher auch der lateinische Name »tuber«, zu deutsch: Schlauchpilz.

Da in der Luft um die Trüffel stets etwas Erotisches liegt, haben auch Trüffelschweine und Trüffelhunde einen durchaus galanten Grund, um uns bei unseren feinschmeckerischen Nachstellungen zu unterstützen. Der Duft der schwarzen Trüffel ist, chemisch gesehen, mit dem Sexualhormon des Ebers identisch - was erklärt, daß für die Trüffelbalz nur weibliche Schweinchen taugen, deren Witterung auch dann funktioniert, wenn das Objekt ihrer Begierde tief im Erdboden ruht. Die Italiener vertrauen indessen mehr den läufigen Hündinnen, die bei der Trüffelsuche ebenfalls nicht auf Delikatessen, sondern auf einen Liebhaber aus sind.

An Liebhabern fehlt es auch den »Trüffeln unter der Asche« nicht. Es handelt sich dabei zwar um ein klassisches Rezept des »Königs der Köche«, Auguste Escoffier, doch man benötigt, um dieselben zuzubereiten, keine große Palastküche, sondern es reicht ein offener Kamin oder ein Holzkohlengrill.

Zutaten: (mindestens) 4 schwarze Périgord-Trüffeln, Meersalz aus der Mühle, 1 dl Champagner oder 1 dl Portwein, 80 g in hauchdünne Scheiben geschnittener Hamburger Speck, 4 Scheiben frisches Bauernbrot, 100 g frische, unpasteurisierte Landbutter; Alufolie bzw. Butterpapier in Stücken von jeweils 10 x 10 cm, 4 Papierservietten.

Zubereitung: Zunächst werden schwarze Périgord-Trüffeln, je mehr desto lieber, gebürstet, gesalzen und, je nach Lust und Laune, durch etwas Champagner oder Portwein gezogen. Anschließend umhüllt man die Trüffeln mit Hamburger Speck und wickelt sie in zwei Lagen Butterpapier (ersatzweise auch in eine doppelte Schicht Alufolie). Die Trüffelpäckchen legt man schließlich in heiße Asche, bedeckt sie mit etwas Glut und läßt sie - je nach Größe - eine halbe bis eine Dreiviertelstunde darin simmern. Vor dem Servieren werden die Trüffeln in eine Papierserviette gewickelt und mit Bauernbrot sowie Landbutter angerichtet.

Das Getränk dazu:

⇨ Am besten paßt jene Essenz, in welcher die Trüffeln auch mariniert wurden: also Champagner oder Port.

Die Sauce: auf den Spuren der grossen Köche

Daß die großen Küchenchefs dieser Welt fast durchwegs Männer waren und - von wenigen Ausnahmen abgesehen - auch noch sind, ist für das weibliche Geschlecht ein Quell ständigen Ärgernisses. Und nicht ohne einen gewissen Masochismus fragen mich gerade meine Tischdamen bei diversen Empfängen und Galamenüs häufig nach meiner Meinung, warum das denn so sei.

Ich habe darauf eine Standardantwort parat, und die lautet: Der wahre Grund ist die Sauce. Gute Saucen können praktisch denkende Frauen im Nu hinzaubern, zumindest dann, wenn sie es irgendwann von der Mutter oder Oma gelernt haben. Männer hingegen benötigen dafür, wenn sie sich überhaupt an Saucen wagen, ganze Tage.

Männer - ich behaupte das einfach einmal - neigen dazu, kompliziert zu kochen. Meine Frau beispielsweise hätte schon längst ein Löffelchen Rahm mit einem Löffelchen Mehl vermischt, um einen zu dünn geratenen Braten- oder Schmorsaft auf die Schnelle zu binden, wenn ich immer noch auf Höllenhitze einreduziere, während die Töchter schon hungrig warten oder allfällige Gäste bereits überlegen, ob sie nicht allmählich ans Heimgehen denken sollten.

Nun hänge ich allerdings dem altmodischen Denken an, daß, wer sich keine Zeit zum Kochen respektive zum Warten nimmt, auch keine wirklich gute Sauce verdient. Wer gottgewollte (oder meinenthalben auch von der Chemie vorgegebene) Kochabläufe willkürlich durch Mehlschwitzen, Fertigsaucen oder den exzessiven Gebrauch von Suppenwürfeln abkürzt, der sollte niemals von Saucen reden.

Um es kurz zu machen: Was ich über Saucen weiß, habe ich nicht von Frauen, sondern nur von Männern gelernt, allen voran vom bereits erwähnten Wiener Meisterkoch Rudolf Kellner, der mich gelegentlich in der Küche seines Restaurants »Altwienerhof« kiebitzen läßt und dem ich das folgende Kapitel widmen möchte, das ich ohne sein bereitwillig zur Verfügung gestelltes Wissen niemals hätte verfassen können.

Wie bereitet man eine wirklich feine Weinsauce zu?

Das Grundrezept für Weinsaucen beruht auf den immer gleichen chemischen Reaktionen, die man, um in der Saucenküche zu reüssieren, einmal gründlich studiert haben sollte.

1. Die Ausgangsbasis

Jede Sauce benötigt zunächst einmal einen Grundträger. Üblicherweise sind das entweder Zwiebeln oder Schalotten. Beide werden ganz klein gehackt verwendet und müssen in Butter so lange anziehen, bis sie ihren Rohgeschmack verloren haben, aber nicht ihre Farbe. Die Schalotten haben dabei den Vorteil, daß sie weicher, runder und nicht so scharf im Geschmack sind. Wichtig ist dabei vor allem, den Schalotten durch Anschwitzen in etwas Butter gleichmäßig ihre scharfe Spitze zu nehmen. Wenn auch nur ein kleiner Teil der Schalotten in diesem Stadium roh bleibt, schmeckt man's der Sauce nachher ebenso an, wie wenn einige davon, etwa an den Pfannenrändern, zu braun geraten.

2. Das Aufgießen mit Wein

Hat sich die Schalottenbasis zur gewünschten goldgelb-sämigen Konsistenz entwickelt, kann mit Wein aufgegossen werden. Für eine »kurze Sauce« - das ist eine, von der man später nicht einen halben Liter benötigt, sondern die man lediglich zum Nappieren oder Umgießen von Fleisch oder Fisch verwendet - kann man mit dem edlen Elixier ruhig sparsam umgehen. Viele glauben, daß die Sauce desto besser wird, je mehr Wein man verkocht. Doch das ist ein ebenso geläufiger Irrtum wie der von allzu ängstlichen Eltern immer wieder verbreitete

Aberglaube, daß Weinsaucen Alkohol beinhalten, obwohl derselbe sich bis zum Servieren längst völlig verkocht hat.
Bei der Frage, mit wieviel Wein man aufgießt, läßt man sich am besten vom Gefühl leiten. Pfennigfuchserei ist ebensowenig angesagt wie sinnlose Verschwendung. Im allgemeinen reichen für vier Saucenportionen vier Schalotten und 0,2 l Wein völlig aus. Handelt es sich um einen besonders edlen Tropfen, den man anschließend zu diesem Gericht auch trinken will, darf's auch noch ein bißchen weniger sein.

3. Das Einreduzieren

Der Wein soll die Sauce nicht flüssig machen, sondern aromatisieren. Aus diesem Grund wird er auch nicht mitgeköchelt, sondern gleich zu Beginn bei hoher Hitze in die Zwiebelmischung regelrecht »hineinreduziert«, bis er nahezu vollständig verkocht ist. Ab diesem Zeitpunkt ist das Thema Wein endgültig abgespielt. Wer glaubt, den Geschmack einer Sauce durch Angießen mit noch mehr Wein zu einem späteren Zeitpunkt verbessern zu können, der irrt. Tatsächlich tritt dann nämlich das genaue Gegenteil ein. Das Aroma des reduzierten Weins wird vom frischen Wein überdeckt, und in der Folge bildet sich ein unangenehmer Hefegeruch oder eine undelikate Säurespitze, die der fertigen Sauce alles andere als gut zu Gesicht steht.

4. Wie vertieft man den Saucengeschmack?

Nun kann es freilich passieren, daß eine Sauce (z. B. weil ein minderwertigerer oder ungeeigneter Wein als Basis verwendet wurde) nicht jene geschmackliche Tiefe entwickelt, die man sich erwartet hat. In diesem Fall hilft der ein oder andere Griff in die Trickkiste der Meisterköche.
Beispielsweise macht sich, wenn die Sauce auf Weißweinbasis hergestellt wurde, zu diesem Zeitpunkt ein Schuß Pernod oder Wermut recht gut, wobei Pernod am Schluß weniger vorschmeckt und daher noch besser zum Verfeinern geeignet ist. Auch bei diesen geschmacksbildenden Elixieren liegt der Erfolg übrigens in einer eher sparsamen Verwendung.
Eine weitere Möglichkeit, einer Weinsauce zusätzlichen Geschmack zu geben, besteht darin, ihr mit ein paar Tomaten- und

Champignonstückchen einen feinen »gemüsigen Geschmack« zu verleihen. Die Tomaten dürfen allerdings nicht zu sauer sein, denn Säure hat die Sauce durch den Wein schon genug.

Fügt man zur Schalottenreduktion auch noch Fenchel und Lauch, etwas Safran oder geriebenen Ingwer hinzu, lassen sich ungeahnte geschmackliche Variationen erzielen. Die Sauce wird dadurch (wenn man bei den Aromaten nicht zuviel des Guten tut) vielschichtiger und - für Gäste - geheimnisvoller. Auch ein Schuß Olivenöl dann und wann kann sich höchst geschmacksverfeinernd auswirken.

5. Das Auffüllen mit Suppe oder Fond

Ob Pernod, Noilly Prat, Tomaten oder Champignons - in jedem Fall muß jetzt noch einmal kurz eingekocht werden, bevor die mittlerweile schon recht sämig gewordene Alkohol-Schalotten-Mischung - je nach dem weiteren Verwendungszweck - mit Fisch-, Geflügel- oder Kalbsfond aufgegossen und dann abermals auf die gewünschte Saucenkonsistenz einreduziert wird. Je mehr man mit Suppe oder Fond aufgießt, desto länger muß man reduzieren und desto intensiver wird der Geschmack.

6. Wie vertreibt man vorschmeckende Säure?

Sollte es trotz Einhaltung aller Regeln, etwa weil man einen Wein verwendet hat, der einfach zuviel Säure aufweist, einmal passieren, daß die Sauce schlicht und einfach sauer wird, so gibt es dagegen ein probates »Wundermittel«: nämlich Fett, welches die Säure weitgehend zudeckt. Freilich: Eine Sauce, die völlig falsch angesetzt wurde, kann man auch durch noch soviel Butter oder süße Sahne (Obers) nicht retten. Aber eine etwas zu sauer vorschmeckende Saucenreduktion läßt sich damit noch allemal verfeinern. Wenn die Wein-Schalotten-Reduktion soweit fortgeschritten ist, daß sie sich wie flüssige Lava zu bewegen und ein wenig zu blubbern beginnt und Blasen schlägt, dann ist die Zeit für die sündhaften Zutaten, wie süße Sahne und Crème fraîche, gekommen. Beide verleihen der Sauce schon nach kurzem Einreduzieren Konsistenz und auch ein gewisses »Stehvermögen«.

7. Das Montieren der Sauce mit Butter
Ist die Sauce fertig einreduziert, läßt sie sich nicht nur mit Sahne oder Crème fraîche noch molliger und vollmundiger machen, sondern vor allem mit Butter. Auch vor dem sogenannten Montieren mit kühlschrankkalter Butter empfiehlt es sich jedoch, der Reduktion ein Häubchen geschlagene (!) süße Sahne aufzusetzen und dieses allmählich in die Reduktion einzurühren. Das Montieren selbst darf niemals auf der Herdplatte, sondern muß stets abseits der Hitze erfolgen. Man hält dafür, je nach Saucenmenge, ein halbes bis ein Dutzend kalter nußgroßer Butterstükke bereit, rührt sie mit einem Schneebesen unter die Sauce und schwenkt sie so lange in der Pfanne aus, bis die Sauce so sämig, standfest und mollig ist, wie man sich das vorgestellt hat. Wer nun einwendet, daß Butter ja alles andere als gesund sei, der muß seinen Ehrgeiz in die Perfektion der Reduktion investieren. Denn in jedem Fall gilt die Faustregel: Je stärker man einreduziert, desto weniger Butter braucht man zum Montieren. Und wenn die Reduktion wirklich gut strukturiert ist, benötigt man mitunter überhaupt keine Butter.
Einfacher und unkomplizierter ist das Montieren, wenn man dazu einen Stabmixer verwendet.
8. Mehl in der Sauce ist nicht immer ein Fauxpas.
Klar: Einbrenn und Mehlschwitze sind in jeder einigermaßen engagierten Küche Four-letter-words. Doch wie sagte schon Paracelsus? – Allein die Dosis macht's! Und das gilt in gewisser Hinsicht auch für das Mehl als Saucenbindemittel.
Denn Mehl hat, zumal dann, wenn mit Weinen gekocht wird, durchaus auch seine segensreichen Wirkungen. Gerade Saucen, deren Basis ein relativ saurer Wein – also etwa ein Grüner Veltliner oder Welschriesling – bildet, munden, nachdem man eine Messerspitze Mehl hinzugefügt hat, ganz plötzlich runder. Das Mehl wirkt sich dabei gar nicht so sehr auf die Konsistenz aus (für die sorgt ohnedies die Reduktion), sondern vielmehr auf den Geschmack.
Die klassische Methode, um das Mehl in die Sauce zu bringen, heißt Beurre manié. Butter wird mit Mehl im Verhältnis 2:1

gut verknetet. Der so entstandene »weiße Schneeball« wird kaffeelöffelweise, nachdem man die Sauce zuvor durch ein Geschirrtuch passiert hat, eingerührt.

9. Das Passieren der Sauce

Jede gute Sauce muß, um wirklich perfekt und vor allem auch einigermaßen ansehnlich zu sein, passiert werden. Am besten tut man das - wie zuvor erwähnt - mit einem Küchentuch - der sogenannten Etamine -, das im süddeutschen Sprachraum auch »Hangerl« genannt wird. Dieser Vorgang ist geradezu ideal dazu geeignet, um partnerschaftliches Verhalten in der Küche zu demonstrieren. Alleine schafft man das nämlich kaum. Viel besser funktioniert es mit Weib oder (bärenstarkem) Kind. Wenn noch ein zweites Kind mithilft, die Sauce in das Tuch zu leeren, wird's noch etwas leichter; sonst muß diese nicht ganz einfache Aufgabe einer der beiden »Passierer« übernehmen. Nunmehr wird über einem Auffanggefäß in entgegengesetzte Richtungen gedreht, bis der letzte Tropfen durch ist. Und wenn man etwas kochtechnischen Ehrgeiz besitzt, so wiederholt man diesen Vorgang noch einige Male. Die Sauce wird dadurch jedesmal noch ein bißchen besser, aber auch stets um rund ein Fünftel »kürzer«, da das »Hangerl« seinen Tribut fordert.

Ich muß ehrlich gestehen, es gelingt mir immer seltener, meine Familie für diesen anstrengenden Küchendienst zu rekrutieren. Denn was beim ersten Mal wie ein lustiges Gesellschaftsspiel aussieht, pflegt bei häufigerer Wiederholung tatsächlich in Arbeit auszuarten. In letzter Zeit passiere ich also zumeist monoman - und verwende dafür entweder ein gutes Passiersieb, in dem ich die Flüssigkeit mit der Rückseite eines Kochlöffels kräftig ausdrücke. Oder ich greife gleich zur sogenannten »Flotten Lotte«, einem äußerst praktischen Passiersieb, das mit Kurbeldruck funktioniert und fast so gute Ergebnisse wie die Etamine erzielt.

10. Wenn die Sauce gerinnt

Es kann immer passieren, daß sich eine Sauce, etwa indem man sie zu lange unbeobachtet und im wahrsten Sinne des Wortes ungerührt stehen läßt, in ihre flüssigen und festen Be-

standteile auflöst, sprich: gerinnt. Erste Hilfe läßt sich in weniger gravierenden Fällen mit einem Tröpfchen Sahne (Obers) leisten, das die Sauce schnell wieder zusammenfügt und überdies auch die Farbe einer zu diesem Zeitpunkt oft schon reichlich grau geratenen Rotweinsauce zu verbessern vermag.
Und dann ist da selbstverständlich auch noch der Trick, ein oder mehrere Eiswürfel in der Sauce aufzulösen, die die ursprüngliche Konsistenz wieder herstellen, als wäre nichts passiert. Dann muß allerdings noch einmal mit etwas Butter montiert werden, wobei man auf keinen Fall zuviel nehmen sollte, weil die Sauce sonst zu fett gerät.

11. Welcher Wein für welche Sauce?

Nicht jeder Wein ist zum Saucenkochen gleichermaßen geeignet. Die überlieferte Meinung, daß der billigste Wein zum Kochen gerade gut genug sei, weil er sich ja ohnehin verkoche, ist eine gefährliche Irrlehre, die letztlich nur zu übersäuerten und ausdruckslosen Saucen führt. Wichtig ist indessen, daß ein Wein, mit dem man kochen möchte, Statur, Volumen und Extrakt besitzt. Schließlich geht es ja beim Kochen mit Wein um nichts anderes, als die feinen Extraktstoffe vom Wein in die Sauce hinüberzuziehen, ohne daß deswegen zuviel Säure mitkommt. Der Rest ist im Grunde genommen nur Wasser, das sich nach Belieben auffüllen und einreduzieren läßt. Erfreulicherweise verschwindet beim Kochen nicht nur der Alkohol, sondern auch ein allfälliger Korkgeschmack. Für mich ist es daher kein allzu großes Unglück, wenn etwa ein edler Chambertin (was selten vorkommt) korkt. Ich mache einfach am nächsten Tag eine Sauce daraus - und befinde mich auf ähnliche Weise im siebenten Himmel, als wenn ich ihn ausgetrunken hätte. Denn ein Wein, der zur Geschmacksbildung einer großen Sauce beitragen darf, der hat seine Bestimmung gewiß nicht verfehlt.
Im folgenden daher eine kurze Übersicht über »Saucenweine«:

⇨ Grüner Veltliner braucht, so es sich nicht um einen ganz großen Wein (etwa einen Wachauer Smaragd handelt), ebenso wie Welschriesling die Verstärkung durch Pernod oder Noilly Prat, bildet aber eine gute Basis für Fischsaucen (die auch entsprechend mit Fischfond zubereitet werden müssen).

⇨ Rheinriesling bedarf, so er nicht aus einem allzu säurebetonten Jahr stammt, des Pernods nicht, um seine Merkmale auch in der Sauce ausspielen zu können. Hier ist das Verhältnis von Extraktstoffen ausgewogen, und der Rieslinggeschmack läßt sich - in Saucen zu Fisch, Kalbfleisch und Geflügel - bis zum Schluß erahnen.

⇨ Die Burgunderrebe Chardonnay ist meistens ein ganz hervorragender Kochwein. Einer Meursaultsauce etwa schmeckt man ihre Herkunft schon beim ersten Kosten an. Zwar schieben sich auch hier zuweilen ein paar etwas zu markant geratene Säureakzente in den Vordergrund, doch im übrigen besitzt die Sauce, was auch jeden großen Wein ausmacht: einen schönen Abgang (Nachgeschmack). Alle Saucen von weißen Burgundern machen sich hervorragend zu Gerichten aus Fischen und Meeresfrüchten.

⇨ Ein viel besserer Saucenkumpan als gemeinhin angenommen ist auch Champagner. Wenn man ihn etwa in einer mit Sauerampfer aromatisierten Sauce zum Wildlachs gemeinsam mit Fischfond als Basis verwendet, spürt man am Schluß sogar noch ein wenig von seinem ursprünglichen

Mousseux auf der Zunge. Leider wird der Schampus an den meisten angeblichen Champagnersaucen, die man in den Restaurants bekommt, nur quasi vorbeigetragen - was dem Image der Champagnersauce in den letzten Jahren nachhaltigen Schaden zugefügt hat.

⇨ Daß gespritete Süßweine, wie etwa Madeira, Port oder Marsala, ein wahres Vademekum der Saucenküche sind, ist unter Profis und sogar Semiprofis fast schon ein Allgemeinplatz. Nicht ganz so bekannt ist, daß sich auch ungespritete Süßweine, wie etwa Sauternes oder Ausbrüche, Eisweine, Beeren- und Trockenbeerenauslesen, aber auch Strohweine, perfekt zum Saucenmachen eignen - und zwar keineswegs nur für die süße Küche. Wer jemals einen Hummer oder ein Kaninchen mit Eisweinsauce verkostet hat, der weiß, wovon ich rede. Und noch ein Tip: Eiswein, nach dem Einreduzieren mit Consommé abgelöscht und mit ein paar Blättern Gelatine gestockt, ergibt ein köstliches Aspik, das sich beispielsweise perfekt zum Überziehen, aber auch als Beilage zu Gänseleber und zum Zubereiten und Dekorieren von Buffets aller Art eignet.

⇨ Von den Rotweinen lassen sich beispielsweise mit piemontesischem Nebbiolo große Saucen zubereiten, während solche, die auf Sangiovese aus der Toskana (z. B. Chianti) aufgebaut sind, meist flach und säurig geraten. Ähnliches gilt für die beiden großen Franzosen: Hier sind die Burgunder den Bordeaux ganz eindeutig überlegen, da sie weniger Tannine und Säure, dafür aber mehr Ausdruck in die Sauce bringen. Das gilt sowohl für »kleinere« Lagen, wie Volnay, als auch für große Gewächse, wie Chambertin oder Grands Echezeaux. Wenn Sie dennoch mit Sangiovese oder Bordeaux kochen wollen (oder müssen), hilft in jedem Fall ein Löffelchen Brombeerlikör - und die Bordeauxsauce schmeckt (fast) wie eine Burgundersauce.

Fleischeslust: Das heikle Kapitel über das Einbraten

Um Feministinnen von vornherein jeden argumentativen Wind aus den Segeln zu nehmen: Wenn im folgenden Kapitel vom »Einbraten« die Rede ist, so sind selbstverständlich nur Filet- und Bratenstücke gemeint.

Kalbsmedaillons mit Steinpilzen und Trüffeln

Meine ältere Tochter und meine Frau lieben - ebenso wie ich - Trüffelgeschmack in allen Variationen, meine kleine Tochter hingegen hält sich, sobald sie in einem Gericht auch nur einen Schuß Trüffelöl ortet, sofort die Nase zu. Ich habe schon versucht, sie mit allen möglichen Tricks zu täuschen und ihr die ungeliebten Trüffeln als Morcheln (die sie seltsamerweise mag) zu verkaufen. Doch alle meine Versuche des Tarnens und Täuschens erwiesen sich als vergeblich.
Obwohl ich der Überzeugung bin, daß das folgende Gericht ein gewisses Trüffelaroma durchaus verträgt (vor allem dann, wenn die Steinpilze - was im urbanen Bereich leider sehr oft der Fall ist - nicht wirklich nach Wald schmecken), habe ich das Rezept daher so formuliert, daß man es für notorische Trüffelverächterinnen wie meine Ruth auch ohne Trüffeln oder Trüffelabfälle zubereiten kann. Ich persönlich mag es aber nur mit Trüffeln, wobei ich in diesem speziellen Fall keine Piemonteser Trüffeln verwende (sie übertönen die Steinpilze denn doch allzusehr), sondern gekochte Périgord-Trüffeln.
Zutaten: 1 ganzes Kalbsfilet (ca. 600 g), 50 g Mehl, 250 g Steinpilze, 1 EL Butter, 1 EL Olivenöl, 5 cl trockener weißer Martini, ¼ l Kalbsfond (oder Kalbsknochensuppe), ⅛ l süße Sahne (Obers), Meersalz und Pfeffer aus der Mühle, 200 g Malfatasi (gerippte Bandnudeln), zwei fleischige Tomaten, 8-12 Blätter

Basilikum (je nach Größe), 1 EL kaltgepreßtes Olivenöl; fakultativ: ein kleines Glas oder ein Döschen Périgord-Trüffeln bzw. Trüffelabfälle.

Zubereitung: Das Kalbsfilet in etwa 1 cm dicke Scheiben schneiden, auf beiden Seiten salzen, pfeffern und leicht mit Mehl bestäuben. Butter und Olivenöl in einer großen Pfanne erwärmen (nicht zu heiß werden lassen) und die Kalbsmedaillons auf beiden Seiten jeweils etwa anderthalb Minuten leicht anbräunen. Die Medaillons aus der Pfanne nehmen und warm stellen; eventuell noch einen Schuß Olivenöl in die Pfanne nachgießen. Die geputzten und in etwa zwei Zentimeter dicke Würfel geschnittenen Steinpilze dazugeben und im Fett rasch Farbe nehmen lassen. Mit Martini bianco aufgießen und die Flüssigkeit fast zur Gänze einkochen lassen. Etwas mehr als die Hälfte des Kalbsfonds oder der Kalbsknochensuppe dazugeben und auf mittlerer Hitze leicht einreduzieren. Sahne untergießen und gut durchrühren, bis die Pilzsauce eine sämige, fast mollige Konsistenz erreicht hat. Die Kalbsmedaillons auf einer heißen Platte anrichten und mit der Sauce übergießen. Die Malfatasi haben in der Zwischenzeit etwa zehn Minuten gekocht, bis sie al dente sind. Die Nudeln abschrecken und das Wasser abgießen. In einer Kasserolle die enthäuteten und gewürfelten Tomaten mit dem Rest des Kalbsfonds wenige Minuten zu einem Concassé einkochen lassen; Basilikumblätter dazugeben, Hitze stark reduzieren und die Masse mit dem kaltgepreßten Olivenöl montieren. Dann erst die Malfatasi unterrühren. Sie getrennt von den Kalbsmedaillons in einer eigenen Schüssel servieren.

Und außerdem:

⇨ Die Sauce schmeckt, wie bereits eingangs erwähnt, noch aromatischer, wenn man vor dem Servieren ein paar Schwarze-Trüffel-Abfälle und den Trüffelsaft daruntermengt.

⇨ Statt Martini kann selbstverständlich auch Noilly Prat verwendet werden.

⇨ Zu dem Gericht paßt ein ganz einfach mit Weißweinessig und gutem Olivenöl abgemachter Rucolasalat.

Das Getränk dazu:

⇨ Nachdem das Gericht eine unleugbar italienische Note hat, paßt ein italienischer Weißwein dazu. Vor allem, wenn man die Sauce mit Trüffelabfällen verfeinert hat, darf er ruhig Kraft und Statur haben. Ein schöner friulanischer Chardonnay Barrique ist ideal, aber auch ein piemontesischer Gavi di Gavi mundet ausgezeichnet.

Coq au vin

Der Coq au vin spielt in der Geschichte meiner Ehe eine gewisse Rolle. Es handelt sich dabei um eines der ersten Gerichte, die ich meiner Frau auftischte, und ich kann nur hoffen, daß sie von unserer Ehe dasselbe sagt wie ich von meinem Coq au vin: Es hat sich verbessert.

Ich erinnere mich noch, daß ich die Sauce zu meinem ersten Coq au vin rezeptgemäß mit einem seltsamen Kloß aus Butter und Mehl band, und da so unglaublich viel Flüssigkeit übriggeblieben war, schien mir auch das nicht genug. Ich staubte also noch einmal, wodurch sich häßliche kleine Mehlklümpchen zu bilden begannen, die ich dann durch ein Teesieb abseihte, bevor ich mich getraute, das fertige Gericht mitsamt ziemlich zerkochten Zwiebeln, Speckstreifen und Champignons zu servieren.

Meine Frau hat mich damals für dieses Gericht sehr gelobt, was ich ihr bis heute hoch anrechne, da es ihr eigentlich nicht geschmeckt haben kann. Sie lobt meinen Coq au vin übrigens noch heute, da er sich in einer wesentlich verbesserten Form präsentiert. Ich bin daher ob dieses Lobs immer noch ein wenig skeptisch. Wer weiß, vielleicht lobt sie ihn aus purer Nostalgie. Oder sollte es gar Liebe sein?

Wie dem auch sei. Schlecht ist das folgende Rezept sicherlich nicht.

Zutaten: 1 ganzes, nicht zu großes Huhn bzw. Hähnchen von maximal 1,3 kg, 1 EL Olivenöl (nicht kaltgepreßt), 20 g Butter, 200 g durchzogener Hamburger Speck, 4 Schalotten (oder 1 mittlere Zwiebel), Salz, Pfeffer aus der Mühle, 250 g geputzte Champignons, gegebenenfalls noch 1-2 EL Olivenöl, 1 Bouteille extraktreicher Rotwein, 1/4 l Wasser, 1 kleines Lorbeerblatt, 3-4 Pfefferkörner, 1 Thymianzweiglein, je nach persönlichem Geschmack 1-3 Knoblauchzehen im Ganzen, 1 ganze Zwiebel, 1 Bund Suppengemüse.

Zubereitung: Beim Coq au vin erheben sich, noch bevor man sich daran macht, einen solchen zuzubereiten, zwei Fragen. Die erste davon lautet: Was nehme ich für ein Huhn oder - um dem Namen des Originalrezepts gerecht zu werden - was für einen Hahn?

Alle Historie und nahezu jede Erfahrung weisen darauf hin, daß es sich dabei nur um einen Kapaun handeln kann, jenes beschnittene, sprich: kastrierte, Tierchen, das dem Titel »Männer an den Herd« einen bitteren, um nicht zu sagen schmerzhaften Beigeschmack verleihen könnte, der allerdings keineswegs beabsichtigt ist.

Zudem ist der Kapaun, franz. chapon, wenngleich seine geschmackliche Vollkommenheit bis heute unumstritten ist, nur noch schwer auf dem Markt zu bekommen. Tierschützer und Tierschützerinnen haben ein verständliches Erbarmen mit dem armen Hahn, der nunmehr nicht mehr so gut schmecken darf wie er könnte, aber dafür den Hennen auf dem Misthaufen nach Herzenslust nachstellen kann.

Nehmen Sie also ein Hähnchen oder meinenthalben auch eine Henne aus guter Freilandhaltung, also ein Tier, das viel Sauerstoff zu atmen, viele Körner zu futtern und allerlei Misthaufen zu besteigen bekam. Sie werden damit sicherlich die besten geschmacklichen Ergebnisse erzielen, es wird Ihnen aber mit etwas Pech so gehen wie mir mit meinen beiden Töchtern, die da eines schönen Tages aussprachen, was mir selbst in meinen kühnsten Träumen nicht eingefallen wäre: »Papa, das Hendl aus dem Wienerwald ist aber viel weicher als deines.«

Es gab wenige Tage, an denen ich meine Töchter am liebsten der Obhut eines guten, aber streng geführten Schweizer Internats anvertraut hätte, aber das war zweifellos einer von ihnen. Mittlerweile haben mich die beiden aber soweit rumgekriegt, daß ich mitunter an der Vitrine mit dem naturgefütterten Federvieh meines Geflügelhändlers mit einer Träne im Knopfloch vorbeiziehe, um dann im benachbarten Supermarkt ein ganz normales Hähnchen zu erstehen, das den Kauwerkzeugen keinen Widerstand entgegensetzt, aber den Geschmacksidealen meiner Fast-food-verwahrlosten Töchter eher entspricht.

Wie dem auch sei: Ich mache mir nichts draus, denn auch dubiose Hühner haben Knochen, und auch aus diesen läßt sich mit etwas Geduld eine famose Sauce zubereiten, vorausgesetzt selbstverständlich, man hat den richtigen Wein dafür.

Die zweite entscheidende Frage beim Coq au vin ist demnach jene der Weinwahl. Auf die Frage nach dem idealen Vin für den Coq gibt es eine ziemlich einfache Antwort. Es ist ein Chambertin, wenn möglich keine der billigeren Dorflagen, wie Gevrey Chambertin oder Charmes Chambertin, sondern ganz einfach Chambertin, der - obwohl der kürzeste an Buchstaben - nicht nur der längste im Abgang, sondern auch der teuerste von allen ist.

Für den Gegenwert eines guten Chambertins kann man, wie meine Frau immer richtigerweise einwendet, nicht nur zwei wunderschöne Opernkarten (sie meint solche für die weiß Gott nicht billige Wiener Staatsoper), sondern auch ein mittleres Cocktailkleid, eine kleine Stereoanlage oder die längst notwendige Skiausrüstung für eine unserer Töchter erstehen. Ihr Verständnis, daß ich eine Flasche Chambertin schlicht und einfach in den Topf schütte, um ein ganz ordinäres Hühnchen in Rotwein zu fabrizieren, hält sich also, wie Sie vielleicht schon ahnen, in Grenzen. Ähnliches gilt übrigens auch, mehr oder weniger dramatisch, für Pommard und alte Barolos und in gewisser Weise sogar für den aus dem ansonsten mit guten Weinen kaum gesegneten Valpolicella stammenden Recioto

Amarone, den ich mit einer ganz und gar unfrankophilen Leidenschaft als Grundwein für Coq au vin verwende.
Meine Frau, die bei uns - wie das wohl in jeder einigermaßen funktionierenden Familie der Fall ist - das Familienbudget (eingestandenermaßen äußerst demokratisch) verwaltet, bewilligt mir meist nur Erlauer Stierblut, Ödenburger Spätburgunder, Plavac oder andere preiswerte Weine aus dem Osten, die es ihrer Meinung nach für die Sauce ohne weiteres auch tun. Auch einen burgenländischen Blaufränkisch aus der Doppelliterflasche darf ich ohne Überziehung des Spesenrahmens verwenden. Und wie in so vielen Dingen hat meine Frau auch darin recht: Es kommt am Schluß immer eine recht passable Sauce heraus, vor allem dann, wenn man das dünne Wässerchen zu guter Letzt noch mit etwas Rotwein- oder Kroatzbeerenlikör (Likör aus Brombeeren) verstärkt, was dann den Eindruck vermittelt, es wäre tatsächlich so etwas wie großer Rotwein zur Verwendung gelangt.
Doch, lieber mitkochender Geschlechtsgenosse, einmal Hand aufs Herz: Wollen wir beide wirklich nur passabel kochen, oder wollen wir nicht vielmehr beweisen, was an Kochkunst in uns Männern steckt?
Eben.
Genau das ist auch der Grund, warum ich beim Öffnen jedes einigermaßen vorzeigbaren Rotweins klammheimlich darauf hoffe, daß er korkt, was - statistisch gesehen - bei jeder fünfundzwanzigsten Flasche der Fall ist. Auf diese Weise habe ich schon einen 79er Amarone, einen 90er Pichon Comtesse de Lalande, einen 82er Barolo von Giacosa und so manches andere edle Tröpfchen in Coq-au-vin-Saucen, die alles andere als nur passabel waren, verwandelt. Über den Korkgeschmack brauchen Sie sich keine Sorgen zu machen, da er - wie bereits erwähnt - vergeht.
Aber nun zum Rezept: Zunächst einmal wasche ich das Huhn, tupfe es mit Küchenkrepp trocken, viertle es in zwei Brust- und zwei Keulenstücke, die ich mild salze, kräftig pfeffere und beiseite stelle. Anschließend brate ich zunächst die kleinge-

schnittenen Schalotten mit den stiftelig geschnittenen Speckstreifen bei mittlerer Hitze in Butter und Olivenöl an, bis die Schalotten goldbraun sind. Dann gebe ich für zwei, drei Minuten die Champignons, geviertelt, dazu und lasse alles ordentlich durchziehen. Mit einem Schaumlöffel hebe ich alle festen Bestandteile aus dem Fett und stelle diese in einem zugedeckten Schüsselchen beiseite. Sollte jetzt nicht mehr genug Fett in der Pfanne sein, gieße ich noch ein bis zwei Eßlöffel Olivenöl nach und erhöhe die Hitze. Jetzt brate ich die Hühnerteile zunächst mit der Hautseite nach unten scharf an, bis die Haut braun und knusprig ist. Dann drehe ich die Hühnerstücke um, gebe das Herz, den Hals, den Magen und das Suppengemüse dazu und gieße alles mit dem ausgewählten Wein sowie dem Wasser auf. (Statt des Wassers kann man auch Hühnerfond verwenden, der aber keinesfalls gesalzen sein sollte.) Ich lasse die Flüssigkeit aufkochen, füge Lorbeerblatt, Pfefferkörner, Knoblauch, die ganze Zwiebel und das Thymianzweiglein hinzu, schöpfe allfälliges Eiweiß mit dem Schaumlöffel oder dem Teesieb ab, reduziere die Hitze soweit, daß das Ganze nur leise vor sich hin köchelt, und setze einen Deckel auf den Topf, in dem das Hähnchen nunmehr etwa eine Dreiviertelstunde langsam garziehen kann.

Etwa fünf Minuten, bevor das Hähnchen gar ist, gebe ich noch die Hühnerleber dazu und lasse sie kurz mitköcheln. Dann hebe ich alle Hühnerteile mit dem Schaumlöffel oder Bratenwender aus der Sauce und gebe sie in eine feuerfeste Form aus Glas oder Ton, in der man sie anschließend auch servieren kann. Den Rest passiere ich durch ein feines Sieb in eine Pfanne oder Kasserolle mit großem Durchmesser und reduziere den Rotweinrückstand auf größtmöglicher Hitze soweit ein, bis kaum noch etwas davon übriggeblieben ist. Sie werden sehen, die Sauce wird dabei immer dicker und sämiger.

Während Sie die Sauce einreduzieren, bleibt Ihnen Zeit, die Pommes dauphinoises (nach dem Rezept auf Seite 169) fertigzustellen. Etwa acht Minuten vor dem Ende der Garzeit der Pommes dauphinoises sollten Sie auch die feuerfeste Form mit den beiseite gestellten Hühnerteilen in den Ofen schieben; deren Haut wird dadurch wieder knusprig. Geben Sie etwa drei Minuten vor dem Ende der Garzeit auch noch die mittlerweile etwas erkaltete Speck-Schalotten-Champignons-Mischung dazu, damit diese sich wieder erwärmt.

Die Sauce ist dann fertig, wenn Sie mit dem Kochlöffel eine Furche mittendurch ziehen können und die Sauce an beiden Rändern zurückweicht. Bibelfest wie ich bin, sage ich dann gerne: Die Sauce muß sein wie das Rote Meer, als Moses es mit dem Stab teilte und mit den Israeliten hindurchzog. Erst wenn der Pharao mit dem ägyptischen Heer folgt, sollte sich die Flüssigkeit wieder geschlossen haben.

Dann können Sie getrost die Pfanne vom Feuer nehmen und die Sauce, die mittlerweile eine fast schokoladenartige Konsistenz hat, noch mit ein paar Stückchen kalter Butter aufmontieren. Wenn Sie einen wirklich guten, sprich: extraktreichen, Rotwein verwendet haben, ist diese Verfeinerung jedoch nicht nötig.

Gießen Sie nunmehr die Sauce über die Hühnerteile, und servieren Sie alles mit den knusprigen Pommes dauphinoises. Sie werden sehen, die Harmonie von Rotweinsauce und Sahnekartoffeln ist schlicht und einfach perfekt.

Und außerdem:

⇨ Wenn Sie keine Lust oder keine Zeit haben, Pommes dauphinoises zuzubereiten, so passen auch frische, knusprige Baguettes, mit denen Sie Ihre Sauce nach Herzenslust auftunken können, dazu.

Das Getränk dazu:

⇨ Es liegt auf der Hand, daß auch bei diesem Gericht der beste Wein dazu derjenige ist, mit dem Sie es zubereitet haben. In jedem Fall sollte es jedoch ein kraftvoller, würziger Wein sein. Ein Burgunder wäre ideal, ein Piemonteser ist jedoch auch eine gute Idee.

Wachteln mit Couscousfülle und Madeirasauce

Wachteln waren, bevor man sie zu züchten begann, unter Waidmännern eine besondere Rarität, und ich stand ihnen daher schon als Kind mit äußerstem Respekt gegenüber. Fasane und Rebhühner, die zur selben Familie gehören, brachte mein Vater öfter nach Hause. Doch bis ich meine erste Wachtel essen durfte, mußte ich immerhin sechzehn werden. Ich habe mir bis heute eine besondere Liebe zum zarten und unglaublich geschmacksträchtigen Fleisch dieser Wildvögel erhalten. Die gezüchteten Exemplare lassen diesen Geschmack zwar nur noch ahnen, doch keine Bedenken: Das folgende Rezept gleicht allfällige aromatische Defizite durch Gewürze wie Kardamom und Muskatnuß kräftig aus.

Es handelt sich um die Weiterentwicklung eines Gerichts, auf das ich während meiner Recherchen für »Alles, was Gott erlaubt hat«, ein Buch über die Küchen des Alten und Neuen Testaments, gestoßen bin. Wachteln gab es nämlich bereits zu Moses Zeiten, und Jehova pflegte seinem erwählten Volk sogar ganze Schwärme davon - gewissermaßen als Benefit für das vermutlich doch etwas geschmacklose Manna - vom Himmel zu schicken. Einige Israeliten waren, wie uns die Heilige

Schrift berichtet, sogar dermaßen gierig danach, daß sie die Wachteln gleich roh aßen und prompt kurz darauf starben. Seither werden die Zugvögel, wenn sie Nordafrika durchqueren, auch in der Wüste nicht mehr gedörrt, sondern gebraten. Und dort mag, wohl schon vor einigen tausend Jahren, auch das Urrezept für jenes Beduinengericht entstanden sein, das ich hier in einer etwas alkoholträchtigen Variante wiedergebe.

Zutaten: 4 ausgenommene und geputzte Wachteln, Salz, Pfeffer, 250 g kochfertiges Couscous, ¼ l Rinder- oder Hühnerbrühe, 2 mittelgroße enthäutete und entkernte Tomaten, 1 Messerspitze Kardamompulver, 1 Messerspitze Muskatnuß, 1 EL Pinienkerne, 1 EL Rosinen, 1 EL Mandelsplitter, 1 EL geriebene Haselnüsse, 2 EL Butter, 1 EL Olivenöl; *für die Sauce:* 4 Schalotten, 1 dl starker, dunkler Rotwein (z. B. aus Marokko oder Algerien), ½ dl Kochmadeira, etwas Hühner- oder Entenfond (bzw. Brühe), 4 nußgroße Stücke kalte Butter, ein Zweig Rosmarin.

Zubereitung: Wachteln waschen und mit Küchenkrepp trokkentupfen; innen und außen salzen und pfeffern und beiseite stellen. Den Fond in einer Kasserolle erwärmen und mit den kleingehackten Tomaten, Kardamom und Muskatnuß nach Belieben abschmecken. Couscous, Pinienkerne, Rosinen, Nüsse und Mandelsplitter hinzufügen und alles unter ständiger Zugabe von geschmolzener Butter und Olivenöl gut durchrühren, bis das Couscous die gesamte Flüssigkeit aufgesogen hat. Nunmehr die Kasserolle vom Herd nehmen, abdecken und den Inhalt sieben Minuten quellen lassen. In der Zwischenzeit den Ofen auf 220° C vorheizen. Die Wachteln mit Couscous füllen und die Brusthaut anschließend mit einem Zwirnsfaden fest vernähen. Das restliche Couscous warm stellen. Danach werden die Wildvögel mit der Brustseite nach oben in einen mit Olivenöl gut ausgestrichenen Bräter, der so groß und so hoch wie das Bratgut sein sollte, gesetzt. Die Brusthaut mit Olivenöl beträufeln und mit einem Rosmarinzweiglein belegen. Nach etwa fünf Minuten die Hitze auf

180° C reduzieren und die Wachteln - je nach Größe - noch weitere 15 bis 20 Minuten braten. Die Haut unterdessen mehrmals mit Hilfe eines Pinsels mit dem Bratenrückstand bestreichen. In der Zwischenzeit in einer Stielpfanne die Schalotten in wenig Butter anschwitzen, bis sie glasig, aber nicht braun sind. Mit Rotwein ablöschen und die Flüssigkeit reduzieren, bis sie fast verkocht ist. Ein wenig Fond und den Madeira nachgießen und die Flüssigkeit auch diesmal auf weniger als die Hälfte einkochen. Die Sauce abseits der Herdplatte mit kalten Butterstücken montieren, bis sie fein und sämig ist. Die Wachteln jeweils auf einen vorgewärmten Teller legen und die Sauce durch ein Haarsieb darüberpassieren. Mit einer Schüssel dampfender Caponata (s. Rezept Seite 228) und dem Rest des warm gestellten Couscous, das kurz vor dem Servieren eventuell noch mit etwas Fond neu durchgerührt wird, servieren.

Und außerdem:

⇨ Man kann dieses Rezept auch ganz ausgezeichnet und vielleicht sogar noch etwas feiner mit Rebhühnern, die ihre Zug- und Weidegründe bis hinunter nach Südspanien haben und mit den Wachteln in zoologischer Hinsicht verwandt sind, zubereiten.

⇨ Was die Sauce betrifft, so sieht sie zwar in passiertem Zustand gewiß »professioneller« aus, ich persönlich ziehe es jedoch vor, sie meiner Familie und meinen Freunden unpassiert mitsamt den Schalotten zu servieren. Sie mundet dadurch noch etwas deftiger und paßt zu diesem klassischen, wenngleich in der vorliegenden Variante wohl etwas »unauthentisch« verfeinerten Beduinengericht.

Das Getränk dazu:

⇨ Der beste aller Weine zu diesem Gericht ist für mich ein Château Musard (bestehend aus den Rebsorten Cabernet Sauvignon, Syrah und Cinsault), ein Wein aus dem Libanon, der als berüchtigter »Pirat« bei Blindverkostungen von großen Bordeauxweinen gilt. Hardy Rodenstock, der bekannte Altwein-Guru, beispielsweise schwindelt bei Degustationen gerne eine Flasche davon zwischen Blindproben von Château Petrus, Mouton & Konsorten – und hat damit schon so manchen »unbestechlichen Weingaumen« gnadenlos blamiert.

Perlhuhn in Schokoladensauce

Zutaten: 4 Perlhuhnschenkel (mit Oberkeule), 60 g Mehl, 1 KL Salz, 1 TL frisch geriebener Zimt, 1 Messerspitze Cayennepfeffer, 1 EL Butter, 1 EL Olivenöl, 1 EL reines Kakaopulver ohne Zuckerzusatz, 1 EL Tomatenmark, 1 EL brauner Rohzucker, 1/4 l kräftiger trockener Rotwein (passend ist beispielsweise ein chilenischer Cabernet Sauvignon), eventuell etwas Hühnerbrühe, 1 EL Rosinen, 2 EL süße Sahne (Obers), Tabascosauce, Mandeln für die Garnitur.

Zubereitung: Herd auf 180° C vorheizen. Die Perlhuhnschenkel von Fettsträngen befreien und in einer Mischung aus Mehl, Salz, Zimt und Cayennepfeffer wälzen. Butter und Olivenöl in einer Pfanne (möglichst mit gußeisernem Boden) heiß werden lassen und die Hühnerteile zunächst mit der Haut nach unten einlegen. Auf mittlerem bis hohem Feuer Farbe nehmen lassen (währenddessen nicht weggehen, sondern aufpassen, daß nichts anbrennt); wenden und die Rückseite bräunen lassen. Die Hühnerteile in eine gebutterte Form (Jenaerglas oder Keramik) umstechen und im Ofen etwa eine halbe Stunde fertigbraten. Die Pfanne vom Feuer nehmen. Etwa zehn Minuten vor Ende der Backzeit Pfanne erneut aufsetzen und in den Bratenrückstand etwas Kakaopulver, Rohzucker, Tomatenmark sowie Tabascosauce und Rosinen einrühren. Bevor sich diese Mischung anlegt, mit Rotwein und Hühnerbrühe (so vorhanden) ablöschen und die Sauce langsam einreduzieren lassen. Dazwischen eventuell nochmals mit etwas Rotwein aufgießen. Mit der Sauce die Hühnerteile überziehen. Während die Sauce einreduziert, in einer kleinen Pfanne gestiftelte Mandeln in etwas Butter anrösten; mit diesen das Gericht fertigstellen.

Und außerdem:

⇨ Die ideale Beilage zu diesem Gericht ist Zuckermais, der mit Butter und Speckwürfeln gedünstet wird. Es passen aber auch abgezogene Paprikaschoten vom Grill.

Das Getränk dazu:

⇨ Chilenischer Cabernet-Sauvignon (am besten jener, der auch zum Kochen verwendet wurde).

Ungarisches Truthahn-Tokany

Mein erstes Tokany - die Ungarn verstehen darunter ein scharfes Ragout aus Rind- oder Schweinefleisch - habe ich als Student kennengelernt. Meine damalige Freundin und heutige Ehefrau hatte das Grundrezept in irgendeinem Kochbuch gefunden und bereitete es gerne zu, weil es billig war. Damals verwendeten wir dafür noch Schweineschulter, Speckwürfel und Schweineschmalz, verzichteten jedoch auf den Wein, der uns zum Verkochen damals noch zu schade war. Im Laufe der Zeit habe ich das Rezept immer mehr verfeinert, und eines Tages - es war offenbar kein Schweinefleisch mehr im Haus - bin ich dann durch Zufall auf den Truthahn gekommen. Im Grunde zählt Putenfleisch ja nicht zu meinen Lieblingsgerichten, doch wenn man es wie ich mit hauchdünnen Speckscheiben umwickelt und gerade so lange gart, bis es durch ist, kann das Fleisch eine Saftigkeit entwickeln, die man ihm gar nicht zugetraut hätte.

Zutaten: 500 g Truthahnbrust, 2 Knoblauchzehen, Salz, Pfeffer, 200 g Hamburger Speck, 4 EL Butterschmalz, 3-4 Schalotten, 1 dl Furmint oder Weißburgunder, ½ l Hühnerfond oder Hühnersuppe, 1 EL edelsüßes Paprikapulver, 1 EL Tomatenmark, 1 große rote Paprikaschote, enthäutet und entkernt,

1 Pfefferoni, 1 TL geschrotete Peperoncini, 1 dl Crème fraîche.
Zubereitung: Die Truthahnbrust in gleich große, möglichst quadratische Würfel von etwa drei bis vier Zentimeter Durchmesser schneiden. Zwei geschälte Knoblauchzehen auspressen und die Würfel damit einreiben; anschließend salzen und pfeffern. Jeden Fleischwürfel mit in sehr dünne Scheiben geschnittenem Hamburger Speck umwickeln und mit Hilfe eines Zahnstochers befestigen. Das Fleisch sollte vom Speck möglichst verdeckt sein. Die Hälfte des Butterschmalzes zerlassen und die kleingeschnittenen Schalotten langsam weich dünsten, bis sie glasig, aber nicht braun sind. Den Weißwein zugießen und einreduzieren, bis er fast zur Gänze verkocht ist. Mit ein wenig Hühnerfond oder Hühnersuppe ablöschen und die Flüssigkeit noch einmal auf die Hälfte reduzieren. Paprikapulver und Tomatenmark einrühren. Die in Streifen von zirka 1 cm Länge geschnittene Paprikaschote und den kleingehackten Pfefferoni dazugeben und das Ganze ein paar Minuten auf mittlerer Flamme dünsten lassen, bis der Großteil der Flüssigkeit verdampft ist. Jetzt erst den restlichen Hühnerfond hinzufügen; aufkochen lassen. Die Crème fraîche einrühren und alles auf kleiner Flamme weiterdünsten lassen, bis eine sämige Konsistenz erreicht ist. In einer Kasserolle den Rest des Butterschmalzes erhitzen und die Truthahn-Speck-Würfel von allen Seiten zunächst auf großer, dann auf mittlerer Hitze anbraten. Wenn die Truthahnstücke fast gar sind, die inzwischen fertiggestellte Paprika-Wein-Sauce über das Fleisch gießen. Alles unter ständigem Rühren auf mittlerer Flamme noch ein bis zwei Minuten durchziehen lassen, mit Salz und Pfeffer oder Peperoncini abschmecken und in der Kasserolle servieren.

Und außerdem:

⇨ Als Beilage eignet sich Tarhonya (ungarische Teigware in Körnchenform). Hübsch macht sich auch ein vor dem Servieren in der Mitte der Kasserolle drapierter Tupfer saure Sahne.

Das Getränk dazu:

⇨ Ich verwende, wie nicht zu überlesen war, (fast) immer den Wein, mit dem auch gekocht wurde. Gerne hole ich einen Furmint oder Weißburgunder aus den Ruster Weinbergen oder dem Seewinkel aus meinem Keller. Seit mit dem Fallen des Eisernen Vorhangs auch die ungarische Weinkultur entstaatlicht und damit wieder ambitionierter geworden ist, kann es auch wieder ein ungarischer Weißwein sein. Man bedenke jedoch: Die berühmten »Ungarnweine« der alten Donaumonarchie gedeihen zum großen Teil im heutigen Burgenland.

So braten Sie eine Weihnachtsgans ein

Martini und Weihnachten sind in unserer Familie zwei in kulinarischer Hinsicht recht krisenanfällige Termine, bei denen es zwar vordergründig um Gänse, aber in Wahrheit natürlich auch um Figurprobleme und, wie so oft in der Küche, auch um kleine innerfamiliäre Machtspielchen geht.

Die richtige Beherrschung des Gänsebratens zählt nämlich (gemeinsam mit Tätigkeiten wie Gugelhupfbacken, Äpfel-in-einem-Zug-Schälen oder Marmeladeeinkochen) zu jenen Tugenden, die traditionell mit dem zwar überkommenen, aber letztlich selbst bei fortschrittlich denkenden Frauen immer noch hoch im Kurs stehenden Wert namens Hausfrauenehre verbunden sind.

Wenn es darum geht, so ein Geflügelmonstrum vorschriftsmäßig zu bändigen, tauchen daher auch sehr schnell immer irgendwelche handgeschriebenen Großmutterrezepte auf oder werden bei Bedarf auch telefonisch eingeholt. Ich habe jedenfalls die Erfahrung gemacht, daß das Gänsebraten in den meisten Familien nach wie vor als Frauensache betrachtet wird und willige männliche Gänseköche mit der Bemerkung »Du kleckerst dann wieder nur den ganzen Backofen voll, und ich muß ihn putzen» oft reichlich lieblos vom Schauplatz des Geschehens verwiesen werden.

Grundsätzlich gebe ich ja sogar zu, daß an dieser Kritik etwas dran ist. Denn nicht nur ich, sondern viele meiner hobbykochenden Geschlechtsgenossen neigen in der Küche oft zu extremem Garungsverhalten. Ich werde beispielsweise eines Bratens nicht wirklich froh, wenn es - dank eingestellter Höchsttemperatur - nicht schon nach ein paar Minuten im Backofen hörbar zu knistern (und daher auch zu spritzen) beginnt. Dafür reduziere ich die Hitze nach der ersten Viertelstunde dann auch ziemlich extrem. Ich beginne also, sagen wir einmal, mit 230° C und schalte dann auf 150° C zurück, um das liebe Federvieh zum guten Schluß noch einmal in einem glutheißen Furioso, bei dem ich gelegentlich sogar die gute alte Grillschlange zu Hilfe nehme, so richtig knusprig zu bekommen. (Meine Frau beginnt und beendet den Bratvorgang bei 200° C, reduziert aber dazwischen nur auf etwa 180° C, wodurch der Backofen zweifellos sauberer bleibt, wenngleich auf Kosten von Knusprigkeit außen und Saftigkeit innen. Zumindest bilde ich mir das ein.)

Wie dem auch sei: Eine gut gebratene Gans hebt das Selbstbewußtsein der Köchin, die damit einmal mehr unter Beweis stellen kann, was für eine perfekte Hausfrau sie sein könnte, wenn es denn sein müßte. Daß jede Menge guter Gründe, und sei's nur ein Minimum an Political Correctness, dafür sprechen, daß genau das nicht sein muß, ist ein anderes Kapitel. Vor allem spricht jedoch weiblicherseits auch der Kampf um die Linie gegen Gänsebraten - was mitunter zu recht paradoxen Situationen führen kann.

Das geht dann so: Martini oder Weihnachten stehen vor der Tür, und wir beraten, was gekocht wird. Klarerweise fällt irgend jemandem sofort die Gans ein, und irgendwie mögen wir Gänsebraten ja auch alle sehr gern. Doch dann hört man plötzlich so schicksalsschwere Worte wie »Cholesterinspiegel«, »Blutdruck« oder gar »Gastritis« - und die Diskussion verliert augenblicklich an Charme und Delikatesse. Ich schlage dann meistens einen Karpfen als Ersatz vor, um ein apodiktisches »Der ist doch genauso fett« zu ernten. Töchterlicherseits wer-

den dann, teils aus Amerikanophilie, teils aus diätetischen Gründen Truthähne ins Spiel gebracht, die aber meist aufgrund diverser Geschmacksattitüden (zu trocken) ebenso auf Ablehnung stoßen wie Huhn (unoriginell), Stubenküken (kein Weihnachtsessen), Perlhuhn (fad) oder Ente (die haben wir lieber chinesisch).
Sie haben es also schon erraten: Wir landen zu guter Letzt also doch wieder bei der guten alten, Pardon: jungen, Gans, diesem, wie Ludwig Uhland es einmal so schön beschrieb, »besten Vogel in der Küche« - auch wenn er halt gleichzeitig der Inbegriff des Selbstmords mit Messer und Gabel ist.
Und da wir neuerdings eine selbstreinigende Backröhre besitzen, scheint es mir für heuer sogar gelungen zu sein, daß ich die Weihnachtsgans - wider alle Hausfrauenehre - wieder einmal selbst zubereiten darf. Was mich umso mehr freut, als man mit Gänsen nämlich - so hoch die Hemmschwelle für den Hobbykoch zunächst scheinen mag - relativ leicht brillieren kann. Es ist tatsächlich gar nicht besonders kompliziert, eine Gans so in den Griff zu bekommen, daß sie aussieht, als hätte ein Meisterkoch sie für ein Hochglanzkochbuch gebrutzelt.
Zutaten: 1 Gans von ca. 3,5 bis 4,5 kg, 1 KL gemahlener Kümmel, Meersalz und Pfeffer aus der Mühle, 1 gestrichener EL gemahlener Majoran, 1 KL gemahlener Beifuß, 12 Gewürznelken, 3-4 Äpfel, 6 gekochte und geschälte Edelkastanien (Maroni), ca. ¾ l Wasser, 6 Schalotten, 1 Bund Suppengemüse sowie Gänseklein für die Suppe.
Vorbereitung: Das Schwierigste bei der Zubereitung einer Gans ist es, eine gute Gans zu finden. Ein befreundeter Küchenchef hat mir einmal gesagt, daß alle Hausfrauentricks nichts nützen, wenn die Gans zäh ist. Ist die Qualität hingegen gut, kann selbst ein ungeschickter männlicher Hobbykoch nicht allzuviel verbraten.
Der erwähnte Küchenchef hat mich dann auch auf die Fährte der Vierländer Weidegans gesetzt, die aus der berühmten Vierländer Farm bei Hamburg stammt und sich durch ein beson-

ders zartes Fleisch sowie verhältnismäßig wenig Fett auszeichnet. Eingefleischte Gänsefanatiker werden damit allerdings oft dennoch nicht glücklich. Denn die Brust einer Vierländer Weidegans schmeckt beinahe wie ein guter Tafelspitz, während das gewisse »Gansige«, dieser leichte Beigeschmack von Schwimmhäuten und abgestandenem Teichwasser, so gut wie wegfällt.

Ich verstehe also gerade bei Gänsen auch all jene, die in diesem Zusammenhang das Sprichwort »Warum in die Ferne schweifen, wenn das Gute liegt so nah?« bemühen und von den herrlichen Gänsen aus dem Seewinkel und Pannoniens Tiefebenen oder von »rennerten« Tieren von biomistseligen Waldviertler Höfen schwärmen.

Letztere zu ergattern ist freilich oft nicht minder kompliziert, als eine Vierländer Gans herbeizuschaffen. Sie finden sich nämlich praktisch nie in Supermarktregalen, und auch auf Bauernmärkten oder in Geflügelfachgeschäften ist es empfehlenswert, sich schon ein paar Wochen vor Weihnachten mit einer freundlichen Verkäuferin in ein positives Einvernehmen zu setzen. Nur ein solches gewährleistet nämlich, daß man »seine« und nicht irgendeine Gans mit nach Hause nehmen und sich tatsächlich wie der märchenhafte »Hans im Glück« fühlen darf, der seine Gans immerhin für den Gegenwert eines veritablen Klumpen Golds eingetauscht hat.

Um dieses Glücksgefühls auch tatsächlich teilhaftig zu werden, sollte man freilich ein paar kleine Vorsichtsmaßnahmen treffen:

- ⇨ Die Gans rechtzeitig bestellen.
- ⇨ Lieber einjährige Tiere aus Freilandhaltung verwenden (und zwar nicht nur aus tierschützerischen, sondern auch aus geschmacklichen Gründen; ihr Fleisch ist nämlich wesentlich zarter). Vorsicht bei sogenannten Frühmastgänsen, die nach einer Schnellmast noch vor der ersten Federnreife geschlachtet wurden.
- ⇨ Keine zu großen und keine zu kleinen Gänse verwenden; ideal sind Exemplare mit ca. 3,5 bis 4,5 kg. Wiegen sie weni-

ger, bestehen sie oft nur aus Haut, Fett und Knochen, wiegen sie mehr, geraten sie leicht zäh.

⇨ Nur Gänse mit gelben und niemals solche mit grauen Flossen kaufen.

⇨ An den Flossen eine Einreißprobe machen (so Ihr Geflügelhändler das zuläßt): Nur wenn sich die Schwimmhäute leicht einreißen lassen, ist die Gans optimal. Eine ähnliche Probe läßt sich mit dem Unterschnabel machen, der zwischen den Fingern leicht nachgeben und brechbar sein sollte. Frische und Qualität einer Gans lassen sich auch daran erkennen, daß das letzte Stück des Brustbeins (unmittelbar am Bürzel bzw. Bischof) beweglich ist.

Zubereitung: Nachdem die Gans ausgenommen, von inneren Fettpolstern befreit und (wenn notwendig) mittels BIC-Feuerzeugs geflämmt wurde, um auch noch den letzten Federkiel zu vernichten, entferne ich Kopf, Hals, Füße und Flügelspitzen und stelle die Innereien für eine Ganslsuppe beiseite. Zum Würzen brauche ich nur etwas Kümmel, Salz, Pfeffer aus der Mühle und geriebenen Majoran. (Gut macht sich auch etwas zerriebener Beifuß, der nicht zuletzt deshalb als klassisches Gänsekraut gilt, weil er angesichts der fetten Gans auf angenehme Weise diätetisch und verdauungsfördernd wirkt). Für die Füllung sind mir ein paar entkernte und mit Gewürznelken gespickte saure Äpfel am liebsten, und wenn ich Zeit und Muße habe, füge ich auch noch eine Handvoll gekochter und geschälter Maroni hinzu.

Nun fülle ich eine möglichst geräumige Bratpfanne etwa einen Finger hoch mit heißem Wasser (ca. ¾ l), lege die Gans mit der Brust nach unten ein und lasse sie zunächst einmal eine gute Viertelstunde bei hoher Hitze (den Ofen habe ich in diesem Fall auf etwa 220° C vorgeheizt) Farbe nehmen. Dann reduziere ich die Hitze auf etwa 150–160° C, gebe zur Geschmacksverstärkung noch ein halbes Dutzend Schalotten in den Bratensaft und lasse den Vogel schön langsam durchgaren (je nach Größe etwa 35 Minuten pro Kilo), bis das meiste Fett ausgetreten ist, die würzigen Fleischsäfte jedoch drinnengeblieben sind. (Eine Entwicklung, die man dadurch forcieren kann, daß man die Gans nach dem Anbraten etwa eine Stunde lang locker mit Alufolie abdeckt.)

Nach der halben Bratzeit wende ich die Gans (Vorsicht: Spritzgefahr in Verzug!), und die letzte Viertelstunde lasse ich sie, nachdem ich das Fett zur Gänze abgeschöpft habe (Gans dabei herausheben, Bratpfanne leicht anheben und nur die Bratenrückstände zurücklassen), bei etwa 220-250° C noch einmal gründlich »überknuspern«, wobei ich, wenn's nicht zu meiner Zufriedenheit gelingt, auch die Grillschlange zu Hilfe nehme. (Vorsicht, daß die Gans dabei nicht zu dunkel wird!)

Wichtig ist es in diesem Zusammenhang, nach Möglichkeit bei der Gans zu bleiben, den Bratverlauf zu verfolgen und den Braten regelmäßig zu übergießen. Den Bratenrückstand staube ich mit etwas Mehl und gieße ihn, während ich die fertiggebratene Gans noch ein wenig rasten lasse, mit ein, zwei Schöpflöffeln von jener Ganslsuppe, die ich inzwischen aus Innereien, Flügeln, Füßen, Hals und Suppengemüse zubereitet habe, auf. (Achtung: Leber erst kurz vor dem Servieren in die Suppe einlegen und darin ziehen lassen!) Serviert wird das so entstandene »Saftl« à part in einer Sauciere.

Wenn ich Gänse brate, verlassen meine beiden Töchter übrigens stets vorsichtshalber die Küche. Denn erstens entwickelt sich hier bald ziemlich dicke Luft (nebst dazugehöriger Hitze), und zweitens spiele ich während des Bratens gerne Bruckner-CDs.

Zum Schluß daher noch eine Anmerkung für Musikfreunde: In der Praxis hat sich bei einer 4-Kilo-Gans das Abspielen der fünften und der achten Symphonie hintereinander ziemlich gut bewährt, denn das ist einerseits durchaus im Sinne des Meisters, dem seine schönsten Melodien immer bei bäuerlichen Festen und Schlemmereien einfielen, andererseits entsprechen die beiden genannten Musikstücke ziemlich exakt der optimalen Garungsdauer. (Mein Tip: Nach jedem Satz einmal gründlich aufgießen!)

Wenn man Bruckner mag, so beflügelt einen das auch beim

Zubereiten von warmem Weißkraut und Knödeln (Bruckners erklärte Lieblingsspeisen), die bei dieser Begleitung fast wie von selbst zu vollendeter ländlicher Harmonie finden und von mir anschließend mit entsprechend heroischem Gestus als Beilagen zur Gans aufgetragen werden.
Versuche mit Musik von Richard Wagner schlugen allerdings fehl. Als ich einmal in der Küche verzückt Isoldens Liebestod lauschte, wäre mir die Gans beinahe verbrannt ...

Und außerdem:

⇨ Mit in Butter oder Gänsefett gerösteten Schwarzbrotcroûtons serviert, ergibt die nebenbei entstandene Ganslsuppe eine köstliche Vorspeise. Die Croûtons kann man auch durch hauchdünne Suppennudeln ersetzen.

Das Getränk dazu:

⇨ Klassisch trinkt man zur Gans einen schönen Rotwein, z. B. einen Bordeaux oder auch einen Pinot noir.

⇨ Ich persönlich bevorzuge halbtrockene Weißweine, wie etwa einen Elsässer, Südtiroler oder oststeirischen Gewürztraminer, da die Schwere dieses Gerichts in der Süße des Weins einen anregenden Widerpart findet.

PEKINGENTE: KOMPLIZIERT, ABER MACHBAR

Zutaten: 1 Pekingente von etwa 2,3-2,7 kg, 1 l kochendheißes Wasser, Salz, 1 Messerspitze rote Lebensmittelfarbe, 1 EL Malzzucker, 0,3 l Wasser, 4 cl Wodka, Sherry, Campari oder Reiswein; 12 Mandarin-Pfannkuchen (Zutaten und Zubereitung s. nächstes Rezept), Hoisin- oder Pflaumensauce nach Belieben, 12 Frühlingszwiebeln; Entenkarkassen, 1 Chinakohl oder 1 Wintermelone für die Suppe; 1 Holzstück, 1 Holzstöpsel.

Zubereitung: Die Rezepte, die man in traditionellen Fernost-Kochbüchern für »Buck ging ngap« - so heißt die Pekingente auf chinesisch - findet, sind allesamt wenig befriedigend. Vernünftigerweise wurden sie nämlich von ihren Autoren auf die Bedürfnisse und Möglichkeiten westlicher Haushalte abgestimmt. Außerdem wiegen sie den Kochbuchbenützer in der trügerischen Gewißheit, daß es durchaus für jedermann möglich sei, eine wohlschmeckende Pekingente zuzubereiten, sofern man nur ein einigermaßen praktikables Rezept dafür kennt.

Allein: Dem ist nicht so. Und zwar von allem Anfang an.

Sollten Sie beispielsweise meinen, die Zubereitung einer Pekingente beginne, wie die jeder anderen Ente auch, beim Geflügelhändler, so irren Sie. Wenn Sie auch nur auf einen Hauch von Authentizität Anspruch erheben, so sollten Sie (den gutgemeinten Ratschlag des großen Konrad Lorenz damit in den Wind schlagend) nicht irgendeine, sondern sehr wohl eine Ente, die Sie persönlich gekannt haben, wählen.

Wie sonst könnten Sie auch wissen, ob das ins Auge gefaßte Federvieh der weißen Pekingrasse angehört und tatsächlich vom Zeitpunkt seines Ausschlüpfens an nach allen Regeln der Kunst exakt sechzig Tage aufgezogen wurde, von welchen es allein an vierzig Tagen mit jeweils 300 Gramm Kichererbsen, Sorghumhirse und Weizenschrot fachgerecht »gestopft« worden ist?

Im besten aller Fälle (aber wann passiert das schon) sollten Sie selbst dabeisein, wenn es Ihrer Pekingente - sie wiegt zu diesem Zeitpunkt keinesfalls weniger als 2,3 und keinesfalls mehr als 2,7 kg - an den Kragen geht. Ich weiß, das ist weder tierlieb noch appetitanregend. Doch nur so können Sie überprüfen, ob an Ihrem zukünftigen Festtagsbraten auch wirklich Kopf und Schwanz dranbleiben, und zwar dergestalt, daß die Haut dazwischen völlig unverletzt bleibt. Darauf sollten Sie übrigens auch beim anschließenden Ausweiden der Ente achten, das korrekterweise durch ein nur flaschenhalsgroßes Loch in der Seite, knapp unter dem Flügel, erfolgt. Doch Vorsicht: Jeder noch so mikroskopisch kleine Riß in der Haut würde das Abenteuer Pekingente beenden, bevor es noch so richtig begonnen hat.

Doch nun kommt das Wichtigste: Nehmen Sie sich für Ihre Ente viel Zeit, und sie wird es Ihnen durch Wohlgeschmack danken. Beginnen Sie die Prozedur der Vorbereitung, indem Sie die Ente einige Sekunden (!) lang mit 1 l heißem Wasser abbrühen, wobei die Betonung deswegen auf Sekunden liegt, weil längeres Abbrühen zur Folge hätte, daß die Haut wertvolles Fett absondert und später weniger knusprig wird. Nunmehr reiben Sie die Ente mit Küchenkrepp innen und außen trocken, schneiden die Fettdrüsen und die beiden äußersten Flügelenden ab und salzen die Bauchhöhle kräftig ein.

Jetzt erst können Sie sich daranmachen, die schlohweiße Haut der Ente einer Metamorphose in ein leuchtendes Rostrot zu unterziehen. Sie benötigen dazu eine Messerspitze roter Lebensmittelfarbe, einen Eßlöffel Malzzucker und einen guten Viertelliter Wasser, die Sie auf kleiner Hitze miteinander vermengen, damit sich der Zucker besser auflösen kann. Lassen Sie die Flüssigkeit allerdings gut auskühlen, bevor Sie sie mit der Entenhaut in Berührung bringen. Denn Sie wissen ja: Hitze ist in diesem Stadium der erklärte Feind aller späteren Knusprigkeit.

Ich nehme an, Sie haben, wenn Sie soweit sind, bereits ein einigermaßen inniges Verhältnis zu Ihrem Vogel entwickelt, und es macht Ihnen nichts aus, Ihre linke Hand liebevoll um seinen Hals zu legen, während Sie ihn mit der rechten unter langsamen Drehungen vorsichtig von oben her begießen, und zwar - in regelmäßigen Abständen - oft genug, bis auch die letzte nackte Stelle von Zuckerwasser bedeckt ist. In neueren Rezepturen wird das Wasser auch noch mit zusätzlichen Geschmacksträgern wie Wodka, Gin, Sherry oder Reiswein vermischt. Das hat zwar durchaus erfreuliche Geschmacksfolgen, aber wenig mit der klassischen Kunst der kaiserlichen chinesischen Küche zu tun.

Jetzt gelangen Sie zu jenem Teil der Rezeptur, der die höchste Geschicklichkeit verlangt. Suchen Sie sich eine passende Stelle nicht zu weit oben am Hals aus, und blasen Sie durch eine winzige Öffnung mit einem Strohhalm so lange Luft zwischen das Fleisch und die Haut, bis diese sich wie ein Luftballon aufbläht und dadurch sehr schnell all ihre unschönen Runzeln verliert. Halten Sie nach dem Blasen Ihren linken Daumen fest auf die Öffnung gedrückt, und binden Sie den Hals knapp darüber mit einer Schnur ab, mit der Sie die Ente gleich darauf zum Trocknen aufhängen können, so Sie es nicht vorziehen, sie mit zwei Haken an den Flügeln zu befestigen.

Zuvor empfiehlt es sich allerdings auch noch, die Brust von innen her mit einem Stück Holz abzustützen, damit die Ente nicht aus der Façon gerät, wenn sie später der Brathitze ausgesetzt wird.

Doch noch ist es lange nicht soweit. Denn jetzt erst beginnt der Vorgang, der eine Ente zur Pekingente macht. Man hängt sie zu diesem Zweck in den Wind, und Puristen sind der Überzeugung, es müsse exakt jener Wind sein, der von der Wüste Gobi her nach Peking hereinweht und der Entenhaut durch die mikroskopisch kleinen Sandpartikel, die er mit sich führt, eine fernöstliche Massage verpaßt.

Dieser Ansicht muß man sich nicht unbedingt anschließen. Denn die Luftgüte im Peking von heute ist etwa mit jener in einer englischen Kohlengrube des neunzehnten Jahrhunderts zu vergleichen, und es würde mich nicht wundern, wenn statt der vielbesungenen Sand- eher Rußpartikel auf der Haut zurückblieben. Außerdem habe ich auch schon in San Francisco,

London oder New York hervorragende Pekingenten gegessen, und dort ist die Wüste Gobi bekanntlich auch nicht gerade ums Eck.

Ich bin daher mit vielen ausgewanderten chinesischen Köchen der Meinung, daß es auch ein elektrischer Ventilator tut, über dem man die aufgeblasene Ente so dekorativ wie funktionell anbringen kann. In jedem Fall sollte der Platz, an dem man die Ente dem Windkanal aussetzt, nicht zu warm sein und niemals von der Sonne bestrahlt werden. Heiß wird dem Vogel noch bald genug.

Über die Dauer des Trocknungsprozesses kursieren die unterschiedlichsten Meinungen. Die klassische kaiserliche Palastküche schrieb vor, daß zwischen dem Schlachten und dem Braten der Ente vier Tage vergehen müssen. Heute setzt man im allgemeinen nicht mehr als zwölf bis vierundzwanzig Stunden dafür an.

Kurz vor dem Braten wird die Ente schließlich durch das kleine Loch, das vom Ausweiden zurückgeblieben ist, mit heißem Wasser gefüllt und mit einem Holzstöpsel von der Größe eines Flaschenkorkens möglichst luftdicht verschlossen. Auf diese Weise kommt es zu einem Phänomen, das in der klassischen europäischen Küche verpönt ist: nämlich zu der Kombination zweier unterschiedlicher Garungstechniken bei einem einzigen Gericht. Während man die Ente von außen her knusprig brät, wird sie von innen saftig gekocht.

Wenn das freilich nur so einfach wäre, wie es klingt! Klarerweise kann man Buddha auch einen guten Mann sein lassen und die Ente bei hoher Hitze im Backrohr eines E-Herds eine gute Viertelstunde anbraten, um sie danach bei stark reduzierter Hitze noch ein Stündchen weitergaren zu lassen. Doch das ist erstens unsportlich und führt zweitens im Endresultat eher zu einer knusprigen Heurigen- als zu einer echten Pekingente. Nein, der wahre Purist benötigt zu diesem Behufe schon einen von diesen Kao genannten runden, holzbefeuerten chinesischen Öfen, deren Öffnung oben ist und die einem beim kurzen Hineinsehen den Eindruck vermitteln, als blicke man geradewegs in den Höllenschlund. Die Ente wird an einem Haken in diesen feurigen Orkus hineingehängt und über Dattel-, Pfirsich- oder Birnbaumholz gebraten, bis die Außenhaut so knusprig ist, daß sie schon beim bloßen Hinschauen knirscht.

Also fertig. Servieren!

Aber wo denken Sie hin?

Was Sie jetzt aus Ihrem Kao (so Sie einen solchen überhaupt besitzen oder benutzen dürfen) ziehen, ist, obwohl hoffentlich perfekt durchgegart, allenfalls ein Rohling, welcher der Weiterverarbeitung harrt. Die wahre Kunst des chinesischen Kochs besteht nämlich immer noch im perfekten Umgang mit dem angsteinflößenden Schneidebeil, hinter dessen klobiger, hackenartiger Form sich in Wahrheit die scharfe Klinge eines Floretts verbirgt. Mit katzenartiger Geschwindigkeit zerteilt ein Meister seines Fachs eine ganze Pekingente in etwa achtzig bis hundert Teile, aus denen er dann gleich ein mehrgängiges Menü zu komponieren versteht.

Die größte Köstlichkeit - und nur sie durfte dem Kaiser von China dereinst aufgetischt werden - ist selbstverständlich die Haut, die in kleinen, rhomboidförmig geschnittenen Stückchen serviert wird. Dazu werden hauchdünne, in Sesamöl ausgebackene Mandarin-Pfannkuchen gereicht, die man mit Hilfe einer durch mehrere tiefe Einschnitte zum Pinsel umfunktionierten Frühlingszwiebel mit einer aus süßen Bohnen zubereiteten Hoisin- oder einer Pflaumensauce bestreicht, bevor man die Entenhaut-Crisps mitsamt dem Frühlingszwiebelpinsel in den Pfannkuchen einschlägt und alles miteinander als delikaten Happen verzehrt. Mit dem tranchierten Entenfleisch kann man es ähnlich halten. Man kann daraus in Windeseile durch Pfannenrühren (eine typisch chinesische Gartechnik, deren Wesen das ständige Umrühren bei hoher Hitze ist) mit Gemüsen, Bohnensprossen und Sojasauce ein eigenes Gericht komponieren oder das Entenfleisch, mit Reis vermengt, als abschließenden Gang reichen. Auch Leber, Magen, Flügel und Füße bilden die Basis für ein eigenständiges

Gericht. Aus dem übriggebliebenen Entenkarkassen wird unterdessen mit Chinakohl oder Wintermelonen eine Suppe für den nächsten Tag zubereitet.
So, das wär's.
Ich bin mir allerdings nicht ganz schlüssig, ob ich Ihnen angesichts der unleugbaren Kompliziertheit der Prozedur zum Abschluß dieser kleinen atmosphärischen Schilderung aus Beijing gutes Gelingen für Ihre Pekingente wünschen soll. Also gehe ich einmal mehr auf Nummer Sicher - und wünsche Ihnen lieber einen guten Chinesen ums Eck.

PEKINGENTE: UNKOMPLIZIERT UND DAHER NOCH MACHBARER

Das folgende aus einer Garküche in Peking abgeschaute Rezept läßt sich im Gegensatz zum vorhergehenden in jedem Haushalt problemlos nachkochen.
Zutaten: 4 Entenbrüste, 2 EL Honig, 1 EL helle Sojasauce, 1 EL Shaohsing-Wein (ersatzweise Sherry oder auch Campari), Salz, 3/4 l Erdnußöl zum Fritieren, 8 Frühlingszwiebeln, 1 kleine Salatgurke, 1 Flasche Hoisinsauce; *für die Mandarin-Pfannkuchen:* 200 g Vollkorn- oder Buchweizenmehl, 1/8 l kochendes Wasser, 1 Ei, etwas Salz, Sesamöl zum Bestreichen.
Zubereitung:
Entenhaut und Entenfleisch
Entenbrüste an der Hautseite sorgfältig massieren, damit zwischen der Haut und dem Fleisch ein kleiner Hohlraum entsteht. Man kann dabei auch durch Untergreifen mit einem scharfen Filetiermesser nachhelfen, muß jedoch darauf achten, daß sich die Haut nicht vollständig vom Fleisch löst. Nunmehr werden die Entenbrüste leicht gesalzen, auf der Hautseite mit einer Mischung aus Wasser und Honig eingerieben und mehrere Stunden beiseite gestellt, bis der Honig eingetrocknet ist. (Dieser Vorgang läßt sich auch unter Zuhilfenahme eines Haarföns beschleunigen.) Dann werden die Entenbrüste

mit der Hautseite nach unten in heißes Fritieröl gelegt und darin unter mehrmaligem Wenden ausgebacken, bis die Haut knusprig und das Fleisch durchgebraten, aber noch saftig ist. Vorsicht: Die zunächst starke Hitze sollte nach etwa einer halben Minute reduziert werden, da die Honighaut sonst leicht schwarz wird. Nach etwa 15minütigem Braten eventuell im Umluftherd bei 150° C, am besten auf einem Gemüsebett, noch einige Minuten nachgaren lassen. Die knusprige Haut der Entenbrüste danach mit Hilfe eines scharfen Messers ablösen und in kleine Stücke schneiden. Die Entenbrust ebenfalls in schmale Tranchen schneiden. Die Haut- und eventuell auch die Fleischstücke vor dem Servieren noch einmal kurz anfritieren.

Mandarin-Pfannkuchen oder Lotosblätter (Bo ping)

Mehl, Wasser und Ei zu einem glatten Teig verkneten und daraus eine längliche Rolle von etwa 1 cm Durchmesser formen. Davon etwa 20 Stücke mit etwa 2 cm Dicke abschneiden (Messer dazwischen immer in Wasser tauchen) und zu runden Teigfladen von etwa 10 cm Durchmesser ausrollen. Jeden dieser Fladen mit Sesamöl bestreichen und jeweils zwei Fladen mit der eingeölten Seite aufeinanderlegen. Danach noch einmal zu etwas größeren Fladen ausrollen. Die Pfannkuchen schnell und unter ständiger Bewegung in heißem Fett auf beiden Seiten ausbacken, bis sie Blasen werfen, und dann voneinander trennen. Nunmehr, am besten mit einem heißen Tuch abgedeckt, in einem Bambuskörbchen servieren, damit die Pfannkuchen warm bleiben.

Fertigstellung

Die knusprigen Hautstücke und das Brustfleisch gemeinsam mit den in kleine Stiftchen von etwa 6 cm Länge geschnittenen Gurken und Frühlingszwiebeln, der Hoisinsauce und den Mandarin-Pfannkuchen servieren. Die Mandarin-Pfannkuchen mit jeweils einem Kaffeelöffel Hoisinsauce ausstreichen, Frühlingszwiebel- und Gurkenstückchen und Entenfleisch darauflegen und eine Rolle daraus wickeln, die mit den Händen gegessen werden darf.

Ein Tip

Wer die Herstellung von Mandarin-Pfannkuchen zu mühsam findet, kann mit gewöhnlichem Pfannkuchenteig (für ca. 20 Stück 120 g fein gemahlenes, sprich glattes, Mehl, 5 Eier, ¼ l Milch, etwas Salz sowie Fett zum Ausbacken) ebenfalls durchaus erfreuliche, wenngleich weniger authentische, Resultate erzielen.

Osterkitz mit umbrischer Caponata

Feste sind zum Feiern und kulinarische Bräuche zum Hochhalten da. Zu den unleugbaren Höhepunkten des Jahreslaufs zählt daher das Osterkitz, das idealerweise ein Ziegenkitz ist, aber auch ein Junglamm sein kann. Über dessen beste Zubereitungsart herrscht zwischen meiner Frau und mir jedoch schon seit Jahrzehnten ein tiefgehender und daher schier unlösbarer Konflikt. Sie findet, daß das Osterkitz paniert und in Butterschmalz ausgebacken ganz einfach am besten schmeckt. Für mich hingegen muß ein Zicklein unbedingt geschmort sein. Um allfälligen österlichen Ehekrisen vorzubeugen, haben wir uns daher auf einen Kompromiß geeinigt: Wir kaufen ein halbes Kitz und schneiden aus den Keulen Schnitzel, die wir am Ostersonntag ganz konventionell gebacken servieren (Rezept s. Wiener Schnitzel). Der Ostermontag steht indessen ganz und gar im Zeichen der folgenden mediterranen Zubereitungsweise, die auch den Nachbarn nicht verborgen bleibt, da es im ganzen Stiegenhaus nach Rosmarin und Knoblauch duftet.

Zutaten: 1,5 kg Koteletts oder andere Teile vom Ziegenkitz, 3 EL Olivenöl, 1½ TL Salz, ¼ TL frisch geschroteter schwarzer Pfeffer, 1 Knoblauchzehe, 4 zu einem Bouquet gebundene Petersilienstengel (ohne Blätter), 1 Rosmarinzweiglein, ¼ l kaltes Wasser, 2 Eidotter, Saft von 1 Zitrone; *für die Caponata*: 1,5 kg Melanzane, 1 TL Salz, ¼ TL Pfeffer, eine ¾ Tasse Olivenöl, zwei Selleriestangen, eine große Zwiebel, 3 geschälte Paprika (grün, gelb und rot), 1 Knoblauchzehe, 1 geschälte Möhre (Karotte), 2 TL Mehl, 1 kg geschälte Tomaten, 1 Tasse grüne Oliven, 2 EL Essig, 1 Messerspitze Zucker, 3 große, grob gerissene Basilikumblätter, 1 EL gehackte Petersilie, 2 Eßlöffel kleine getrocknete Kapern; weißes Fladenbrot.

Zubereitung: Die Fleischteile mit Öl, Salz, Pfeffer, der kleingehackten Knoblauchzehe, dem Rosmarinzweiglein und dem Petersilienbouquet in eine Pfanne geben; das Wasser hinzufügen und zugedeckt eine Stunde lang köcheln lassen, bis das Fleisch zart ist (zur Probe mit einer Gabel anstechen). Das Bouquet entfernen. Die Eidotter mit dem Zitronensaft mixen und über das Fleisch gießen. Die Pfanne so lange schütteln, bis die Sauce bindet. Sofort servieren. Dazu wird weißes Fladenbrot gereicht.

Während das Zicklein schmort, läßt sich bequem die dazupassende Caponata zubereiten. Dafür die Melanzane schälen, salzen, pfeffern und in gleich große fingerdicke Stücke hacken. Das Öl in einer großen Pfanne erhitzen, die würfelig geschnittenen Selleriestangen, die ebenfalls würfelig geschnittene Zwiebel, die gewürfelten Paprika, den in Scheiben geschnittenen Knoblauch und die gewürfelte Möhre hineingeben und unter gelegentlichem Umrühren 10 bis 12 Minuten bei mäßiger Hitze garen. Alles in einen flachen Bräter umstechen, aber die Ölrückstände in der Pfanne lassen. Melanzane in die Pfanne geben und mit Mehl stauben. Bei mittlerer Hitze braten, bis sie eine goldgelbe Farbe annehmen, und zu den anderen Gemüsen dazugeben. Die kleingeschnittenen Tomaten, die grob gehackten Oliven, Essig, Zucker, Basilikumblätter und Petersilie ebenfalls beifügen und alles im Ofen bei 180° C eine halbe Stunde backen. Nach dem Herausnehmen alle Gemüse gut durchrühren und mit Salz und Pfeffer abschmecken. Kapern einrühren und den Bräter noch einmal einige Minuten in den Backofen zurückstellen.

Und außerdem:

⇨ Wenn man sie auskühlen läßt, kann man die Caponata auch als ausgezeichnetes Antipasto servieren.

⇨ Auf dieselbe Weise wie das Zicklein läßt sich auch jedes junge Lamm mit großem geschmacklichen Erfolg zubereiten.

⇨ Ein ausgezeichnetes Gericht erhält man auch, wenn man eine Kitz- oder Lammkeule in einer Mischung aus Senf, zerdrücktem Knoblauch, Meersalz, geschrotetem Pfeffer und Buttermilch zwei Stunden lang mariniert, die kurz angebratene Caponata in eine große Bratpfanne umfüllt und die mit mehreren Rosmarinzweiglein gespickte Kitz- oder Lammkeule auf einem darüber gelegten Gitterrost bei 180° C und allmählich reduzierter Hitze - je nach gewünschtem Garungsgrad - 45 bis 90 Minuten brät und dabei regelmäßig mit etwas Saft aus der Caponata übergießt. Die Kitz- oder Lammkeule wird auf diese Weise nicht nur besonders saftig, sondern zieht auch vom Geschmack der Caponata an, während sich die Caponata mit dem abtropfenden Fleischsaft vermischt und dadurch noch geschmackvoller wird.

Das Getränk dazu:

⇨ Ein Gläschen umbrischer Orvieto geht niemals fehl. Es passen aber auch Pinot grigio, Pinot bianco, Chardonnay und Sauvignon blanc.

⇨ Hervorragend harmoniert auch ein Roséwein aus der Provence.

Nachspeisen für Backmuffel

Im Gegensatz zum allgemeinen Vorurteil, daß Frauen vernascht sind und Männer darauf abfahren, daß man ihnen Saures gibt, sind die meisten Männer, die ich kenne, wahre Naschkatzen, aber im gleichen Maße jämmerliche Süßspeisenköche. Die Zahl der von mir in völliger Überschätzung meines diesbezüglichen Know-hows für meine Frau und meine Töchter zubereiteten Geburtstagstorten, an denen ich auf geradezu demütigende Weise gescheitert bin, ist Legion. Und die Tatsache, daß sie dennoch aufgegessen wurden, kann ich nur der Existenz des Phänomens wahrer Liebe zuschreiben. Ich erspare Ihnen daher auch die Rezepturen dafür und beschränke mich auf einige Nachspeisen, die selbst mir gelungen sind.

Crêpes Suzette

In jenen glücklichen Zeiten, in denen meine beiden Töchter zwar auch bereits Figurprobleme hatten, diese aber noch nicht als solche erkannten, klang das Wörtchen »Crêpe« wie ein geheimnisvoller Code, ein Zauberwort, auf das wir uns miteinander geeinigt hatten. Gleichgültig, zu welcher Tages- oder Nachtzeit es von irgend jemandem ausgesprochen wurde, schon Minuten später band ich mir die Küchenschürze um und begann in der Küche herumzutoben, bis sie schlußendlich Feuer spie und meine Kinder sich, teils aus Scherz, teils aus berechtigter Angst um Leib und Leben, hinter dem Vorhang versteckten.

Mittlerweile ernte ich mit dem Wörtchen »Crêpe« nur mehr ein fatalistisches »Aber, Papa ...«, das mir bedeuten soll, ich möge die beiden märtyrerhaft einer Traumfigur entgegenhungernden Geschöpfe doch um des lieben Himmels willen nicht in Versuchung führen. Da meine beiden Töchter in dieser Hinsicht leider auch meine Frau angesteckt haben, bleibt mir also nur noch, auf die nächste Generation zu hoffen. Ob die in ernährungsbewußten Zeiten wie diesen freilich noch wissen wird, was Crêpes Suzette sind, wage ich zu bezweifeln. Ich veröffentliche dieses Rezept also nicht zuletzt auch aus Gründen des kulinarischen Denkmalschutzes.

Die Crêpes Suzette sind übrigens auch als klassisches »Mitternachtsgericht« nach einem gelungenen Rendezvous bestens geeignet. Die Crêpes lassen sich nämlich ohne Geschmacksverlust auch Stunden im voraus zubereiten, während man sich den spektakulären Showteil für die späten Abendstunden vorbehalten kann.

Zutaten: *für den Teig:* 0,2 l Milch, 100 g Mehl, 2 Eier, eine Messerspitze Salz, 1 EL Grand Marnier oder Rum, 2 EL Butter oder Butterschmalz (ergibt acht hauchdünne Crêpes); *für die Fertigstellung:* 40 g Kristallzucker, 60 g Butter, 2 dl Orangensaft (100% Saftanteil), 1 TL Zitronensaft, 1 EL Grand Marnier (Orangenbrandy) oder Cointreau (Orangenlikör), 2 EL Cognac oder Weinbrand, Orangenzesten, gegebenenfalls ungespritzte Orangen- und Zitronenschalen.

Zubereitung: Für die Herstellung der Crêpes verwende ich eine flache Teflonpfanne mit etwa 20 cm Durchmesser, damit die einzelnen Crêpes nicht zu klobig geraten. Die Zutaten werden mit einem Handmixer gründlich zu einem flüssigen und gefügigen Teig vermischt, in dem das Mehl auf keinen Fall klumpen darf. Es empfiehlt sich auch, den Teig während des Zubereitens der Crêpes ein-, zweimal nachzurühren, damit sich die festen Stoffe nicht auf dem Boden absetzen. Die Crêpes werden ausgebacken, indem man zunächst ein kleines Stückchen Fett zum Schmelzen bringt und dann in die Pfannenmitte gerade soviel Teig aufträgt, daß sich damit durch kurzes Ausschwenken mit dem Pfannengriff der ganze Pfannenboden knapp bedecken läßt. (Im übrigen gilt, was ich für das Ausbacken der Buchweizencrêpes mit Caviar geschrieben habe.) Die Hitze sollte gerade so hoch sein, daß der Teig

schnell stockt, aber nicht so hoch, daß die Crêpes dunkelbraune Flecken bekommen. Im Idealfall sollten diese goldgelb leuchten. Die Crêpes werden vor der Weiterverwendung durch zweimaliges Übereinanderschlagen zu einem Dreieck gefaltet und beiseite gestellt. Liegt zwischen der Zubereitung der Crêpes und der Fertigstellung ein längerer Zeitraum, so sollte man sie mit Klarsicht- oder Alufolie abdecken.
Doch nun zum Showteil: Er kann ebenso in der Küche am Herd erfolgen wie auf einem für diese Aufgabe zweckentfremdeten Fondue-Rechaud, das den Vorteil hat, daß man seine Flambierkünste vor aller Augen bei Tisch entfalten kann.
Die Vorstellung beginnt mit dem Alptraum jedes Kochlehrlings, der zur Gesellenprüfung antritt, nämlich mit dem fachgerechten Karamelisieren, das zwar nicht schwer ist, aber doch sehr viel Konzentration erfordert, damit man nicht anstatt des geschmolzenen Zuckers plötzlich eine schwarze, klumpige Kruste in der Pfanne hat. Letzteres passiert stets dann, wenn die Hitze zu hoch eingestellt ist oder wenn man den Zucker zu lange karamelisiert. Um solche Pannen zu vermeiden, verteile ich den Kristallzucker gleichmäßig über eine Pfanne mit möglichst großem Durchmesser und bringe ihn unter leichtem Schütteln der Pfanne (notfalls auch durch Rühren mit einem hölzernen Kochlöffel) zum Schmelzen. Wenn die Zuckerkristalle angeschmolzen sind und eine sämige, hellbraune Zukkerlösung ergeben, füge ich stückweise die Butter hinzu und verrühre sie mit dem Zucker, bis sie ebenfalls völlig geschmolzen ist. (Wenn Sie jetzt ein paar kleingeschnittene ungespritzte Orangen- und Zitronenschalen hinzufügen, werden ätherische Öle frei, welche die Crêpes noch feiner und duftiger werden lassen.)
Jetzt kann ich das Karamel getrost mit Orangen- und Zitronensaft ablöschen, die Orangenzesten hinzufügen und alles so lange einkochen, bis eine glatte, dickliche orangefarbene Sauce entstanden ist, was etwa fünf bis zehn Minuten dauert. Diese schmecke ich mit Grand Marnier oder Cointreau ab (der angegebene Eßlöffel entspringt einer gewissen Sparsamkeit

im Umgang mit teuren Spirituosen, sonst können es auch zwei sein), hebe die Orangenzesten und - wenn beigegeben - die Orangen- und Zitronenschalen mit einem Schaumlöffel aus der Sauce und richte die gefalteten Crêpes kreisförmig in der Pfanne an. Ich lasse sie in der Sauce auf nicht allzu großer Hitze kurz durchziehen, wende sie einmal und begieße sie mit dem Weinbrand, den ich sofort mit einem langen Zündholz - unter dem Applaus der Menge bzw. der anwesenden Dame(n) - entflamme. Noch eleganter, wenngleich etwas gefährlicher ist es, wenn man die Pfanne über der offenen Flamme kurz kippt, wodurch sich der Alkohol ebenfalls sofort entzündet. Auch während des Flambierens sollte man die Pfanne in Bewegung halten, damit wirklich der gesamte Alkohol verbrennt. Nunmehr können die Crêpes mitsamt der Sauce portionsweise serviert werden.

Und außerdem:

⇨ Eine andere Möglichkeit der Zubereitung besteht darin, die Crêpes zunächst ungefaltet zu lassen, eine nach der anderen - vor dem Flambieren - durch die Sauce zu ziehen und sie erst dann gefaltet auf einer vorgewärmten und feuerfesten Platte zu servieren, auf der die Crêpes bei Tisch dann auch flambiert werden.

⇨ Wenn Sie den Geschmack von Grand Marnier lieben, so können Sie die Crêpes auch mit Grand Marnier flambieren. Je mehr Sie davon verwenden, desto länger brennt die Flamme.

⇨ Der hier angegebene Pfannkuchenteig ist vielfach erprobt und das, was man bei uns in Österreich »teppensicher« nennt. Sie können ihn selbstverständlich auch mit Schinken und Käse, pochiertem Blattspinat oder aber, wenn Sie bei Süßem bleiben wollen, mit Marmelade, gesüßtem Quark (Topfen) und Rosinen oder Nüssen füllen und ihn mit Schokoladensauce und/oder süßer Sahne (Schlagobers) garnieren. Wenn Sie zwei solcher Nuß-Schokoladen-Crêpes kapuzenartig falten und mit Aprikosenbrandy (Barack palinka) flambieren, dann haben Sie statt der berühmten Crêpe Suzette die mindestens ebenso berühmte Gundel-Palatschinke (Palatschinke ist das legendäre in Österreich verwendete Wort für einen dünnen Eierkuchen), die nach dem legendären Budapester Meisterkoch Karoly Gundel benannt ist, zubereitet.

Das Getränk dazu:

⇨ Nichts geht über ein Gläschen Trockenbeerenauslese, Tokajer, Picolit oder Sauternes.

⇨ Auch Champagner macht sich recht gut.

⇨ Im übrigen paßt auch ein Gläschen handwarm servierter chinesischer Mandarinenwein oder das folgende selbstgemachte Getränk.

DAS BESTE VOM HOLUNDER

In Zeiten als Limonade noch ein echtes Luxusgut war, wurde in vielen Haushalten Holunderblütensekt erzeugt, der im Sommer ein wohlschmeckendes, prickelndes Erfrischungsgetränk darstellt; außerdem ist er einfach und billig herzustellen, wie man am folgenden Rezept - nach der »klassischen Flaschengärung« - sieht:

Zutaten: 10 l Wasser, 3 Zitronen in Scheiben, 1 kg Zucker, 1/4 l Weinessig, ca. 5 große Holunderblüten.

Zubereitung: Alle Zutaten in ein Gefäß - sauberer Plastikkübel - geben, mit einem Tuch zudecken, einen Tag und eine Nacht stehenlassen, abseihen, in Flaschen abfüllen und mindestens drei Wochen an einem kühlen, dunklen Ort gären lassen.

Am besten eignen sich zum Abfüllen Bierflaschen mit Bügelverschluß, wie sie neuerdings wieder gelegentlich verwendet werden. Erstens hat man den Genuß, sie auszutrinken, zweitens ist das Volumen mit 0,5 Liter relativ gering, und drittens sind die Flaschenwände recht stark, sodaß sie dem bei der Gärung entstehenden Druck leicht standhalten können. Der Bügelverschluß schließt sehr gut ab, daher kann die entstehende Kohlensäure nicht entweichen. (Drehverschlüsse sind weniger geeignet.)

Und außerdem:

⇨ Die Holunderblüten sollte man so früh am Morgen wie möglich ernten. Wenn die Sonne aufgeht und sie zu duften beginnen, beeinträchtigt das die Qualität des Holunderblütensekts.

⇨ Wenn man in den Holunderblütensekt eine Kugel Zitroneneis gibt und dieses mit einem Blatt Zitronenmelisse dekoriert, so wird aus dem Holundersekt im Nu ein Holunder-Zitronen-Sorbet.

⇨ Meine beiden Töchter, die in alkoholischer Hinsicht noch beneidenswert unbelastet sind, lieben vor allem auch mit eiskaltem Soda aufgespritzten Holunderblütensirup, der sich noch einfacher herstellen läßt als Holundersekt. Man benötigt dafür 20 Blüten, 5 Zitronen in Scheiben, 1,5 Kilo Zucker, 2 Liter Wasser und 50 g Zitronensäure. Den Zucker läßt man zunächst mit Wasser aufkochen und dann auskühlen. Anschließend mischt man alle Zutaten ab, rührt sie gründlich um und läßt den Sirup, bevor man ihn abseiht und abfüllt, 48 Stunden stehen.

⇨ Wer dazu ein Dessert von vollendeter Harmonie verkosten möchte, der versuche am besten gebackene Holunderblüten, die sich nach einem recht einfachen Rezept zubereiten lassen. Man benötigt dafür vier große oder acht kleinere nicht ganz abgeblühte Holunderblüten mit Stengel, 150 g Mehl, 1 gestrichenen EL Zucker, 1 Prise Salz, 1 EL Pflanzenöl, ⅛ l Milch, 2 Eier, ½ kg Butter- oder Schweineschmalz sowie etwas Staubzucker, gesiebt oder aus der Mühle, und eine Messerspitze gemahlenen Zimt. Für den Backteig, der ruhig ein bißchen flüssig geraten kann, aber keinesfalls zu fest und klebrig werden sollte, vermengt man Mehl, Zukker, Salz, Öl, Milch und Eier. Man zieht die Holunderblüten mehrmals kurz durch lauwarmes Wasser (nicht einweichen!) und läßt sie dann abtropfen, bis sie völlig trocken sind. Dann zieht man sie von den Blüten beginnend bis zum Stengelansatz durch den Backteig und bäckt sie im Schmalz aus, bis sie goldbraun sind. Vor dem Servieren bestreut man sie dann mit Zimt und Staubzucker.

TIRAMISU

Auf die Frage nach meinem liebsten Tiramisu-Rezept pflege ich zu antworten: Da müssen Sie schon meine beiden Töchter Helene und Ruth fragen, denn die beiden machen, wenn sie in Form sind, das beste Tiramisu der Welt. Ich jedenfalls habe es noch nirgendwo in vergleichbarer Perfektion gegessen. Zunächst wollten die beiden allerdings mit der Rezeptur ihrer deklarierten Lieblingssüßspeise nicht herausrücken, und es kostete mich einige gute Worte und ein paar ganz handfeste Versprechungen ökonomischer Natur (Stichwort Taschengeld!), bis sie es doch taten.
Ich engagierte die zwei Dessertkünstlerinnen also gegen entsprechende Gage für einen Samstagnachmittag, ließ mir erklären, wie's geht, und stellte fest, daß die beiden Meisterpâtisseusen im Kochbuch meines Freundes Ewald Plachutta ganz ordentlich »häferlgeguckt« hatten.
Zutaten: 4 Eidotter, 2 Eiklar, 20 g Vanillezucker, 40 g Staubzucker, 40 g Kristallzucker, 500 g Mascarpone, 1 kleingehackte Vanilleschote, 30 bis 35 Löffelbiskuits (auch Biskotten genannt), 5 cl Cognac oder Weinbrand, 4 cl Kahlúa (Kaffeelikör), 0,2 l starker schwarzer Kaffee, 100 g feinst geriebene Bitterschokolade (Valrhona oder Lindt 70% Cacao).
Zubereitung: Zunächst einmal wird Kaffee von der Stärke eines italienischen Espressos, in dem der Moccalöffel fast stehenbleiben sollte, zubereitet. Dann zerstößt man die Vanilleschote im Mörser zu fast atomisch kleinen Teilchen und stellt diese beiseite. Nunmehr werden die Eidotter mit Hilfe eines Schneebesens mit dem Staub- und Vanillezucker in einem großen Gefäß gründlich schaumig gerührt. Dann wird löffelweise der Mascarpone hinzugefügt und mitsamt der kleingehackten

Vanilleschote eingerührt, bis eine gelbliche, feine und sämige Masse mit kaum wahrnehmbaren schwarzen Pünktchen entsteht. In einem anderen Gefäß schlägt man aus dem Eiklar und dem Kristallzucker einen schönen, schaumigen Eischnee, der so fest ist, daß man mit einer Nadel seine Initialen hineinschreiben kann. Den Schnee hebt man löffelweise unter vorsichtigem Umrühren in die Mascarponemasse, bis daraus eine glatte Creme wird. Man vermischt den Kaffee mit dem Cognac und dem Kahlúa-Likör und gießt die Flüssigkeit auf einen Suppenteller, so daß man darin bequem die Biskuits tränken kann. Mit einem Teil dieser Biskuits legt man nunmehr den Boden einer Kastenform aus und bestreicht sie mit einer etwa 1 cm hohen Cremeschicht. Dann wird alternierend jeweils eine Lage Biskuits und eine Lage Creme aufgetragen. Die oberste Schicht muß Creme sein, die man mit einer Teigkarte ganz glatt streicht und mit der feingeriebenen Bitterschokolade belegt.

Und außerdem:

⇨ Wenn Sie den Kaffee- durch Mandellikör ersetzen, bekommt das Tiramisu ein fast vorweihnachtliches Aroma.

Das Getränk dazu:

⇨ Jeder Süßwein paßt, es kann aber auch eine Tasse Mokka sein.

CANTUCCI IN EISWEIN

Wenn ich zwei, drei Gänge gekocht habe, bin ich meistens ziemlich geschafft, und mir fehlen sowohl Muße als auch Energie, jetzt auch noch ein Dessert zuzubereiten. Wenn es mir, was zuweilen vorkommt, nicht gelingt, diese Aufgabe an eine meiner drei Dessertkünstlerinnen zu delegieren, mache ich etwas ganz Einfaches, das, vor allem wenn wir Gäste bei uns haben, noch immer gut angekommen ist. In italienischen Trattorien und Osterien ist diese Idee (tatsächlich handelt es sich nämlich mehr um eine Idee als um ein Rezept) weit verbreitet, und das Ergebnis mundet so köstlich wie anregend. Vor allem aber: Es macht keine Arbeit.

Man benötigt dazu lediglich eine Flasche guten Süßwein und eine Packung italienischer Cantucci, ein Mandelgebäck, das zuweilen auch Cantuccini alla mandorla genannt wird. In Italien ist es fast immer ein Vin Santo, der zur Verwendung gelangt, zuweilen auch Marsalawein. Mindestens genauso gut eignen sich jedoch Eisweine, Ausbrüche, Strohweine, Beeren- und Trockenbeerenauslesen aller Art. Hauptsache, sie weisen neben der nötigen Süße auch ein entsprechendes Säure-Rückgrat auf, damit das geschmackliche Endergebnis nur süß, aber nicht picksüß gerät.

Das Anrichten des Gerichts ist alles andere als kompliziert. Man serviert jedem Gast ein Gläschen Süßwein mit einem kleinen Teller voller Cantucci, die dann nach Lust und Laune in den Wein getaucht werden. Kommt einem der Wein zu edel dafür vor, dann kann man das Mandelgebäck selbstverständlich auch extra essen.

ERDBEEREN ROMANOFF MIT GRÜNEM PFEFFER

Ebenso leicht gemacht wie äußerst wirkungsvoll ist auch das folgende Gericht.

Zutaten: 400 g Erdbeeren, 1 EL und 1 KL Staubzucker, 1 dl Orangensaft, 5 cl Curacao (Bitterorangenlikör), 1 EL grüne Pfefferkörner, 1 Vanilleschote, ¼ l süße Sahne (Schlagobers), Zitronenmelissenblätter.

Zubereitung: Die Erdbeeren werden gewaschen, gezuckert (1 EL) und zwei Stunden lang in der Mischung aus den grünen Pfefferkörnern, dem Orangensaft und dem Curacao-Likör im Kühlschrank mariniert. Anschließend zerkleinert man die Vanilleschote im Mörser und schlägt mit den winzigen Vanillestückchen und dem restlichen Staubzucker die Sahne auf, die, mit einem Blatt Zitronenmelisse und einer halbierten Erdbeere garniert, auf die marinierten Erdbeeren gesetzt wird.

Und außerdem:

⇨ Man kann die Vanilleschote auch weglassen, wenn man die Sahne mit einem Päckchen Vanillezucker aufschlägt.

⇨ Statt Curacao kann man auch Cointreau oder Grand Marnier verwenden.

⇨ Viel Erfolg habe ich auch mit einer warmen Variante dieses Rezepts erzielt. Wie bei der Sauce für die Crêpes Suzette (s. Seite 230) karamelisiere ich zunächst Zucker und Butter, gieße mit dem Orangensaft auf, lasse die Sauce mitsamt den grünen Pfefferkörnern etwas einkochen, lege die Erdbeeren ein, schwenke sie kurz durch, damit sie sich erwärmen, und flambiere das ganze Gericht mit Orangenlikör, bevor ich es, ebenfalls mit vanillisiertem Schlagsahnehäubchen, serviere. Wenn man will, kann man zu den Erdbeeren auch noch Pfirsiche, Kiwis und andere Früchte geben.

Das Getränk dazu:

⇨ Am besten mundet Champagner oder Sekt.

Kleine Käsedesserts

Leicht herzustellen und immer wieder wirkungsvoll sind Käsezubereitungen aller Art. Wirklich köstlich munden beispielsweise ungeschälte heurige Kartoffeln, die man mit

Roquefort bei höchster Hitze im Backofen gratiniert, bis der Käse geschmolzen ist, und sofort serviert. Hervorragende Ergebnisse habe ich auch mit Rotschmierkäse (Pont L'Eveques, Maroilles, Livarot etc.) erzielt, den ich in Stücke schneide und mit etwas Butter sowie einem Eidotter durch ein Sieb (am besten durch eine »Flotte Lotte« mit Kurbel) treibe, bevor ich ihn zu vier kleinen Laibchen forme, die ich auf zuvor kurz in Butter gerösteten Schwarzbrotscheiben gratiniere, bis der Käse schmilzt. Durch den Dotter bindet der Käse jedoch, und die laibchenartige Form bleibt erhalten.
Für mein liebstes Käsedessert gratiniere ich jedoch nicht, sondern verwende ich einen vollreifen Petit Munster, den ich in einem Kranz von fritierten Basilikumblättern mit gerösteten Pistazienkernen serviere.

Das Getränk dazu:
⇨ Fast alle warmen Käsezubereitungen harmonieren ideal mit Süßweinen, wie Picolit, Eiswein oder Ausbruch.

BREAD-AND-BUTTER-PUDDING

Zum guten Schluß ein Hochgenuß: Das folgende Dessert kommt allerdings - entgegen meinem Versprechen, nur Desserts für Backmuffel zu kredenzen - nicht ganz ohne Backofen aus, ist jedoch, wie Sie gleich sehen werden, alles andere als ein Kuchen oder gar eine Torte. Ich habe es vor einigen Jahren in Irland kennengelernt und seither schon Dutzende Male mit größtem Erfolg zubereitet. Voraussetzung, daß es wirklich mundet, ist freilich ein kalter, stürmischer oder schneeverwehter Wintertag. Und wer daheim kein flackerndes Kaminfeuer anfachen kann, der sollte es sich zu dem folgenden Dessert zumindest denken.
Zutaten: 1/4 l Milch, 1/4 l Crème fraîche, 1 Vanilleschote, 3 Eier, 5 EL Kristallzucker, 1 französisches Baguette, 4 EL weiche Butter, 20 g in 2 cl irischem Whisky getränkte Rosinen, 6 Butterflocken, 2 EL Orangenmarmelade, Staubzucker.

Zubereitung: Zunächst lege ich die Rosinen in den Whisky ein. Dann verrühre ich die Milch mit der Crème fraîche und einem Teil des Zuckers in einer Kasserolle, lege die Vanilleschote hinein und bringe die Flüssigkeit langsam und unter ständigem Rühren zum Kochen. Vorsicht, daß die Milch nicht überschäumt oder anbrennt! Mittlerweile schlage ich die Eier und den restlichen Zucker in einem geeigneten Gefäß mit dem Schneebesen oder dem Mixstab zu einer sämigen, glatten Creme und gieße langsam, Strahl um Strahl und unter ständigem Rühren, die Milchmischung dazu. Die so entstandene Masse passiere ich durch ein feines Haarsieb und stelle sie beiseite. Mittlerweile schneide ich das Baguette in etwa 1 cm dicke Scheiben, die ich mit weicher Butter bestreiche (irische Butter eignet sich dazu besonders gut). Mit dem Rest der Butter (zirka 1 EL) streiche ich eine hochwandige, feuerfeste Form aus, in die ich etwa die Hälfte der Rosinen streue. Dann lege ich die Form auf dem Boden und an den Seitenwänden mit Baguettescheiben aus und streue die restlichen Rosinen darauf. Ich rühre den verbleibenden Whisky in die Milch-Eier-Mischung. Mit dieser übergieße ich dann die Brotscheiben und die Rosinen in der Kasserolle. Inzwischen ist der Ofen auf 180° C vorgeheizt und etwa 2 l Wasser sind für das Wasserbad erhitzt worden. In dieses plaziere ich nunmehr die Form mit dem Bread-and-Butter-Pudding. Wasserbad und Form schiebe ich vorsichtig ins Rohr. Die Form sollte bis etwa 1 cm unter dem oberen Rand im Wasser stehen. Nach etwa einer Dreiviertelstunde ist der Pudding gar und kann aus dem Rohr genommen werden. Er wird mit Orangenmarmelade bestrichen, mit Staubzucker bestreut und heiß serviert.

Und außerdem:

⇨ Leidenschaftliche Irland-Fans begleiten die Zubereitung dieses Gerichts entweder mit lauschiger irischer Folklore oder - so sie eher dem Klassischen zugeneigt sind - mit Händels Messias, der bekanntlich in Dublin uraufgeführt wurde und in der Küche in Minutenschnelle jene weihnachtliche Atmosphäre zu verbreiten vermag, die zu Bread-and-Butter-Pudding paßt.

Das Getränk dazu:

⇨ Neben Süßwein und stark malzigem Bockbier serviere ich zu diesem Gericht auch gerne einen nordischen Glögg. Das ist ein Rezept, das ich dem von mir äußerst geschätzten Wiener Feinkostmanufakteur Anton Staud verdanke und das Körper wie Seele an kalten Wintertagen gleichermaßen zu erwärmen vermag. Ich benötige für zehn Portionen 3 Flaschen herben Rotwein, die Zesten einer halben Orange, 1 EL Kardamomsamen, 1 Zimtstange, 10 Gewürznelken, 1 Stückchen frischen Ingwer (ersatzweise 1 TL Ingwerpulver), 100 g Rosinen, 150 g geschälte Mandeln, 0,5 l Linien-Aquavit, einen besonders edlen im Holzfaß gelagerten Aquavit (ersatzweise Weinbrand), 10 Stück Würfel- oder Bridgezucker und 1 EL Honig. Der Wein wird zunächst mit Orangenzesten, Kardamom, Zimt, Nelken und Ingwer aromatisiert und in einer Kasserolle langsam zum Köcheln gebracht. Nachdem er etwa eine Viertelstunde knapp am Siedepunkt gezogen hat, gebe ich die Rosinen und Mandeln dazu und lasse den Wein abermals eine Viertelstunde ziehen, bevor ich die Hälfte des vorgesehenen Aquavits hinzufüge. Dann nehme ich den Topf vom Herd und stelle ihn über kleiner Flamme auf ein Fondue-Rechaud. Ich bedecke den Topf mit einem feinmaschigen Drahtgitter, auf das ich die Zuckerstücke verteile, die ich mit dem leicht angewärmten restlichen Aquavit übergieße und anzünde. Dabei schmilzt der Zucker auf höchst pyromanische Weise und fließt langsam in den Topf. Dann nehme ich das Gitter ab, rühre den Honig ein und serviere den Punsch in geeigneten Gläsern mitsamt den Mandeln und Rosinen. Spätestens jetzt ist die Festesfreude perfekt.

Ganz so einfach geht's nicht

Ein paar korrigierende Nachbemerkungen
der bekochten (Ehe)frau

Nun ja, so einfach klingt das mit dem Kochenlernen der Herren der Schöpfung, oder sollte ich besser sagen das, was Ihnen mein Herr des Schöpflöffels so an Selbsterfahrungen weitergegeben hat. So einfach war es allerdings in der Praxis dann doch nicht immer.

Kurioserweise ist jene Phase, in der Männer als blutige Laien das erste Mal an den Herd schreiten, für die im gleichen Haushalt lebende Frau die unproblematischste, wenn auch nicht unaufwendigste. Dankbar für so manch hilfreichen Tip und Hinweis, ist Mann viel zu sehr damit beschäftigt, das begonnene kulinarische Vorhaben auch in die Zielgerade zu bringen, um sich in irgendeiner Weise besserwisserisch profilieren zu wollen. Geht es doch - nicht nur im sprichwörtlichen Sinn - um Leib und Leben. Bei so viel ernsthaftem Bemühen bleibt demnach kaum Energie übrig für allfällige Nörgeleien, aber auch nur mehr ein rudimentärer Rest an Kraft, das mehr oder weniger große Chaos wieder zu beseitigen.

Kritisch beginnt es hingegen auf der Stufe für Fortgeschrittene zu werden. In jenem semiprofessionellen Zustand, in dem kochende Männer in der Gewißheit leben, alle kulinarischen Weisheiten mit sämtlichen Löffeln gegessen zu haben, die sie zugegebenerweise inzwischen schon ganz gut handhaben können. Das mühsam Erworbene an Wissen und Perfektion scheint in ihnen den geradezu missionarischen Trieb zu wekken, der am gleichen Herd kochenden Partnerin gutgemeinte Ezzes zu geben. »Also, ich würde aber jetzt schon ... » Männer dürften offenbar wenig Unterschiede zwischen Frauen am Herd und Frauen hinter dem Lenkrad machen.

Glücklicherweise ist jedoch auch dieser Periode ein zeitliches Ende gesetzt. Nämlich dann, wenn der kochende Mann das nötige Quantum an Erfahrung, Praxis, Niederlagen und Erfolgen hinter sich gebracht hat, um zu verstehen, daß viele Köche tatsächlich den Brei verderben. Warum sollte sich auch gerade das Kochen von allen anderen Tätigkeiten unterscheiden und keinerlei Individualität zulassen? Und so haben auch wir es tatsächlich geschafft, nach geraumer Zeit, in der mitunter durchaus die »Fetzen«, sprich Geschirrtücher, flogen - wenngleich nur im figurativen Sinn - eine harmonische Küchen-Koexistenz aufzubauen. Was jedoch keinesfalls bedeutet, daß keinem von uns nicht ab und zu eine zynische Bemerkung auf den Lippen läge und diesen nicht auch entschlüpfte.

Meines Erachtens eine notwendige Verhaltensweise zur Aufrechterhaltung der Psychohygiene, der ich mich auch beim Durchlesen der diversen mehr oder weniger machohaften Aperçus zwischen den Rezepten nicht enthalten konnte. Daß sich Männer aus dem doch ganz beachtlichen Spektrum an zur Verfügung stehender Hausarbeit just das Kochen herauspicken, dürfte wohl kaum daran liegen, daß sie extreme Schwierigkeiten hätten, Fensterputzen oder Bügeln wirklich zu perfektionieren, sondern vielmehr an der Tatsache, daß Kochen einfach lustiger und kreativer ist und sich damit beachtliche - vor allem außerhäusliche - Bewunderung einheimsen läßt. Kochen ist ein dankbares Geschäft!

Weniger dankbar ist da schon die unerläßliche Tätigkeit der Reinigung. Eine lästige Pflicht, die auch vom kochenden Mann nach vollendeter Kür ausgeübt werden sollte - von meinem größtenteils auch wird. Die erwähnten geschlechtsspezifischen unterschiedlichen graduellen Säuberungsstadien resultieren freilich keineswegs aus einem übertriebenen Putzwahn weiblicherseits, sondern vielmehr aus dem pragmatischen Bewußtsein, daß der Küchenalltag selbst nach dem tollsten Abendessen beim nächsten Frühstück weitergeht. Und da gibt's den Meister Proper meist nur mehr aus der Flasche.

Was den zitierten Mangel an Experimentierfreudigkeit bei Frauen betrifft, so rückt diese Behauptung das männliche

Kochverständnis ins exakt richtige Licht. Frauen kochen mal weniger gerne, mal mehr, manchmal sogar sehr gerne, aber selten stets nur, um sich zu verwirklichen. Dafür sorgt schon der Druck des Alltags, der schlicht die einfache Sättigung in den Vordergrund rückt. Da bedarf es für Experimente schon eines besonderen Anlasses. Und den schaffen sich Männer alleine durch die Tatsache, daß sie kochen.
Wobei es so manchem Mann sogar gelingt, tägliche Routine zu einer täglichen kleinen Sensation werden zu lassen.

Renate Wagner-Wittula

Kleines Lexikon der Küchensprache

Fachausdrücke, die Mann kennen sollte

A point. Auf den Punkt gegart, nicht zuviel, nicht zuwenig, sondern gerade richtig (bei Fleisch »rosa«).

Aromaten. Bezeichnung für geschmacksverstärkende Gewürze, Kräuter und Wurzelwerk.

Bain-marie. Wasserbad.

Blanchieren. Ein Produkt kurz in Wasser knapp am Siedepunkt überbrühen, um es (z. B. Kalbsbries) kochfertig zu machen.

Concassé. Kleingewürfeltes Gemüse.

Consommé. Besonders kräftige Brühe mit rohem Fleisch. Wird die Menge des »Klärfleischs« verdoppelt, spricht man von einer »*Consommé double*«.

Court-bouillon. Mit Kräutern und anderen Aromaten versetzter Würzsud als Grundlage zum Pochieren (s. dort) von Fischen.

Crème fraîche. Aus Frankreich stammende saure Sahne (Sauerrahm) mit hohem Fettgehalt (ca. 30 bis 40%); dient zur Saucenmontage. Besonders dickflüssige und daher zum Montieren (s. dort) noch besser geeignete Sahne bezeichnet man als Crème double.

Crêpes. Hauchdünn gebackene Pfannkuchen (Omeletts).

Croûtons. In Butter gebackene Weißbrotschnitten; werden meist für Suppen oder Salate verwendet.

Cutter. Küchenmaschine.

Etamine. Seihtuch.

Farce. Jede Art von Fülle.

Fines Herbes/Herbes de Provence. Feine kleingehackte Kräutermischung, manchmal mit Schalotten versetzt.

Flambieren. Ursprünglich bezeichnete man damit das »Abbrennen« von gerupftem Geflügel; heute versteht man darunter vor allem das Abbrennen eines Gerichts mit hochprozentigen Spirituosen (z. B.

Cognac), das meist bei Tisch vorgenommen wird - etwa bei den berühmten »Crêpes Suzette«.

Fond. Die Grundlage jeder feinen Saucenküche. Grundbrühe, die den Geschmack von Karkassen (s. dort) von Fisch, Geflügel oder Fleisch aufgenommen hat und in konzentrierter Form weiterverwendet werden kann.

Fricassée. Weißes Ragout von Kalb, Lamm oder Geflügel.

Geschrotet. Grob gemahlen.

Glace. Ein Fond, der so stark reduziert wurde, daß er in erkaltetem Zustand geleeartige Konsistenz annimmt. Dient zur Saucenstabilisierung.

Gratinieren. Ein Gericht vor dem Servieren kurz im Ofen (etwa mit Käse oder Eiern) überbacken.

Hautgout. »Überständiger Geruch«, vor allem beim Wild. Galt früher als notwendig, ist jedoch heute absolut ein Grund für Reklamation.

Julienne. Feinnudelig geschnittenes Gemüse oder Fleisch.

Jus. Bratensaft, brauner Fond; wird in Österreich auch als »Natursaftl« bezeichnet.

Karkassen. Knochenreste, Gräten etc., aus denen Fonds und Extrakte zubereitet werden.

Köcheln. Knapp am Siedepunkt ziehen lassen.

Legieren. Eine Flüssigkeit (etwa eine Suppe oder Sauce) mit Eidotter und süßer Sahne (Obers) binden.

Mies de pain. Entrindetes und geriebenes Kastenbrot zum Panieren.

Mirepoix. Grob gewürfeltes Wurzelwerk.

Mise en place. Vorbereitung aller einzelnen Zutaten, um den Kochvorgang so zeit- und raumsparend wie möglich zu gestalten.

Montieren. »Aufschlagen« einer Sauce oder Suppe stabiler Konsistenz, vor allem mit Hilfe kalter Butter.

Mousse. Bedeutete ursprünglich »Schaumbrot« und bezeichnete unterschiedlichste, aufwendig hergestellte Pastetenvariationen. Wird heute jedoch fälschlicherweise für alle Arten von Cremen auf Pürierbasis, die mit süßer Sahne oder Eiweiß schaumig aufgeschlagen werden, verwendet.

Nappieren. Ein Stück Fleisch, Fisch oder Gemüse mit Sauce überziehen.

Parfait. Eine gesulzte oder mit Eiweiß im Wasserbad pochierte Farce wird vor dem Servieren in einer Form zum Erstarren gebracht. Ideale Grundlage sind Fische, Gemüse und Krustentiere. Eine Sonderform ist das Eisparfait.

Parieren. Fleisch oder Fisch durch Wegschneiden der überflüssigen Teile (Parüren) kochfertig machen. Schlecht parierte Produkte sollte man in der gehobenen Küche zurückschicken.

Pastete. Jede Farce, die in einen Teigmantel gewickelt und darin gebacken wird. Die berühmte »Gänseleberpastete« ist daher keine Pastete, sondern eine Terrine (siehe dort).

Pochieren. Fisch, Fleisch oder Gemüse knapp unterhalb des Siedepunkts (bei ca. 95° C) garziehen lassen.

Poêlieren. Fleisch in Butter mit Wurzelwerk dünsten bzw. braten.

Ragout. Gericht aus würfelig geschnittenem Fleisch, Fisch oder Gemüse, das auch als »Ragoût fin« für Pastetenfüllung verwendet werden kann.

Reduktion/reduzieren. Fond und Wein werden bis zur gewünschten sämigen Konsistenz, die dann die Grundlage für eine optimale Sauce bietet, eingekocht (reduziert).

Sämig. Mollig.

Sautieren. Fleisch- oder Fischwürfel kurz anbraten.

Schmoren. Dünsten.

Simmern. Auf kleiner Flamme langsam garziehen lassen.

Soufflieren. Aufgehen; bei Wiener Schnitzel: Blasen werfen.

Terrine. Pastete ohne Teigmantel, meist in mit Speck oder Blattgemüse ausgelegter Keramikform im Wasserbad gegart.

Vinaigrette. Klassische Salatsauce auf der Basis von Essig, Öl und Kräutern; gleichzeitig eine beliebte Spargelsauce.

Küche, Lust und Leidenschaft

Roberta Corradin

Lasagne, Leid und Lust

Geschichten und Rezepte aus meiner Gefühlsküche. Aus dem Italienischen von Claudia Denzler. 102 Seiten. SP 2322

Nicht nur die Liebe geht bei Roberta Corradin durch den Magen –, sondern das ganze Leben. Zweiundzwanzig Kochrezepten gesellt sie ebenso viele kurze Geschichten aus ihrem Leben bei. Kochen ist immer ein emotionaler Vorgang, der je nach Laune mit amüsanten oder erschütternden, sinnlichen oder sentimentalen Ereignissen zu tun hat. Gekocht wird einfach oder raffiniert, süß oder sauer, immer ergibt sich eine eigenartige Geschichte: Seien es die scharfen Pfefferkuchen bei der wütenden Abrechnung mit dem verlogenen Liebhaber oder die unwiderstehlichen Spaghetti, die bei dem flotten Junggesellen im Lauf eines verführerischen Abends schnell zubereitet werden. Oder der Schokoladenkuchen, der die Erinnerung an den verunglückten Sohn wachhält, oder die Kürbiscreme für die unerträgliche Schwiegermutter.

Markus Wolf

Geheimnisse der russischen Küche

Mit Illustrationen von Detlef Beck. 224 Seiten. SP 2444

Spätestens seit dem berühmten Buch und Film »Es muß nicht immer Kaviar sein« ist vielen bekannt, daß Kochkunst und Nachrichtendienst keineswegs weit auseinanderliegen. Was hier die Gerüche und Aromen, sind dort die Gerüchte und Geheimnisse. Die Wolfsche Liaison mit der russischen Küche kommt nicht von ungefähr, sein Vater – der Arzt und sozial engagierte Schriftsteller Friedrich Wolf – verfaßte in den zwanziger Jahren ein Standardwerk der vegetarischen Küche; die Familie, von den Nazis vertrieben, fand in Moskau Zuflucht und eine zweite Heimat. Und wer mit Russen viele Jahre nicht nur Brot und Salz teilte, erfuhr so einiges über die Mysterien ihrer Kochkunst: über Borstsch und Sülze, Kwas in Plastiktüten, die wunderbaren gefüllten Teigtaschen Pelmeni – und nicht zu vergessen die hochprozentigen und aromatischen Getränke für den unstillbaren Durst der russischen Seele.

Küche, Lust und Leidenschaft

Marina & John Bear

How to Repair Food

Tips und Tricks bei Pech und Pannen in der Küche. Aus dem Amerikanischen übersetzt und bearbeitet von Dinka. 144 Seiten. SP 2235

Dieses Reparaturhandbuch für Speisen verrät, wie Sie Verbranntes, Versalzenes oder sonstwie Verpfuschtes reparieren können, gibt Tips und Rezepte für Notfälle und weiß Rat, falls einmal wirklich alles schiefgelaufen ist.

Ein Reparaturhandbuch für Speisen? Alle Kochbücher dieser Welt haben eines gemeinsam: Sie sagen, was man kochen kann und wie man's macht. Was aber tun angesichts der unzähligen Mißgeschicke oder gar Katastrophen, die sich beim Kochen ereignen? Mit wunderbaren Tricks und Tips leisten sie Erste Hilfe und bauen kommenden Malaisen vor. Und das Ganze mit so viel Witz und Humor, daß selbst eingefleischte Restaurantgänger es wieder einmal zu Hause riskieren.

Sue O'Sullivan (Hg.)

Aus aller Frauen Länder

Gerichte, Gelüste, Geschichten. Aus dem Englischen von Margarete Längsfeld. 253 Seiten. SP 2011

Frauen aus vielen Ländern und Essen – das kann ein Fest für Leib und Verstand sein: Zubereitungsweisen austauschen, probieren; etwas darüber erfahren, wo welche Früchte und Getreide wachsen und verwendet werden; gemeinsam Gemüse putzen und Geschichten über Riech- und Schmeckerinnerungen hören; über den Mangel, über den Überfluß, über Eßkultur und Nahrungsmittelpolitik. – Essen ist Herzstück und von jeher Ritual der Begegnung, des Feierns, des Gebens und Nehmens.

Ein ungewöhnliches Kochbuch, das die Rezepte nicht mit Hochglanzfotos, sondern mit farbigen und lebendigen Bildern aus dem Erfahrungsschatz der Autorinnen illustriert und dem es gelingt, das Kochen für Frauen aus dem patriarchalen System von Kinder – Küche – Kirche auszulösen und als einen freien, lustvollen Vorgang darzustellen.

Marie Binet
Roseline Jadfard

Drei Teller und ein Baby

150 Rezepte für die neuen Eltern. Aus dem Französischen von Albrecht Winterberg. 216 Seiten mit Illustrationen von Pascale Laurent. SP 2621

Vorbei die Zeit, in der erst fürs Baby und dann für die Eltern gekocht wurde! Und vor allem: vorbei auch Fertigbrei und Gläschen-Futter! Endlich gibt es ein Buch mit 150 anregenden Rezepten, die sowohl dem Baby – von 2 Monaten bis 2 Jahre alt – als auch den Eltern schmecken. Ob Ente auf Feigen oder Hase in Estragon, ob Artischocken-Risotto oder Birnensuppe: Dies ist ein Kochbuch, das den erwachenden Geschmackssinn des Babys ernst nimmt, denn Babys reagieren von Geburt an sensibel auf die unterschiedlichsten Geschmacksrichtungen und lieben die Vielfalt. Gleichzeitig wird das Leben der Eltern erleichtert: Die Speisen sind nicht nur schnell und einfach zuzubereiten, sondern sie erweisen sich als großartige Grundlage einer gemeinsamen Küche für die ganze Familie.

Sabina Manes

Mama ist ein Schmetterling, Papa ein Delphin

Kinderzeichnungen verstehen. Aus dem Italienischen von Rosetta Pillatzki. 229 Seiten mit 36 Farb- und 76 Schwarzweißzeichnungen. SP 2558

Kinder malen sich selbst, den Bruder, die Schwester, Mutter und Vater als Tier. Das ist das »Zoo-Familien-Spiel«, in dem Kinder erstaunlich viel über ihre Gefühle und Vorstellungen zum Ausdruck bringen. So entstehen Bilder etwa eines gutmütigen Bären, eines schillernden Schmetterlings oder aber eines sturen Esels, einer listigen Schlange. Sabina Manes, die diesen Test mit Hunderten von kleinen Kindern an der Universität von Rom »gespielt« hat, gibt hier vertiefende, mit leichter Hand gebotene Seh- und Interpretationshilfen. Sie erklärt, was überhaupt Tiere als »Projektionsflächen« für ein Kind von heute bedeuten, das nur noch selten Tiere in ländlicher Umgebung erlebt. Die Autorin animiert zu einer Sensibilitätsübung der Wahrnehmung und zu einem erhellenden Austausch mit dem Kind.

Arthur Freeman
Rose DeWolf

Die 10 dümmsten Fehler kluger Leute

Wie man klassischen Denkfallen entgeht. Mit einem Vorwort von Aaron T. Beck. Aus dem Amerikanischen von Karin Diemerling. 295 Seiten. SP 2551

Jeder, selbst der Klügste, hat in seinem Leben mal etwas getan, was sich hinterher als dumm herausstellte. Arthur Freeman, einer der bedeutenden Vertreter der kognitiven Theorie, und die Journalistin Rose DeWolf zeigen in ihrem Buch klassische Denkfehler auf. Sie liegen in unseren Einstellungen begründet und können unser Leben entscheidend prägen. Ob es sich um übertriebenen Perfektionismus oder ewiges Ja-Sagen handelt, um den Hang zum Gedankenlesen statt der offenen Aussprache, um Besserwisserei oder die Sucht nach Vergleichen: Wenn man die Denkfehler erkennt, die unser Handeln und letztlich unser Glück behindern, so Freeman, ist der erste Schritt getan. Damit es bei der Selbsterkenntnis aber nicht bleibt, bietet der Band zahlreiche Lösungsvorschläge an, die einem bei der Umlenkung der eigenen Denkkraft behilflich sind.

Maximal, minimal, phänomenal

Superlative und Rekorde in Deutschland. Herausgegeben von Jörg Krichbaum. 157 Seiten. SP 2513

Der/die/das Größte, Kleinste, Stärkste, Älteste, Erste – es ist immer wieder die Faszination des Besonderen, die unsere staunende Bewunderung erregt, und das sogar im Bereich eher absurder Veranstaltungen wie Dauerküssen oder Kirschkernweitspucken. In dieser Faszination steckt bei den Deutschen – und das zeigt diese wunderbare Sammlung deutscher Rekorde – vor allem die Achtung vor der Leistung, eine tiefe, nahezu kultische Verehrung der Arbeit. Es sind erstaunliche Spitzenleistungen, die die Deutschen im Laufe der Geschichte erbracht haben. So sind sie nicht nur die größten Wurstesser und Biertrinker der Welt, sie haben auch den Buchdruck erfunden und die erste brauchbare Rechenmaschine konstruiert. Krichbaum hat sich bei seiner informativen, launigen, oft auch skurrilen Auswahl deutscher Superlative auf solche konzentriert, die noch heute zu besichtigen sind.

SERIE PIPER